한눈에 읽는 외식창업 성공이야기 [시리즈 17]

요리에 강한 장수 브랜드
면·국수 전문점

김병욱 지음

 킴스정보전략연구소

김 병 욱 소장

킴스정보전략연구소 소장인 김병욱 박사는 소상공인 창업 지원 연구, 개발, 평가, 심사, 위원으로 활동하고 있으며, 삼성그룹사가 작사와 1등을 뛰어넘는 2등 전략과 창업 틈새 전략 외 150여 권의 저서를 발표한 바 있다.

그 밖에 방송·산업체 강의, 평가 등의 활동과 동시 월스트리트저널에 의해 21세기 아시아 차세대 리더에 선임된 바 있는 정보전략가임과 동시 경영컨설턴트이다.

Contents

Contents

Contents

Contents

Contents

Contents

Contents

I

국 수

1. 국수의 역사와 발전

1) 국수의 유래와 변천

면(麵/麵)의 순우리말이 국수다. 그러므로 칼국수, 중화면이나, 우동도 전부 국수라고 할 수 있다. 포괄적으로는 '면류/면식류' 라고 하기도 하며, 이때는 국수뿐만 아니라 작달막한 형태의 숏 파스타 및 수제비 등을 포함한다.

다양한 곡물가루, 대표적으로 쌀가루 또는 밀가루에 약간의 소금을 넣고 물로 반죽하여 면을 뽑은 뒤 말린 것이다. 이러한 건면은 이탈리아의 파스타도 있으나 한국에서 흔히 볼 수 있는 건면국수인 소면은 밀의 종류가 다르고 모양이 다르다. 크게 나누면 가느다란 소면, 굵은 중면이 있는데, 소면이 중면에 비해 더 가늘고 소면 아래로 더 가는 세면이 있고 중면도 크기가 살짝 조금 더 큰 정도지만, 중면도 어느정도 차이가 날 수 있다. 그 외 면에 다른 재료를 섞은 것도 있고, 칼국수처럼 넓적하게 나온 것도 있으나 기본적인 소면과 중면이 가장 흔하고 많이 쓰인다. 소면은 주로 비빔국수용으로, 중면은 잔치국수용으로 쓰인다.

대개 마트 등에서 살 수 있는 건조된 면은 세면, 소면, 중면, 정도로 나뉜다. 소면보다 더 작은 세면의 장점은 넘기기가 쉽고 금방 삶아져 가스불을 오래 켜두지 않아도 된다는 것이 장점이다. 오히려 금방 삶아지기 때문에 삶는 시간을 잘 챙겨야 한다. 소면보다도 부숴지기가 쉬워 주의가 요구된다. 소면과 세면의 구분은 미묘한 수준이지만, 대단히 가느다란 형태의 국수 가락들이 보통 세면으로 취급된다. 세가지 면을 동시에 늘어놓고 보면 확실히 차이가 나는 편이다.

한국의 경우 옛날부터 밀을 제대로 키울 수 있는 환경이 아니다보니 밀가루가 비쌌고, 국수는 성인식이나 결혼식 같은 귀한 날에나 주는 고급 음식이었다. 대신 메밀을 키워서 녹두 전분 등과 섞어 면을 뽑아 먹었다. 여기서 유래된 것이 평양냉면, 막국수, 진주냉면등이다. 개화기와 일제강점기를 거치며 일본의 기술이 들어와 건면 제조가 시작되었다.

이후 한국전쟁때 미국으로 부터 구호품으로 밀가루가 대량으로 풀린 이후 주식화 혹은 기호식품으로 자리잡게 되었다. 이로 인해 산업화 시기 비싼 쌀의 소비를 줄이고 구호품 밀을 소비하기 위해서, 혼분식장려운동이 벌어졌다. 혼분식 장려운동 시기에는 하루에 1~2끼 정도 국수를 말아먹었다. 단, 면을 눌러 뽑는 기술이나 가늘고 긴 면을 사용하는 음식 자체는 이전에도 있었으며, 위 사진과 같은 건면 제조 기술은 일본에서 들어왔다. 예를 들어 일본의 대표적인 국수라고 할 수 있는 우동은 헤이안 시대에 중국을 통해 들어왔지만, 메밀국수는 임진왜란 후 조선을 통해 전래됐다. 메밀국수가 전래되기 이전엔 메밀로 국수를 만든다는 개념이 없어서 그냥 메밀가루를 호화시켜 만든 소바가키를 먹었다.

이후 한국에서 국수라 하면 소면, 중면 등 미리 밀가루로 뽑아서 말려서 만든 건면, 그리고 그것을 이용하여 만든 요리인 잔치국수와 비빔국수를 의미하게 되었다.

이 같은 특징의 국수는 크게 물국수와 비빔국수, 그리고 볶음국수로 나뉜다. 쫄면도 크게 보면 비빔국수의 일종이다. 사실 면을 사용하는 요리는 지지든, 볶든, 삶든, 비비든, 날로 먹든 모두 국수라 보면 된다.

우리나라는 예부터 결혼식이나 환갑, 돌잔치 등 집안 행사가 있을 때면 하객들에게 국수를 만들어 대접했는데 이는 국수의 면발이 하얗고 길기 때문에 무병장수를 기원하고 먹는 이로 하여금 복을 가져다준다고 알려져 있기 때문이다. 또한 결혼식에서는 결혼의 서약이 오랫동안 이어지길 기원하는 뜻에서 결혼식에서 잔치국수를 먹는 관습이 이어져 오고 있다.

잔치국수는 건면에 삶아 건진 국수사리에 고명을 얹고 멸치로 육수를 우려낸 장국을 부어 만드는 음식인데 남녀노소 누구나 간편하게 즐길 수 있는 우리나라 전통 음식이다.

2) 국수 전문점의 시장규모 및 창업요소

최근 들어 국내의 국수시장은 외국의 면류 시장과 합세하여 급격한 성장세를 보이고 있다. 2011년 약 1조 5000억원의 시장규모를 보였던 국내 면류 시장은 2016년 2조원 규모로 5년 동안 약 34%의 성장세를 나타냈으며, 그 이후로도 지속적인 성장세를 보이고 있다.

또한 우리나라 전통음식인 잔치국수와 비빔국수를 주 메뉴로 하는 국수전문점들이 대거 등장하면서 국수전문 프랜차이즈 브랜드도 많이 생겨나고 있다. 통계치에 따르면 국내 국수전문점은 10000여개 정도이며 그 중 30%인 약 3000개 가량이 프랜차이즈 가맹점 형태로 운영되는 것으로 조사되었다. 공정거래위원회에 등록된 국내 프랜차이즈 기업 수만 해도 30개 정도 되는 것으로 조사 되었다.

3) 국수 전문점의 특징과 핵심 준비사항

국수는 남녀노소 누구나 즐길 수 있는 대중성 있는 음식이다. 국

수는 전통음식이면서 대표적인 서민음식으로 오랜 시간 사랑을 받아
온 만큼 거부감 없이 누구나 가볍게 즐길 수 있는 한 끼 식사로 손
색이 없는 음식이다.

이러한 국수의 대중적인 특성 때문에 창업시 다양하고 많은 고객
을 확보할 수 있는 창업 아이템이다. 국수는 간편하고 빨리 먹을 수
있어 테이블 회전률이 높다는 특징이 있다. 국수 전문점은 주방장이
필요 없을 정도로 주방에서의 조리가 간편하고 조리시간도 짧아 초
보 창업자들이 선호하는 창업아이템 중 하나이다. 또한 함께 먹는
밑반찬이 간단하여 맛을 내야하는 부담이 적고 부재료가 적게 들어
가는 장점이 있다.

국수전문점은 약 15평 이하의 작은 매장에서 적은 투자비용으로
창업을 할 수 있는 실속형 아이템으로 소규모, 소자본 창업이 가능
하다. 국수 전문점은 일반음식점과는 달리 비교적 원가비율이 낮아
높은 수익률을 가져갈 수 있다. 일반 음식점의 경우 수익률이 20%
안팎인데 반해 국수전문점은 30% 정도의 수익률을 올릴 수 있어 안
정적인 수익구조를 만들 수 있다. 이같은 국수전문점의 특징과 장점
때문에 소규모, 소자본 창업을 희망하는 창업자들에게 관심의 대상
이 되고 있다.

2. 국수전문점 현황과 트렌드

1) 국수 전문점의 매출현황

국수는 중국과 이탈리아, 아랍권 등에서 서로 원조라고 우기는 식재료이며 메뉴다. 그러나 정확히 국수는 인류가 기원전부터 즐기는 음식이었고 세계 대부분의 나라에서 다양한 방식으로 만들어지고 있기 때문에 원조를 따지기는 어렵다.

우리나라의 경우 생면은 조선왕조실록에서 1423년 관련 기록이 있고, 소면은 1918년 평안남도 남포의 진남포 공장에서 처음 생산한 것으로 알려져 있다. 그러나 국수를 즐기게 된 배경은 어느 나라든 비슷한데, 국수 면발이 길어서 그 긴 모양 때문에 오래 살 수 있기를 바라는 마음에서 먹는다.

대다수의 많은 사람들이 기차역에서 먹었던 '1분 국수' 맛을 잊을 수 없을 것이다. 기차가 잠깐 정차하는 사이에 얼른 내려가서 후루룩 마시듯이 먹고 다시 타야 했기 때문에 입천장이 데이고 난리가 아니었지만 그거 하나면 족했던 시절이 있었다.

1963년 당시 국수 한 그릇 값은 28원이었다. 근로자들은 그것도 비싸 사먹지 못해, 서울시가 시영 실비식당을 11군데 열어 절반 이하 가격인 12원에 판매하기도 했다.

카톨릭노동청년회(JOC)는 남대문에 〈보리싹〉이라는 국수 전문점을 차려놓고 노동자들에게 3원에 제공했다. 멀리 영등포에서도 찾아오곤 했는데 국수 양을 시중보다 두 배로 제공해 너무 많이 몰려서 못 먹고 돌아가는 사람이 500여명이나 됐다는 기사도 있다.

국수가 지금은 간식이나 별미로 먹는 사람이 많지만 옛날 국수는 생존을 위한 서민음식이었다. 실제로 1970년대까지만 해도 소득수준이 상대적으로 낮은 서민들이 즐겨먹었던 음식인데, 1983년 전문점으로 처음 문을 열면서 별미로 자리 잡게 됐다.

1983년 국수전문점이 생기자 너도나도 창업을 해서 불과 1년 뒤인 1984년 전국에 2000개나 오픈할 정도로 대표적인 서민음식으로 자리 잡았다. 당시 국수전문점을 모집하던 브랜드로는 (요즘으로 치면 프랜차이즈본부) 김치말이 국수를 전문으로 판매한 〈장터국수〉를 비롯해 〈다림방〉, 〈짱구짱구〉 등이 있었다.

(1) 점포 수 1만개, 평균 월 매출 3000만원

과거 인기 업종이던 국수전문점이 요즘에도 성행 중일까? 마이크로 데이터를 분석해 본 결과, 점포수는 1만개 정도인데 점포당 평균 월 매출은 3000만원 수준으로 나타났다.

2013년과 2014년, 2년간의 차이를 봤더니 점포 수 매출 등은 1~2% 내외로 소폭 상승했지만 결재 단가는 오히려 3% 가까이 내려 한번 결재할 때마다 2만3000원 이었던 것이 2만2000원으로 줄었다. 보통 두세 명을 일행으로 하는 테이블 단가인 셈이다.

(2) 매출은 서울 중구가 가장 높아 '냉면1등, 파스타 2등'

국수를 만드는 방법은 지방마다 다르다. 강원도는 막국수와 콧등치기 국수가 유명하고, 충청도는 꿩칼국수, 생선국수, 호박국수를 즐겨 먹는다. 전라도는 팥칼국수와 바지락칼국수가 인기다.

국수류 업종 (국수/칼국수/우동/냉면/베트남쌀국수/라면/떡볶이)을 종합해 분석한 결과 매출이 가장 높은 곳은 서울, 경기를 제외하고 광주, 대전, 인천 등 광역시였다. 반면 매출이 가장 낮은 지역은 경상북도였고, 다음이 강원, 충북 순이다.

대부분의 국수류 업종의 매출은 서울이 가장 높지만 냉면 전문점은 대전이 1위로 나타났다. 대전은 62개 점포로 전국 대비 2.8%에 불과하지만 매출 비중은 6.1%로 상대적으로 높다. 점포당 평균 월 매출도 4300만원으로 서울의 3400만원보다 900만원을 더 버는 지역이다.

국수전문점만 시군구별로 좁혀서 분석해 보면 가장 잘 되는 지역은 서울시 중구, 서초구가 1, 2위로, 이 두 곳을 합쳐 193개의 점포가 영업 중이다. 지방은 경기도 화성이 3위, 광주광역시 서구가 8위에 올랐다. 점포수가 가장 많은 곳은 경기도로, 수원시 163개, 고양시 144개, 용인시에 122개로 나타났다.

서울 중구는 다른 업종의 경우 그다지 선전하는 지역이 아니지만 면류는 강세다. 중구는 국수뿐 아니라 냉면이 전국에서 1등, 파스타가 2등으로 나타나 면류 업종은 서울 중구에서 하면 크게 실패하지 않을 것이라는 판단이다.

국수류 가운데 베트남 쌀국수의 경우, 지방에 따라 호불호가 분명한 음식으로 나타났다. 17개 시·도 가운데 경인지역, 부산, 경상남북도와 충북 등 7개 시도에서만 데이터가 잡히고 나머지는 분석하기 어려울 만큼 점포 숫자가 많지 않았다. 총 371개 점포 중 서울과 경기에 215개가 있는 반면 경상남북도를 합쳐도 16개에 불과했다.

(3) 베트남 쌀국수 제외하고 2년간 매출 소폭 상승

베트남 쌀국수를 제외한 모든 업종의 매출은 지난 2년간 소폭 상승했다. 가장 많이 오른 업종이 라면집(10.2%)이었고, 우동과 냉면이 5%대로 비슷하게 상승한 것으로 나타났다. 반면 베트남 쌀국수는 최근 2년간 7%나 떨어졌다. 저성장기에 평균 8500원하는 쌀국수 객단가가 부담으로 작용하고 있는 것으로 보인다.

카드 결제단가는 면류의 모든 업종에서 줄었다. 적게는 2%(냉면)에서 많게는 11%(라면)까지 줄었다. 이는 국수 먹을 때 만두를 하나 더 시켜 먹던 사람들이 이제는 국수만 먹고 단가가 낮은 메뉴를 선택했다는 의미로 볼 수 있다. 경기가 그만큼 어려워졌다는 얘기다.

(4) 대체로 남성, 특히 40~44세가 많이 즐기는 편

그렇다면 국수를 즐겨먹는 소비자는 어떤 사람들일까? 모든 창업 조건 중 핵심은 '고객이 어떤 사람들이냐?'에 있기 때문에 소비자 분석은 대단히 중요하다.

우선 면류 중 떡볶이는 누가 많이 먹을까? 지역에 따라 상당히 다르게 나타나는 경향을 보인다. 세종시와 울산은 남자가 60%로 더 많고, 서울, 부산, 대전 등 큰 도시는 여성 비율이 60%로 남성에 비해 많다.

연령대별로 보면 세종시와 울산은 30대가 45%로 20대 이하(15%)보다 3배나 많다. 이 두 도시만 본다면 30대 남자가 매출을 견인하고 있다는 이야기가 된다.

반면 서울 서초동 남부터미널 인근에 있는 떡볶이집은 여성 비율이 70%를 넘는다. 인근에 여성 직원 비율이 70%가 넘는 건강보험

심사평가원과 BC카드회사가 나란히 있다. 이러한 특수 지역을 제외하고 대부분의 지역에서는 대체로 남자들이 국수를 더 많이 먹는 것으로 나타났다.

특히 40~44세가 즐기는 것으로 나타났는데, 다만 베트남 쌀국수의 경우 남성은 30대 후반, 여성은 30대 초반의 비중이 가장 높아, 아직은 장년층에게는 익숙하지 않은 음식이라는 것을 엿볼 수 있다.

(5) 국수 오피스 거리, 라면 상업지역, 우동·파스타 역세권 유리

면류 업종으로 창업하기 좋은 상권은 어디일까? 면 종류에 따라 유망한 상권이 다소 다르게 나타났는데, 국수는 오피스 거리, 라면은 상업지역, 우동과 파스타는 역세권이 유리한 것으로 분석됐다.

면류 업종 가운데 업력이 가장 높은 업종은 냉면으로 평균 5.3년이었다. 국수와 우동이 4, 5년으로 비슷한데, 라면과 파스타는 3.3년으로 상대적으로 낮았다.

업력은 창업해서 문 닫을 때까지의 평균 기간을 의미하므로 오래 견딘 업종이 창업에 유리하다는 뜻이다.

저성장기 초입에 선 우리나라 경기를 감안하면 저가형 면류 업종의 창업은 '맑음'으로 볼 수 있다.

2) 국수 전문점의 입지 및 영업전략

업계에서는 "국수전문점은 이제 한물갔다"고 말한다. 이 말의 의미를 곧이곧대로 받아들인다면 소비자들이 국수를 먹지 않거나 장사가 안 된다고 이해하기 쉽다. 그러나 국수전문점이 한물갔다는 것은 역설적인 의미의 표현이다. 다시 말해 국수전문점으로는 이제 떼돈을 벌지 못한다는 뜻이다. 국수전문점이 한창 인기를 끌던 업종도입기 및 성숙기에 비해 큰돈을 벌지 못한다는 것이다. 최근 소매업종의 대부분이 전문점화, 체인점화되는 추세 속에 한때 반짝하고 곧 사양길로 접어드는 유행성 업종이 많다. 그러나 국수전문점은 이와 달리 폭 넓은 고객층을 형성하여 매우 안정된 시장을 확보하고 있다. 이미 대중화되어 큰돈은 못 벌지만 노력한 만큼 충분한 보상이 주어지는 장사로 국수전문점만한 것도 없다. 개점 비용도 많이 들지 않고 점포입지도 까다롭지 않은 국수전문점은 소자본 사업 희망자에게 매우 매력적인 업종이다.

국수전문점이 우리나라에 처음 등장한 것은 1980년으로 다림방이 그 시초이다. 그러나 다림방은 소비자의 호응을 받지 못해 곧 사라지고 말았다. 국수전문점이 본격적인 외식사업으로 정착되기 시작한 것은 당산동에 장터국수 1호점이 개점하면서 부터이다. 때문에 장터국수는 국수전문점의 원조로 통한다. 이후 장터국수의 성공을 보고 다림방이 다시 참여하게 되고 다전국수, 참새방앗간, 민속마당, 국시 리아 등이 본격적으로 시장에 뛰어들면서 현재 전국적으로 체인점수 가 4천 여 개에 이를 만큼 국수전문점은 우리나라 패스트푸드 업종 중에서 가장 대중적인 업종으로 자리 잡았다.

국수전문점에서 취급하는 메뉴는 유부국수, 튀김국수, 메밀국수 등 각종 국수와 우동, 냉면, 김밥, 만두 등 다양하다. 이중 국수전문점 의 기본메뉴는 역시 국수류이다. 국수전문점의 국수는 재래의 일반 국수와는 다른 특징이 있다.

재래국수는 가는 면발의 세면이 있고 가락국수라고 하는 굵고 잘 끊어지는 면발로 대별되었다. 장터국수에서 처음 개발한 국수는 면 발과 국물에서 독특하다. 면발은 우동과 비슷한 굵기이면서 잘 끊어 지지 않고 쫄깃쫄깃한 것이 특징이고 국물은 개운하다. 최근 들어 메뉴를 다양화시킨다는 전략으로 자장면이나 돈가스 등을 식단에 등 장시키는 국수전문점도 많다. 그러나 무분별한 메뉴의 다양화는 바 람직스럽지 못하다. 이러한 이질적인 식단은 말 그대로 국수전문점 으로서의 이미지를 훼손시킬 염려가 있어 장기적으로는 영업에 도움 되지 않음을 고려해야 할 것이다.

(1) 입지전략

① 폭넓은 고객층: 국수전문점의 고객은 층이 두텁다. 어린 아동에서부터 중장년층까지 나이를 불문하고 폭 넓게 이용하고 있다. 일반 패스트푸드점이 10대 후반에서 30대 초반의 신세대에 고객층이 집중되어있는 것과는 다르다. 이는 국수가 우리나라 전통적인 음식이어서 중장년 세대 입맛에 익숙해 있고 전문점 국수의 담백함은 젊은 층 입맛에도 맞기 때문이다.

고객의 성별 대비에서는 여성이 남성보다 상대적으로 많다. 깔끔하고 소식을 즐기는 여성에게 전문점 국수가 특히 사랑을 받는다. 15세 이하 아동층은 국수보다는 김밥, 만두 등 국수전문점의 부속 메뉴를 주로 소비하는데 재래 분식점에서의 불량식품을 우려하는 부모들의 지도로 위생적인 국수전문점 이용이 늘고 있다.

국수전문점은 고객층이 폭 넓은 만큼 입지조건이 까다롭지 않아 국수전문점의 상권을 무시해도 상관없다고 할 정도다. 이 말은 국수전문점이 입지할 수 있는 상권이 특별히 정해져 있지 않고 다양한 상권에서 가능하다는 뜻이다. 오히려 어디나 있기 때문에 새로 개점하려는 사람들은 입지에 더욱 주의를 기울여야 한다.

② 유동인구의 접근성이 좋은 곳: 음식점은 일반적으로 인구가 붐

비는 전면도로변보다는 다소 한적한 이면도로에 입지하고 있는 것이 보통이다. 국수전문점의 경우는 다르다. 점포 앞으로 유동인구가 많고 쉽게 눈에 띄는 노출된 장소가 유리하다.

국수전문점은 패스트푸드점의 성격이 강하다. 전문점 국수는 가격에 대한 큰 부담 없이 간편하게 먹을 수 있어 시간에 쫓기거나 간단히 허기를 메우려는 사람들에게 인기가 있는 음식점이다. 또한 국수전문점은 체인화 되어 어느 점포를 가든 통일된 맛을 유지한다. 이런 이유들로 국수전문점을 이용하는 고객은 식당을 찾기 위한 특별한 수고를 하지 않으려 한다.

따라서 점포 위치를 고를 때 유동인구가 얼마나 되고 그들의 접근이 용이한 위치인가를 우선 고려해야 한다.

③ 전문식당가는 오히려 불리: 음식점은 여러 종류의 식당이 한데 몰려 전문식당가를 형성하는 것이 고객유치에 유리하다. 다른 상점이 식당 주변 입지를 기피하여 자연히 식당은 같은 식당끼리 모여 입지하게 된다. 이런 소극적 이유와 함께 식당들이 몰려 있으면 '집적의 이익'을 누릴 수 있어 분산되어 있을 때보다 개별 식당의 고객 흡인력이 높아진다.

하지만 국수전문점과 같은 대중적인 패스트푸드점에 와서는 식당이 집적되는 것이 반드시 유리하지만은 않다. 전문식당가를 찾는 인구는 시간에 그리 쫓기는 사정에 있지 않으며 단순히 허기를 매우기보다는 가격이 다소 높더라도 음식맛이 좋고 여유 있는 분위기에서 식사를 하려 한다. 때문에 규격화된 맛과 식사의 간편성이 장점인 패스트푸드점들은 전문식당가를 찾는 인구에게 외면당하기 쉽다.

④ 주택가에서는 소득수준이 중하류 이하의 지역이 유리: 국수전문점은 고급 외식점이 아니다. 기본 메뉴가 5천원 내외의 저가 음식이다. 가격이 저렴한 것은 고객층을 대중화시킬 수 있지만 특정 계층에는 외면 받는 이유가 되기도 한다. 즉 소득수준이 높은 계층에서의 국수전문점 이용률은 현저히 낮다.

특히 주거지상권에 개점할 때는 배후인구의 소득수준이 어떠한가를 반드시 파악하여야 한다. 고급 단독 주택가 상권이나 중대형 고급 아파트 지역에서는 국수전문점이 실패하기 쉽다. 중하류의 서민층이 배후세력을 형성하는 지역에서 국수전문점은 성공할 수 있다.

(2) 장터국수 종로 1가점 사례연구

국수전문점의 점포입지 사례로 종로 1가 장터국수를 들 수 있다. 장터국수는 국수전문점의 원조격으로 전국에 가장 많은 체인점을 거느리고 있고 국수전문점 하면 장터국수를 떠올릴 만큼 고객 인지도가 높다. 장터국수뿐만 아니라 햄버거전문점인 Fammily와 국밥전문점인 장터국밥 등의 브랜드도 함께 운영하는 국내 외식시장에 풍부한 노하우를 가진 종합외식전문업체이다.

① 상권환경: 종로는 서울의 대표적인 도심 상권이다. 행정, 업무, 교통, 쇼핑, 문화시설이 집중되어 사방의 인구가 모여든다. 종로 1가도 마찬가지인데 교보문고와 영풍문고 두 대형서점이 있고 15층 이상의 고층 업무빌딩, 각종 정부기관이 몰려 있는 곳이다. 종로 1가는 상대적으로 업무기능이 발달한 상권이다. 유흥가 등이 발달한 종로 2, 3가처럼 소비성이 강한 상권은 아니다.

이런 성격이 상가분포에도 반영되어 종로 1가는 소점포가 발달하지 않았다. 교보문고에서 종각역까지의 대로변을 제외하고는 이렇다 할 상가가 없다. 광화문우체국에서 영풍빌딩까지는 고층빌딩이 연이어진 속에 드문드문 상점들이 자리 잡고 있는 정도이다. 청진동이 한때 해장국 골목으로 유명하였으나 지금은 명성이 많이 퇴색하였다. 전통 한옥과 낡은 건물이 혼재된 청진동에 대한 재개발 이야기가 나돌고 있으나 조만간에 이루어질 것 같지는 않다.

종로 1가로 유입되는 인구는 따라서 적극적인 쇼핑이나 유흥을 즐기기 위한 인구는 많지 않다. 주변 업무빌딩의 오피스 인구나 버스 전철 환승인구 그리고 교보문고와 영풍문고를 이용하는 서점 인구가 대부분이다.

② 점포의 접근성: 장터국수는 종로 1가 버스정류장과 교보문고를 오가는 대로변 중간에 위치한다. 교보문고는 매머드급의 서점으로 영풍문고와 함께 동양 최대 규모를 자랑한다. 장터국수 앞으로 유동 인구를 유인하는 가장 큰 요인도 교보문고이다. 장터국수 인근 대로 변 점포들도 교보문고를 찾는 이들 인구를 겨냥해 입점해 있다고 해도 과언이 아니다.

점포의 접근성도 교보문고와 버스정류장을 기준으로 평가할 수 있다. 장터국수는 교보문고 출구에서 50여 미터의 거리에 있다. 교보를 오가는 유동인구가 접근하는 데 아무런 장애가 없다. 버스정류장에서는 200여 미터 거리를 두고 있지만 승하차 동선이 길어 실제 거리는 이보다 가깝다. 두 지점 모두에서 장터국수는 보이지 않고 10여 미터 정도 점포 가까이 접근해야 간판이 시야에 들어온다. 이는 거리 장애물 때문이 아니고 돌출간판이 없는 등 멀리서 점포를 발견할 만한 시설물이 설치되어 있지 않기 때문이다.

③ 경합점포: 버스정류장과 교보문고 사이의 대로변에는 장터국수 말고도 여러 음식점이 있다. 주요한 몇 개 점포만 열거하면 농협 옆의 맥도날드와 장터국수 좌우의 피쉬 앤 칩스, 조아저씨햄버거, 박리분식 등을 꼽을 수 있다. 박리분식과 장터국수를 제외하면 모두 서구 패스트푸드점들인데 교보문고를 오가는 젊은 유동인구를 겨냥해 최근 들어선 점포들이다.

교보문고를 기준으로 볼 때 맥도날드는 200여 미터 이상 멀리 떨어져 있고 나머지 점포는 50미터 내외로 장터국수와 별반 차이가 없다. 맥도날드의 경우 교보문고와의 거리로만 입지성을 단순 평가할 수는 없다. 종로 1가 버스정류장이나 종각역에서 교보문고를 오가는 인구는 자연스레 맥도날드 앞을 지나게 된다. 특히 대형 햄버거전문점인 맥도날드에 대한 젊은 층의 선호도가 높아 상점흡인력이 아주 강하다.

그러나 장터국수에 보다 직접적인 긴장을 불러일으키는 경쟁점포는 조아저씨햄버거와 피쉬 앤 칩스이다. 두 점포는 장터국수 좌우에 나란히 위치하는데 두 곳 모두 젊은 층을 겨냥한 패스트푸드점이다. 조아저씨햄버거는 햄버거와 아이스크림을 전문으로 하고 피쉬 앤 칩스는 이태리식 패스트푸드점이다. 이들 점포는 취급메뉴에서 장터국수와는 전혀 다르지만 10대 후반에서 20대 고객을 유인한다.

④ 주요고객: 장터국수 종로 1가점의 고객은 70% 이상이 대로변 유동인구이다. 이들은 우연히 지나다가 점포를 발견하고 들어오는데 교보문고를 찾은 서점 인구가 절반이나 된다. 연령적으로는 10대 후반에서 30대 초반의 젊은 층으로 구성되고 직업은 중고교 및 대학생들과 사무직 직장인들이다. 유동인구 외에도 주변 오피스 상주인구들도 중요한 고객이다. 특히 교보빌딩내 여직원들의 이용이 빈번하다. 국수의 담백함이 젊은 여성 입맛에 맞아 주변 오피스빌딩에 근무하는 여직원들은 장터국수의 고정고객이 되고 있다. 하지만 주변 오피스 인구의 대부분은 구내식당을 이용하거나 청진동 골목의 한식당에서 식사를 해결하는 것이 보통이다.

장터국수 종로 1가점의 주인은 요식업에서 잔뼈가 굵은 사람이다. 한식당을 12년간이나 운영한 경력이 있다. 그런 그가 국수체인점을 하고 있는 것은 다소 의외다.

한식당을 그만둔 것은 너무 힘이 들었기 때문이다. 나이가 들면서 좀 편하게 살고 싶어졌다고 할 수 있다. 전에 하던 식당을 처분하고 1년 정도 쉬고 있을 때 누나로부터 국수전문점을 해보라는 권유를 받았다. 누나는 신대방동에서 장터국수를 이미 열고 있었다. 누나 가게에서 두어달 일해 보았는데 점포운영도 쉽고 전망도 괜찮다는 것을 알았다. 본사로부터 반제품 상태로 재료가 공급되어 특별한 조리가 필요 없고 종업원도 아르바이트를 쓰면 되고, 이거다 싶어 다시 시작한 것이 국수전문점이다. 종로에 자리 잡은 것은 그의 집이 청진동이고 대로변의 유동인구가 많았기 때문이다. 처음엔 주택가에 가게를 내려고 하였다. 그런데 주택가에서는 배달 주문이 많아 운영이 힘들 것 같았다. 국수전문점은 유동인구가 많은 곳이 무조건 유리한데 가만 보니 집 근처의 종로 대로변에 가게를 내면 어떨까 생각이 미쳤다. 교보문고를 오가는 젊은이가 많은데 주변에 이들이 간편하게 이용할 만한 음식점이 없었다. 유동인구를 주고객으로 하면 배달을 하지 않아도 되고, 멀리 갈 것 없다고 생각한 것이다

그의 판단은 적중했다. 장터국수가 개점하자 고객이 몰려들었다. 하지만 뒤이어 경쟁점포들도 계속 생겨났다. 새로 생기는 경쟁점포들은 신세대 입맛을 유혹하는 서구적 패스트푸드점들이었다.

조아저씨햄버거, 맥도날드, 피쉬 앤 칩스 등이 주위에 들어서면서 웬지 심리적으로 위축됐다. 새로 생기는 점포들은 외양도 화려하고 뭔가 감각에 앞서가는 듯한데 우리 점포는 뒤처지는 느낌을 받았다. 실제 고객이 줄어들거나 매출이 떨어지는 것도 아닌데 경쟁점포들에 대한 위축감을 떨쳐버릴 수 없었다. 하지만 그는 우리 고유식품인 국수로 서양 햄버거와 대등하게 경쟁하고 있다는 사실에 자부심도 가지고 있다. 그는 장터국수가 종로에서 오랫동안 살아남아 많은 사

람들에게 기억될 수 있기를 바랐다. 그러기 위해서는 점주의 노력뿐만 아니라 본사에서도 질을 더 좋게 하고 신제품 개발 등의 노력을 게을리 하지 말아야 될 것이라고 생각한다.

그는 거리의 유동인구를 상대로 식당을 운영하지만 고객들에게 소홀하게 하는 법이 없다. 우연히 지나가다 한 번 들른 고객도 점포 이미지가 좋으면 다시 찾게 된다는 믿음이 있다. 그래서 그는 '맛, 청결, 친절한 서비스'를 점포 캐치프레이즈로 삼고 있다. 돈 가지고 돈 번다는 생각은 오산이다. 점주는 경우에 따라서는 주방장도 하고 서빙도 하고 손수 뛰어야 한다. 하다못해 김치 한 가지라도 맛있게 직접 담아 고객 입맛을 돋우려는 노력을 해야 한다.

3) 국수전문점의 점포 차별화 전략

(1) 국수 브랜드 현황

국수전문점을 분식 아이템으로 공정거래위원회에 등록된 정보공개서를 토대로 면과 관련된 프랜차이즈의 수를 파악해볼 때 약 66개의 브랜드가 집계된다. 물론 이를 모두 국수전문점으로 분류할 수는 없지만 경쟁업종이란 측면에서는 의미가 있다. 국수를 메인으로 하는 프랜차이즈 중에서 두각을 나타내는 국수전문점은 만복국수, 장터국수, 봉채국수, 공릉동원조멸치국수, 미정국수, 망향비빔국수, 명동할머니국수, 국수나무, 셰프의국수전 등 9개 정도다. 이를 비롯한 프랜차이즈뿐만 아니라 전국에 독립 창업 형태의 국수전문점은 헤아리기조차 힘들다. 그만큼 많은 수의 국수전문점들이 경쟁하고 있는 것이다.

국수전문점의 가장 큰 장점은 소자본 창업이 가능하다는 점과 특별히 어려운 조리과정이 없어 운영이 간편하다는 점이다. 국수전문점 중에서 다양한 메뉴를 함께 판매하는 곳도 있지만 국수 하나만으로 손님들이 가득 차는 국수집도 있다. 일단 운영적인 측면으로 봤을 때 조리시간이 빠르고 회전율이 높다는 점이 매력이다.

45㎡(15평) 내외의 규모로 얼마든지 창업이 가능하다. 또 국수는 한국 사람이 오래전부터 먹어오던 대중음식이라는 점에서 특별히 맛이 없지 않는 한 운영이 어렵지 않다. 우리가 먹는 국수전문점은 멸치국수가 대표적이다. 그러나 최근에는 고기국수라 하여 돼지와 닭뼈의 육수를 기본베이스로 하는 국수전문점이 지방에서 큰 인기를 끌고 있다.

(2) 행동이 빠르고 적극적인 성격이 유리

아무래도 작은 평수에서 운영하다보니 회전율을 높여야 최대의 매출을 올릴 수가 있다. 따라서 손님응대에서부터 조리, 테이블 정리에 이르기까지 빠른 동작을 취하는 이들에게 유리하다. 또한 직원에게 만 의존하는 업소는 높은 매출을 기대하기 어렵다. 따라서 주인이 직접 뛰어들어 작은 것까지 꼼꼼히 챙기는 자세가 필요하다.

<표1> 국수전문점의 적성과 조건

분류		내용
1)적임	적격	20~50대 남성, 여성 (성별로 적부의 영향은 없으나 행동이 빠르고 적극적 성격 필요)
	부적격	직접 참여 없이 종업원만으로 운영하려는 창업자는 부적격 업종 특성상 매출·수익규모가 작아 종업원만으로 운영해서는 업주의 수입이 낮을 수밖에 없음
2)적성		서민적 메뉴의 특성상 정 많고, 붙임성 좋은 성격 필요. 또한 좁은 매장에서 빠르게 음식을 조리해 내야 하기 때문에 행동이 빠르고 적극적인 성격 요구
3)체력		좁은 공간에서 장시간 근무해야 하는 환경으로 건강한 체력 필요

(3) 매출대비 순수익 30%정도 기대할 수 있어

국수전문점은 어떤 재료를 사용하고 임대료가 얼마이며 직원을 어 느 정도 채용하느냐에 따라 월에 발생되는 순수익이 달라진다. 최근 엔 임대료나 인건비, 재료비의 상승으로 인해 외식업들의 순수익률 이 줄어들고 있는 추세다. 따라서 그만큼 양질의 재료를 저렴한 가 격에 매입할 수 있는 부지런함과 꼼꼼함이 필요하다. 또 임대료는 예상매출의 10% 이내의 점포를 찾는 노력이 필요하다. 다음은 일 매출 70만원의 매출을 올렸을 때의 수익구조다.

〈표2〉 국수전문점의 예상 매출

구분		금액	비고
예상매출	일 매출	70만원	테이블 10개 테이블단가 : 10,000원 산정 회전율 : 7회전
	월 매출	2,100만원	30일 영업기준
예상지출	재료비	630만원	매출의 30%, 주·부재료 매입대
	임대료	200만원선	15평 준A급 1층입지 기준
	인건비	500만원	주방2인 + 홀 1인기준
	공과금	80만원선	전기, 수도, 가스, 전화, 관리비 등
	기타	50만워선	전단, 홍보, 소모품 등
	지출 합	1,460만원선	
순이익		640만원선	다양한 조건에 의해 차이가 있을 수 있으므로 참고만 하시기 바랍니다.

PROCESS	CHECK
1) 상권 분석	상권의 성격 : 오피스&주거지역 상권·역세권 등 목표상권 설정 상권내 경쟁상황 파악 : 경쟁업소와의 입지조건, 브랜드력, 규모 등 고객 특성 : 주요 동선, 소비성향, 상권내 진입 시간대 등 (세부적 조사 방법은 상권 분석 카테고리 참조)
2) 입지 선정	보증금, 권리금, 임대료의 적정성 판단 법률적 하자 여부 체크 : 인허가, 기존점 양·수도 계약조건 등 영업상 문제발생 여부 체크 : 정화조 용량, 전기증설, 가스설비 등 (세부적 입지선정 방법은 상권분석 카테고리 참조)
3) 점포 계약	공부확인 -토지대장, 건축물 관리대장, 토지이용계획 확인원(구청 민원실) -건물·토지 등기부 등본(등기소 or 구청 민원서류발급기 이용) 권리계약(기존점 인수 시, 기존 점주와 계약) 임대차 계약(건물 소유주와 계약) (계약전 공부 확인 방법은 별도 카테고리 콘텐츠 내용 참조)
4) 시설공사 (개인브랜드)	인테리어 업체 미팅(2~3곳) -설계도, 조감도, 시방서, 견적서 비교 후 업체 선정 -발주 네이밍 및 로고디자인 협의 주방업체 미팅(2~3곳) -주방설비 및 가구, 비품 등 견적서 비교 후 업체선정 -간판업체 미팅(2~3곳) -상호·로고 등 디자인 능력, 소재, 견적등 비교 확인 후 업체 선정 도시가스, LPG 업체 확인 및 비용 체크 전기용량 확인 통해 증설 여보 한전에 확인·체크

(4) 차별화가 반드시 필요

국수전문점은 어느 정도 쉽게 창업 가능한 대중화된 아이템이지만 동일상권에 경쟁자가 출점할 경우 직격탄을 맞을 수 있다. 따라서 경쟁력을 갖춘 메뉴개발이 반드시 필요하다.

분당 서현역 인근의 국수전문점 〈고미국수〉는 '조미료와 MSG를 넣지 않고 조리하는 국수집'이라는 콘셉트로 차별화에 성공한 점포다. 점포 전문에는 '조미료 안 넣는 집을 찾다가 열 받아서 우리아빠가 차린 집'이라는 재밌는 카피로 고객들의 시선을 사로잡는다.

나아가 이곳 점주는 자신의 딸을 직접 광고모델로 등장시킨다. 그만큼 믿어도 된다는 방증이다. 지금은 착한식당으로 소문이 나서 점심에는 줄을 서야만 먹을 수 있는 대박식당이 됐다. 〈고미국수〉는 주인이 매일 아침 직접 주방에 나와 신선한 재료들로 직접 조리해 고명을 만든다. 이 점포의 성공 비결은 이러한 열정과 함께 몸에 이로운 재료들로 국수를 만든다는 차별화 전략에 있다.

국수전문점은 원가구조가 좋다. 매출대비 원가비율이 30% 내외다. 다른 음식업이 40% 내외인 점을 감안할 때 수익구조가 매우 매력적이다. 음식과 함께 나가는 밑반찬도 한 두 가지면 돼, 원가가 그만큼 절약되고 재고도 줄어들어 수익적인 면에서 상당히 매력이 있다. 하지만 이러한 원재료 비율의 이로움만 가지고 무턱대고 점포를 결정해서는 안 된다. 임대료가 감당할만한 수준이어야 하고 인건비도 수익구조에 걸 맞는 수준이어야 한다. 장사가 잘 되면 상관없지만 만에 하나 장사가 잘 되지 않을 때는 월세와 인건비 고정비가 높아 낭패를 보기 십상이다. 수익구조를 잘 계산해 창업을 하는 것이 바람직하다.

4) 국수전문점의 트렌드와 시장동향

최근 전반적인 외식업 경기 침체에도 불구하고 메밀면에 대한 관심은 식지 않는다. 특히 평양냉면과 함께 메밀면의 양대 산맥을 이루는 막국수는 점차 고급화 다양화 하면서 세를 늘려가고 있다.

막국수의 부상은 소비자 관점과 생산자 관점이 맞아 떨어진 결과로 풀이된다. 즉 소비자 입장에서는 건강한 먹을거리에 대한 니즈가 높아지고, 사회의 전반적인 복고 트렌드와 함께 전통 음식을 선호하는 경향이 나타나고 있다. 생산자 입장에서는 원가가 저렴하고 조리과정이 비교적 용이하면서 상품구성력과 편의성도 뛰어난 메뉴를 선택하게 된다.

이 양자의 이해가 만난 지점에 막국수가 있다. 따라서 막국수는 앞으로도 당분간 성장의 지속세가 유지될 것으로 보인다. 메밀면 상품력을 확보하고 육수와 양념장의 밸런스가 합이 맞을 경우 막국수는 마니아층 확보가 용이하다. 일정 수준의 맛을 내면 남녀노소 모두 중독성이 강한 메뉴다.

메밀이 옛날에 구황 작물이었다면 지금의 막국수는 외식업계의 구황메뉴다. 경제 불황기인 요즘, 외식업계의 토양은 척박하기 그지없다. 어떤 메뉴를 경작해도 수확량이 저조하다. 여기저기서 무얼 해야 먹고 살 수 있는지 아우성이다. 다른 메뉴에 비하면 그나마 막국수는 아직 희망의 여지가 남아있다.

막국수는 메밀을 반죽해 국수틀로 내려 삶아서 동치미 국물에 말아먹거나 간단한 양념에 비벼 먹었던 음식이다. 막국수의 주재료는 메밀이다. 메밀에 함유된 루틴(Rutin)은 항산화 물질인 폴리페놀의 일종이다. 모세혈관을 강화시켜 내출혈을 막고 성인병을 예방한다. 혈압과 혈당치의 강하작용을 하고, 췌장 기능에도 도움을 준다. 또한 비타민B는 체력 저하나 식욕부진 등에 좋다. 이외에도 백미보다 8배의 식이섬유를 함유해 다이어트나 변비예방에 좋아 웰빙 트렌드에 맞는 식재료다. 메밀 수요가 증가함에 따라 국내산 메밀로는 완전한 수급이 힘들다. 최근 조사에 의하면 국산 메밀 자급율은 46% 정도라고 하는데 실제 현장에서는 이에 못 미친다. 부족한 메밀은 주로 중국산 수입 메밀이 채운다. 중국의 내몽골, 몽골 같은 추운 지역 메밀이 품질과 가성비가 좋은 편이다.

국내에서도 춘천, 평창, 제주 등 지자체를 중심으로 메밀 품질 향상과 재배 면적 확대 등의 움직임을 보이고 있다. 하지만 외국산 수입메밀에 비해 국내산은 가격이 2배 이상 비싸게 형성되어 있고, 국내산은 기후나 풍수해 등의 영향에 따라 수확량에 차이가 큰 편이어서 아직은 외식업체에 원활한 조달은 힘든 편이다.

가성비 좋은 수입산 메밀, 제면기와 제분기의 성능 향상, 소비자의 기대치 향상, 타 업소와의 경쟁에 의한 차별화 노력 등의 요소들이 결합해 막국수의 품질도 일취월장 높아지고 있다. 특히 자가제면, 자가제분, 소고기, 사골 등 육류를 활용한 양질의 육수가 부각 되는 추세다. 여기에 다양한 양념장, 고명 등을 가미해 차별화하는 업소가 늘고 있다. 점차 높아지는 상품력과 메밀에 대한 소비자의 니즈 등이 더해져 메밀국수, 막국수 시장은 점차 커져가고 있다.

(1) 막국수 VS 평양냉면

일반인들은 평양냉면과 막국수를 헷갈려 한다. 사실 꾸준한 품질 개선으로 평양냉면과 구분이 안 될 정도의 막국수도 등장했다. 그러나 양자는 그 출발부터가 다르다. 평양냉면은 양반들이 고급술인 감홍로에 고기 안주를 먹고 입가심으로 먹었던 음식이다. 이에 비하면

막국수는 연명을 위해 화전민 등 민초들이 척박한 산록에서 거둔 메밀로 끓여먹었던 음식이다. 평양냉면이 양반들의 별미였다면 막국수는 가난한 민중의 목숨줄로 이어줬던 풀기였다.

일반인들이 평양냉면과 막국수를 혼동하는 것은 둘 다 메밀로 만든 국수이기 때문이다. 그렇다면 평양냉면과 막국수는 어떤 차이가 있을까? 우선, 사용하는 메밀의 질이 천지차이다. 평양냉면은 양질의 메밀 겉껍질을 벗겨내고 곱게 빻은 메밀가루로 만들었다. 그러나 막국수 재료는 대개 메마른 땅에서 충분한 생육기간도 채우지 못한 저급한 메밀이었다. 충분히 익지 않아 쭉정이도 섞인 메밀을 껍질도 채 완벽하게 제거하지 않고 입자도 거칠게 빻아 먹었다.

같은 쌀이지만 좋은 쌀로 빚은 인절미와 싸라기로 만든 개떡이 같을 수 없는 것과 마찬가지다. 그런데 현대에 들어와 제분기술이 발달하고 막국수 재료도 저급한 메밀은 피하게 되면서 양자 간의 구분이 모호해지기 시작했다.

평양냉면과 막국수의 차이를 식재료 측면에서 살펴보면, 평양냉면은 소고기 정육 부위 등 고가의 식재료를 사용해 전문점의 맛이나 고급스러운 맛이라는 이미지를 풍긴다. 반면 막국수는 참기름, 들기름, 김 가루, 양념장 등으로 대중적으로 편안한 맛을 낸다.

평양냉면의 가격은 고급 식재료를 사용하는 유명 전문점의 경우 1

만원대를 훌쩍 넘는다. 담백한 맛은 좋으나 대중적인 취향은 아니다. 평양냉면은 배워야 맛을 아는 어려운 음식으로, 고급스럽게 유기그릇에 담아내기도 한다.

반면, 막국수는 대중적인 식재료와 조리법을 사용해 투박한 식감과 구수한 풍미를 낸다. 가격은 평균 7000원대로 저렴한 편이다. 이 가격에 순도 높은 메밀국수를 맛볼 수 있는 것은 막국수의 큰 강점이다. 또한 누구나 한입에 먹어도 편안한 맛과 중독성 있는 맛도 막국수의 장점이다. 가벼운 스테인리스 그릇에 담아내도 잘 어울리는 편안하고 서민적인 정서의 음식이다. 요즘 같은 불경기에는 대중적으로 편안한 음식이 판매 지속도가 높다.

막국수는 돼지고기 수육과 조합하면 포만감이 늘어 상품성을 높일 수 있다. 또한 뜨거운 성질의 닭고기와는 음식 궁합이나 원가측면에서 궁합이 좋다. 막국수를 고깃집 후식으로 판매하면 평양냉면보다 접근성이 좋고 대중적이다. 막국수 전문점이나 고깃집 후식용 면식으로 지속발전이 가능한 아이템이다.

(2) 막국수 품질 향상 포인트

막국수의 출생과 성장과정은 결코 고귀하거나 우아하지 않았다. 그러나 외식업소의 상품으로 등극한 이후 차츰 천출을 벗고 귀하신

몸으로 변신해가고 있다. 이제 막국수가 더는 '막' 만드는 국수여서는 안 된다. 고객의 선택을 받기 위해서는 상품력을 높여야 하는 이유이다.

① 자가제분: 도정한 메밀은 배아를 포함한다. 그런데 배아의 효소 성분 때문에 제분해 놓으면 쉬 상한다. 따라서 매장 내에 제분기를 설치하고 그때그때 메밀가루를 빻아서 쓰면 메밀의 신선도가 증진된다. 또한 메밀 향을 그대로 보존할 수 있으며 우수한 품질의 면발 생산이 가능하다.

현재 강릉 〈삼교리동치미막국수〉는 수입산 최고급 제분기를 사용하고 있으며, 〈백운봉막국수〉, 〈동신면가〉, 인제 〈전씨네막국수〉, 인천 〈마루메밀국수〉 등에서 자가제분을 실시하고 있다. 자가제분 업소는 메밀 막국수 전문점 이미지를 시각적으로 구체화 해, 고객들에게 강력한 인상을 심어준다.

② 면의 품질 고급화에 집중: 면식 시장은 그동안 대개 양념이나 국물로 차별화되었던 게 현실이다. 이제부터는 면의 상품력 강화가 육수보다 우선 과제이자 틈새 포인트다. 추운 지방에서 소출한 메밀인지의 여부와 원산지도 중요하지만, 언제 어떻게 가공·제분했는지

가 메밀쌀, 메밀녹쌀, 메밀가루의 등급을 결정한다. 이 차이에 따라 막국수 품질 차이는 상당히 벌어진다. 메밀함량은 80% 정도가 이상 적이다. 이미 고급화 된 소비자 입맛 때문에 최하 60% 이상은 되어 야 경쟁력이 있다. 즉, 자가제분, 100% 순메밀 혹은 메밀 함량 높은 질 좋은 면이 미래에는 가장 큰 경쟁력의 포인트가 된다. 일본의 소 바는 국물보다 면에 집중하는 메밀국수다. 상권에 따라서 메밀면의 품질을 고급화하고, 우리 입맛에 맞는 한국식으로 개발해 소바를 같 이 판매해도 효율적이다. 이때는 젊은 층이나 여성 고객에게 어필하 는 것이 좋다.

③ 100% 순메밀 사용 : 대부분의 막국수 전문점은 반죽의 용이성 이나 고객이 원하는 식감 구현 등의 이유로 100% 메밀을 사용하지 않는다. 그러나 고객들 대부분은 '메밀 함량이 높을수록 고급 메밀 면' 이라는 생각을 갖고 있는 게 현실이다. 실제로 메밀 함량이 얼 마인지로 식당을 평가하기도 한다. 이런 고객들에게 '순도 100% 메 밀' 이미지는 마케팅 차원에서 큰 강점이 된다. 특히 건강과 관련, 메밀의 기능성인 루틴함량이 높아 고혈압과 당뇨에 좋다는 것이 부 각되면서 고객들의 이런 경향은 지속되고 있다.

고기리 〈장원막국수〉, 남양주 〈광릉한옥집〉, 원주 〈광릉불고기 원

주점〉 등이 100% 메밀을 사용하고 있다. 유백색의 속 메밀만 사용하는 춘천 일대의 막국수는 시각적으로 식욕을 자극하고 편안한 식감을 제공하기도 한다.

④ 동치미VS육수 : 물막국수는 국물의 조합에 따라 막국수의 맛과 표정이 극명하게 갈린다. 대표적인 국물 재료는 동치미국물과 육수다. 역시 막국수는 잘 익은 동치미 국물이 가장 임팩트가 크다. 이에 해당하는 막국수 집으로는 강릉 〈삼교리동치미막국수〉, 역삼동 〈백운봉막국수〉, 답십리 〈성천막국수〉, 속초 〈백촌막국수〉가 있다. 강원도 홍천 〈장원막국수〉는 육수 베이스로 인제 〈전씨네막국수〉는 육수+김치국물을 사용한다.

육수는 소고기·사골베이스가 선호도가 높다. 닭 육수도 메밀과 잘 어울린다. 가장 이상적인 국물은 육수+동치미다. 원가가 저렴한 사골, 잡뼈, 닭고기를 활용하면 깊고 은은한 맛과 시원한 동치미 맛을 동시에 구현할 수 있다. 동치미 국물은 산도를 잡아줘 개운하고 중독성 있는 맛을 낸다. 또한 비빔·물 구분 없이 육수를 별도의 그릇에 제공하면 비빔·물막국수를 모두 맛볼 수 있어 고객에게 어필하기 좋다.

⑤ 기본 고명 : 김가루는 최소한으로 사용하거나 배제하고, 향이 강한 오이도 양을 줄이거나 생략하는게 요즘 추세다. 대신 메밀 싹을 얹어주면 '메밀을 사용한다' 는 점을 다시 한번 강조해주고, 건강식품 이미지를 제고해준다.

무는 동치미 무를 곁들이는 것이 무초절임 보다는 메밀과의 균형감이 뛰어나고 음식이 성의 있어 보인다. 또한 삶은 달걀 외에 달걀 지단을 부쳐 장식하면 더욱 고급스러워 보인다.

⑥ 양념장 : 막국수의 주인공은 역시 메밀이다. 자극적인 양념 맛을 줄이고 메밀의 순하고 담백한 맛을 강조한 절제 된 맛이 필요하다. 양념장의 매운 맛은 마늘보다는 파를 적절히 잘 배합하는 것이 좋다. 고소한 맛은 참기름보다 들기름을 사용하는 것이 포인트다.

고기리 〈장원막국수〉, 〈삼군리메밀촌〉, 고성 〈동루골막국수〉 등이 들기름을 사용한다. 하지만 지방 상권에 따라 향이 강한 참기름을 사용해야 하는 곳도 있다.

⑦ 고명의 차별화 : 대동소이한 고명을 좀 더 차별화하면 고객들에게 깊은 인상을 심어줄 수 있다. 인천 〈마루메밀국수〉는 코다리회무침, 청계산 〈봉평막국수〉는 황태무침, 평창 〈미가연〉은 육회, 춘

천 〈모래재막국수〉는 꿩고기를 각각 고명으로 얹었다. 이 가운데 인천 〈마루메밀국수〉의 코다리회무침은 코다리에 사과식초로 양념을 해 만들었다. 외부에서 구매하지 않고 직접 만들어 막국수에 넉넉한 양의 코다리회무침을 제공할 수 있어 고객 만족도가 높다.

코다리, 황태, 꿩 같은 고명 재료는 막국수의 고향인 강원도의 향토색이 물씬 난다. 이 때문에 스토리텔링과 구체적인 이미지로 형상화하기에 적합하다.

⑧ 반찬 : 막국수는 차가운 음식이므로 반찬도 청량감을 느낄 수 있어야 한다. 동치미, 백김치, 열무김치 모두 잘 익은 상태로 차갑게 제공한다. 식전에 면수를 제공하면 전문점 느낌을 어필할 수 있다.

⑨ 식기 : 막국수는 태생적으로 서민음식의 정서가 남아있다. 고급스러운 이미지를 위해 유기그릇을 사용하는 것은 언밸런스다. 가벼운 스테인리스 그릇에 담아내는 것이 음식 정서에도 맞고, 면과 국물을 모두 시원하게 먹을 수 있도록 해준다.

전문점일수록 편하게 먹는 분위기가 있다. 테이블에 숟가락 없이 젓가락만 제공해도 고객은 크게 불만이 없고, 주방의 잔손 일이 줄어든다.

3. 국수전문점의 이미지와 아이템

막국수는 비빔면이 아닌 '메밀면' 이다. 메밀을 주재료로 한 면에 육수 또는 비빔양념을 곁들이는 형태는 냉면과 유사하지만 냉면에 비해 서민적이고 대중적인 이미지로 폭넓은 연령대에 소구할 수 있다. 족발을 시키면 따라 오는 서비스 메뉴라는 인식은 옛말이다. 양념 맛으로 먹는 국수가 아닌 메밀 맛을 즐기는 국수로서 새롭게 포지셔닝하고 있는 것이 막국수의 경쟁력이다.

1) 서민적.대중적 이미지 갖춘 친근한 이미지 강점

막국수는 고급스럽다기보다는 누구나 부담 없이 접할 수 있는 서민적이고 대중적인 메뉴다. 또 막국수에 정통하지 않더라도 춘천막국수를 모르는 사람은 없을 정도로 친근하다. 바꿔 말해 저변확대가 충분히 가능한 아이템이다.

기존 막국수로 유명한 집들은 뚜렷한 상권 개념 없이 대로변에 드문드문 위치하거나 관광지와 인접한 위치에 주차 가능한 넓은 부지를 확보하는 형태가 대부분이었다. 자가용을 이용해 일부러 찾아가야만 하는 특성상 고객층은 자연스럽게 중장년 또는 가족단위로 한정됐다. 하지만 최근 5~6년 사이 막국수를 즐기는 인구가 30~40대 직장인을 비롯해 20대까지 확대되는 분위기다. 역삼동 백운봉막국수와 교대 샘밭막국수, 잠실 남경막국수 등은 서울 강남권 오피스가와 유흥가에서 직장인을 대상으로 꾸준한 매출을 올리고 있다.

경복궁 1호점에 이어 최근 광화문에 2호점을 낸 잘빠진 메밀은 20대 젊은층은 물론 외국인 고객까지 끌어들이며 막국수에 대한 기존 이미지를 바꿔놓았다. 막국수의 대중적인 이미지에 자신만의 경쟁력을 덧입힌다면 상권과 고객층에 구애받지 않고 승부수를 띄우기에 충분하다는 점이 입증되고 있다.

2) 유행에 둔감하고 원가구조가 안정적인 아이템

막국수는 유행이나 트렌드에 비교적 둔감한 편이라 초창기 퀄리티만 안정적으로 잡아 놓는다면 비교적 부침 없이 운영 가능하다. 강원도 춘천의 유포리막국수와 인제의 남부면옥 등은 50년이 넘게 명성을 유지하며 지금까지 사랑받고 있는 막국수 노포다.

원가구조도 안정적이다. 동치미용 무나 김치용 배추 등 채소류의 가격 변동은 차치하더라도 주재료가 되는 메밀과 양념류는 계절별 등락폭이 적어 연중 일정한 수익 확보가 가능하다. 냉면처럼 고기육수를 낼 필요도 없어 원가율도 상대적으로 낮다.

고명도 마찬가지다. 김가루와 깨, 삶은 달걀을 기본으로 업소에 따라 무절임과 오이채 등을 추가하기도 하지만 원가상승에 크게 영향을 미칠 만한 요소는 아니다. 찬 구성 또한 김치류 한 가지 정도에 한정돼 있고, 참기름.식초.설탕.겨자 등 개별적으로 추가하는 양념류까지 모두 더한다 해도 1인분 상차림에 소요되는 식재료 원가구성은 여타 아이템에 비해 경쟁우위에 있다.

반면 여름철에 매출이 집중되는 계절적 한계는 극복해야 할 과제다. 대부분의 막국수전문점이 겨울철에 여름철 대비 30%정도의 매출하락을 겪는다. 도심 오피스 상권의 경우 휴가가 시작되기 전인 6~7월에, 외곽지역의 경우 휴가철을 포함한 7~8월에 매출 피크를 이룬다. 겨울철 매출하락을 보완하기 위한 최적의 메뉴는 단연 따뜻한 사이드 메뉴다. 대표적인 것이 수육. 가장 무난한 부위는 삼겹살과 전지로 두 가지 부위를 함께 낼 경우 비계 부위와 살코기 부위를 함께 즐길 수 있는 데다 접시당 원가도 낮출 수 있어 유리하다. 비선호 부위인 후지를 섞어 원가를 더욱 낮출 수도 있다. 새우젓과 쌈장, 상추와 깻잎을 함께 제공한다면 수육 자체의 경쟁력이 한층 상승한다.

껍데기 붙은 돼지고기에 계피와 감초 등 한방재료를 넣고 삶아 부들부들한 식감과 은은한 향을 강조하는 수육도 있다. 강원도 양구의 광치막국수와 천서리의 막국수집들이 이러한 수육을 낸다. 이 중 천서리 봉진막국수와 홍원막국수는 매콤하게 양념한 새우젓장에 연겨자를 풀어 수육을 찍어 먹는 독특한 방법으로 개성을 더했다.

만두나 전병, 전 같은 메밀 활용 사이드메뉴로 전문점으로서의 아이덴티티를 명확히 하는 것도 좋다. 이들 메뉴는 겨울뿐 아니라 여름에도 부담 없이 주문하기 좋아 수육과 함께 객단가 상승에도 효과적이다. 전을 제외하고는 완조리 또는 반조리 상태로 준비가 가능해 오퍼레이션 면에서도 무리가 없으며, 만두나 전병류는 전문업체를 통해서도 얼마든지 질 좋은 제품을 공급받을 수 있다. 특히 메밀전병의 경우 메밀전문점뿐 아니라 주점에서도 안주류로 인기를 얻으면서 젊은 고객들 사이에서의 인지도가 높아지고 있는 메뉴 중 하나다.

반면 온면의 경우 전용 육수를 따로 뽑아야 하는 특성상 사이드메뉴 보다는 메뉴 추가 개념으로 접근하는 것이 바람직하다. 연중 상시 판매하는 사이드메뉴가 아닌 겨울한정 메뉴로 제공, 식재료 로스를 최소화하되 기존 오퍼레이션을 무너뜨리지 않는 선에서 신중하게 접근할 필요가 있다.

3) 자가제면.100% 순면 증가 추세

순면에 대한 고객 니즈가 높아지면서 자가제분을 통해 100% 순면 막국수를 내는 곳도 증가하고 있다. 소바를 즐겨 먹는 일본의 경우 100% 순면보다는 밀가루를 20% 정도 섞은 소바가 일반적인 데 비해 최근 몇 년 새 국내에서 100% 순면이 이슈화되면서 순면에 대한 업주들의 관심도 높아졌다.

순면이 가능한 이유는 바로 제면 방식에 있다. 소바에 사용하는 면은 반죽을 넓게 밀어 편 후 칼국수를 만들 듯 썰어 만든다. 반면 막국수면은 반죽을 기계에 넣고 압력을 가해 뽑아내는 압출 방식이다. 순간적으로 높은 압력으로 뽑아내기 때문에 소바가 가질 수 없는 탄력과 점성이 형성되는 것이다. 또 뽑아낸 면은 바로 끓는 물로 떨어지기 때문에 공기와 접촉할 시간을 최소화, 메밀의 산화를 방지한다. 따라서 100% 메밀 면 특유의 끊어짐이 덜 하고 기다란 모양 그대로 또아리를 트는 작업이 가능하다.

국내에 아직까지 100% 메밀면을 생산하는 곳은 없다. 따라서 순면을 내기 위해서는 자가제면 외에 방법이 없다. 백운봉막국수는 자가제면 자체가 극상의 기술을 필요로 한다기보다는 연중 일정한 면의 퀄리티를 유지할 수 있느냐가 관건이며 초기 투자비와 고정 인건비 등 점포 콘셉트를 고려한 신중한 접근이 필요하다.

메밀면 자체의 맛을 즐기는 인구가 늘어나면서 막국수의 고명도 심플해지는 추세다. 비빔이나 물막국수의 필수 고명이었던 김가루와 깻가루를 제외하고 주문하거나 아예 김가루와 깻가루를 고명에서 걷어내는 곳들도 있다. 하지만 아직까지는 김가루와 깻가루, 참기름의 고소한 맛으로 막국수를 먹는 이들이 많은 만큼 처음부터 고명을 걷어내기 보다는 선택적으로 가감할 수 있도록 하는 것이 안전하다.

4. 국수전문점의 프랜차이즈 성공전략

1) 반세기를 이어온 웰빙 전통국수전문점 〈명동할머니국수〉

(1) 전통성.차별성 갖춘 중견 국수 프랜차이즈

명동할머니국수는 반세기를 이어온 전통육수 제조 노하우와 전용 국수면으로 차별화한 국수전문 브랜드다. 프랜차이즈 가맹사업을 시작한지 5년 남짓에 불과하지만 8월 기준 국내에 101개 매장을 운영하며 중견 국수 프랜차이즈로 거듭났다. 명동할머니국수 맛의 비결은 멸치와 황태, 바지락, 채소 등을 넣어 푹 우려낸 감칠맛 나면서도 개운한 육수와 쫄깃쫄깃한 면발에 있다. 이곳에서는 소면과 중면의 중간 굵기인 국수면을 사용하는데, 삶는 시간이 짧아 경제적인 것은 물론 탄력도 좋아 면발의 쫄깃한 식감이 살아있다.

명동할머니국수는 기존 라면 중심의 분식메뉴를 탈피한 웰빙 전통 국수로 차별화한 분식전문점이다. 서민형 먹거리인 국수를 4000~5000 원 대의 저렴한 가격에 판매함에도 불구하고 빠른 고객 회전률로 낮은 단가를 보완해 소점포 창업에 적합한 아이템으로 주목받고 있다. 본사에서는 일일배송시스템으로 주요 제품을 원팩화 해 각각 가맹점에 제시함으로써 점포운영을 간편화했다. 또한 오픈 후 3개월 간 최소수익 이상의 나머지 수익에 대해 본사에서 보장해 주는 수익률 보장책임제를 시행해 가맹창업자가 보다 안심하고 창업할 수 있도록 지원하고 있다.

(2) 주택가.오피스별 입지전략 달리한 메뉴 구성 강점

명동할머니국수의 가장 큰 강점은 오피스형, 주택가형 등 상권의 특별성, 시간대별, 분기별로 메뉴구성을 달리한 선택운영으로 수익률을 극대화한다는 점이다. 대표 인기메뉴인 국수류를 비롯해 덮밥류, 돈가스류, 스파게티, 오므라이스, 간식류, 계절별미 등 풍부한 메뉴군으로 고객의 다양한 입맛을 충족시킨다. 하지만 이 모든 메뉴가 전

매장에서 선보이는 것은 아니며, 매장에 따라 메뉴 구성을 달리하고 있는 점이 여타 국수전문점과 차별화 된다. 오피스형의 경우 직장인 선호 메뉴를 구성, 든든한 한 끼를 위한 덮밥류 등을 강화한 것이 특징이다. 특히 샐러드 무료 제공 및 김밥과 라면 판매 등으로 선택의 폭을 넓히는 한편 회전률을 극대화한 메뉴를 선보이고 있다. 반면 주택가형의 경우 가족단위 외식공간으로 거듭나기 위해 노인과 어린이를 위한 맵지 않은 메뉴도 선보이고 있으며, 여성과 주부들을 겨냥한 스파게티는 물론 볶음면, 어린이돈까스, 커플돈까스, 오므라이스 등 다양한 고객층을 타깃으로 한 멀티 메뉴군을 선보이고 있다. 한편 최근 낙성대점 오픈을 기점으로 새로운 변신에 나선 명동할머니국수는 분식점 이미지에서 탈피해 가족 외식형 미니 레스토랑을 표방하고 나섰다. 기존에는 오피스가에서 점심을 간단하게 해결할 수 있는 분식전문점 콘셉트를 유지해 왔지만 최근 주택가 상권도 적극 공략하며 과감한 변화를 선보인 것. 명동할머니국수는 향후 주택가형 매장 오픈에 집중해 전국 가맹사업에 더욱 박차를 가한다는 계획이다.

(3) 전국체인으로 성장한 명동할머니국수

원래 이곳은 故김귀남 할머니가 55년전 간판도 없이 명동에서 3

평 남짓한 작은 국수집을 연 것이 그 시초다. 어려운 시절 비좁은 매장에서 어깨를 부딪치며 '서서먹는 국수집'으로 알려지다 지난 1993년 명동할머니국수로 간판을 내건 이곳은 현재 국내 100여 개가 넘는 전국 체인의 중견 국수전문점으로 성장했다.

1958년 브랜드를 론칭한 명동할머니국수는 현재 직영점 4개, 가맹점 97개로 101개의 매장을 보유하고 있으며, 대표메뉴로는 잔치국수(4000원), 웰빙국수(5500원), 야채비빔국수(5000원), 버섯들깨 칼국수(6000원), 등심돈까스(7000원), 함박오므라이스(8000원)가 있다.

오피스형, 주택가형 입지전략을 갖춘 이곳의 인테리어 콘셉트는 가족 외식형 미니 레스토랑이며, 창업비용은 $33\,m^2$ 기준으로 4720만 원 정도이다.

① 직장인들의 스트레스를 풀어주는 매콤한 비빔국수 인기 : 명동할머니국수에서는 다양한 고객의 입맛을 사로잡기 위해 전통적인 인기메뉴뿐만 아니라 신세대의 입맛을 사로잡을 수 있는 다채로운 신메뉴를 분기별로 선보이고 있다.

오랜 기간 사랑받아온 '잔치국수'를 비롯해 두부와 만두, 감자옹심이 등의 고명을 올려 담백하면서도 영양가가 풍부한 '웰빙국수', 신선한 계절채소와 매콤새콤한 양념을 더한 쫄깃한 면발이 일품인

'야채비빔국수' 등이 특히 인기를 끌고 있다.

최근 직장인들의 스트레스를 풀어주는 메뉴로 야채비빔국수가 인기를 끌고 있는데, 매운맛을 좋아하는 한국인들의 특성과 입맛에 맞춘 매콤한 맛을 내기 위해 청정원 태양초 고추장을 고집하고 있다. 인위적인 매운맛은 얼얼하기만 한데 반해 자연 숙성시킨 청정원 태양초 고추장은 매콤한 감칠맛이 어우러져 깔끔한 맛이 특징이다.

② 전통성·차별성 갖춘 중견 국수 프랜차이즈 : 명동할머니국수는 반세기를 이어온 전통육수 제조 노하우와 전용 국수면으로 차별화한 국수전문 브랜드다. 프랜차이즈 가맹사업을 시작한지 5년 남짓이 불과하지만 현재 국내에 101개 매장을 운영하며 중견 국수 프랜차이즈로 거듭났다.

명동할머니국수 맛의 비결은 멸치와 황태, 바지락, 채소 등을 넣어 푹 우려낸 감칠맛 나면서도 개운한 육수와 쫄깃쫄깃한 면발에 있다. 이곳에서는 소면과 중면의 중간 굵기인 국수면을 사용하는데, 삶는 시간이 짧아 경제적인 것은 물론 탄력도 좋아 면발의 쫄깃한 식감이 살아있다.

<표3> 명동할머니국수 가맹점 개설 비용

(33㎡ 기준, 단위 : 만 원)

구분	금액	비고
가맹교육비	800	가맹비, 교육비(경영, 조리, 서비스)
물류보증금	100	사용물류 결제에 따른 보증금(계약 종료 시 반환)
인테리어	1,500	평당 150만 원, 점포 규모에 따라 변동
간판·실내사인	500	실사 홍보판, 메뉴판 와이드칼라, LED간판
주방기기·기물	1,500	주방기기 및 기물류 일체
의탁자	250	6조 기준(2인 포함)
홍보판촉물	70	빌지(빌지판), 홍보전단, 명함, 쿠폰, 메모 홀더 외
본사지원		오픈 행사용 원부재료
합계	4,720	러닝 로열티 없음

VAT 별도, POS시스템 월 사용료 2만 원(부가세 별도), 철거, 닥트, 전기증설, 가스, 냉·난방시스템, 소방설비, 천장 등 추가공사 별도 비용

2) 집요한 노력과 끈질긴 연구로 만들어낸 〈가이오국수〉

(1) 사업실패의 아픈경험이 도움

서울 은평구 역촌동 구산역 2번 출구에 자리한 〈가이오국수〉는 창업 2년만에 제 1호 구산본점에 이어 연신내점, 마포점, 명지대점, 홍제점, 답십리점, 목동점, 뉴타운점 등 가맹점 7개를 창업시킨 프랜

차이즈 기업가다. 대화하는 눈빛에 힘이 느껴지고 자신감이 넘치는 그에게도 사업실패라는 어려운 시절이 있었다.

이곳 대표는 5년여 가량의 건설업 영업사원 시절을 접고 2008년 오리전문점을 창업하였으나 조류독감으로 문을 닫았고, 2009년 어렵게 재 창업한 돼지갈비 전문점도 실패의 쓴잔을 마시게 했다. 연속된 실패로 좌절해 있을 때 어머니의 도움으로 당시 폐업 직전이었던 돼지갈비 전문점 매장에 사이드메뉴로 잔치국수를 팔기 시작했다. 사이드메뉴로 시작한 국수는 그 가치와 맛을 인정받아 손님들에게 차츰 알려지기 시작했고 입소문을 타고 알려져서 나중에는 고기매출보다 국수매출이 앞서가는 기이한 현상을 만들어 냈다. 여기서 용기를 얻어 대표는 국수연구에 전념하여 6개월 동안 전국을 돌아다니며 전국에 유명한 국수전문점을 방문하여 시식을 하고 장점과 단점을 파악하여 지금은 〈가이오국수〉를 만들어 냈다.

(2) 대박행진의 성공비결

집요한 노력과 끈질긴 연구가 빛을 발하는 순간이었다. 그 후 상권조사를 거쳐 지금의 본점인 구산점을 오픈하였고 예상대로 매장은 그야말로 대박행진이었다. 이곳의 성공비결을 살펴보면 다음과 같다.

첫째, 고객의 입맛을 연구하여 고객에게 맞는 맛을 개발하는 것이다. 〈가이오국수〉의 육수 맛은 특별하다. 좋은 재료와 정성으로 만든 이곳 육수 맛은 진하고 개운해 특별함을 제공한다. 맛을 보면 만든 사람의 정성이 느껴질 정도이다.

둘째, 경영자의 철학을 가지고 매장을 운영한다. 야채 값이 치솟고 김치파동이 나던 2010년에도 재료를 아끼지 않고 고객에게 가치 있는 음식을 제공하기 위해 손해를 보더라도 제대로 된 음식과 서비스를 제공했다.

셋째, 돈을 쫓아가지 않는다. 이곳 대표는 최근 들어 가맹점 개설을 문의하는 전화가 폭주하여 더욱 바쁜 나날을 보내고 있지만, 아무에게나 쉽게 가맹점을 개설해 주지 않는 것으로 유명하다. 이는 창업을 희망하는 예비창업자들이 창업에 대한 충분한 자세와 마음가짐이 중요하다는 것을 알고 교육을 통해 철저한 창업에 대한 준비를 시키는 것이다. 이렇듯 그는 신념과 철학을 가지고 매장을 운영한다.

앞으로의 목표에 대해 대표는 사회봉사활동에 대한 언급을 한다. 본점이 어느 정도 자리를 잡고 시스템이 갖춰지면 소외계층을 위한 사회봉사 활동을 통해 감사의 마음을 전하고 싶어 하는 것이다. 무엇보다 〈가이오국수〉의 성공은 고객에 대한 철저한 분석과 맛의 가치제공을 위한 연구와 노력의 결과물이다.

3) 면과 고명의 차별화 〈토마토국수〉

(1) 마을길 국수 〈토마토국수〉

부천시 원미구 두산위브 단지에 위치한 〈마을길국수〉는 다양한 이색 국수메뉴를 판매하는 국수요리 전문점이다. 2014년 4월 오픈, 49.59㎡(15평)의 소형 매장에서 현재까지 일평균 6회전 이상을 유지하며 실속형 콘셉트로 운영 중이다.

한동안 국수전문 브랜드가 제법 많이 생겼다가 사라진 가운데 마을길국수는 면과 고명의 차별화로 면 요리시장에서 승부수를 띄웠다. 든든한 육수와 푸짐한 고명이 받쳐준다면 국수는 저녁 식사로도 손색없겠다고 판단, 푸짐하고 다양한 국수메뉴를 구현하게 된 것이다.

국수는 메인인 고기국수를 시작으로 토마토국수, 녹두국수, 한우육회비빔국수, 생멍게비빔국수 등 총 6가지다. '생멍게국수' 는 경남 통영에서 직송한 신선한 멍게를 면과 함께 매콤한 양념에 비벼먹는 메뉴로 '한우육회비빔국수' 와 함께 여름철 판매율이 높은 메뉴다.

겨울철 별미는 '토마토국수' 다. 기존 토마토를 활용한 면요리로 토마토 파스타나 라면 정도가 전부였다면 토마토국수는 가츠오부시 육수에 매장에서 직접 만든 토마토 페이스트를 넣어 차별화했다.

(2) 토마토 + 올리브 오일 토핑

토마토국수의 포인트는 토마토 페이스트다. 끓는 물에 살짝 익힌 후 껍질 벗긴 토마토를 적당한 크기로 잘라 올리브오일, 양파와 함께 볶는데 이때 올리브오일과 토마토가 만나 부드럽고 고소한 맛이 배가된다. 여기에 갖은 양념을 더 한 후 가츠오부시 육수를 부어 한소끔 끓이면 마을길국수만의 토마토 페이스트가 완성된다. 토마토 페이스트는 적절하게 씹히는 토마토의 식감이 생명으로 오래 끓이면 뭉근해지기 때문에 큼직하게 잘라 30분 정도만 끓인다.

전체 메뉴 중 주문율이 40% 이상이며 가을·겨울철에는 1주일에 세 번 이상 방문해 토마토국수를 주문하는 경우가 특히 많다. 마니아층이 형성돼있을 만큼 홈메이드식 토마토 페이스트를 베이스로 한 국수는 중독성 있는 맛이라는 점을 알 수 있다. 이곳 대표는 평소 토마토파스타를 즐겨 먹는데, 토마토베이스의 국물을 한식의 국물요리처럼 후루룩 마시면 얼마나 맛있을까 하는 생각에서 개발하게 됐다고 설명한다.

마을길국수에서 판매하는 모든 국수는 전부 시금치면을 사용한다. 삶은 시금치를 믹서에 갈아 반죽 시 배합해 면을 뽑는다. 이색국수와 함께 웰빙국수의 키워드도 구현한 셈이다.

경기도 부천시 원미구 신흥로 150-1 위브더스테이트에 소재하고 있는 이곳의 주 메뉴는 고기국수(5500원), 생멍게비빔국수(6000원), 한우육회비빔국수(9000원), 토마토국수(6300원), 녹두국수(5800원), 한우육회비빔밥(1만원), 고기완자(100g 2000원)이다.

직접 만든 토마토 페이스트와 가츠오부시 육수로 차별화, 따뜻한 국수에 토마토의 풍미, 푸른빛을 띠는 시금치면을 사용해 웰빙 요소 접목했다는 점이 특징이다.

4) 고객니즈에 부합한 콜라보레이션 〈셰프의 국수N육개장〉

㈜바인에프씨의 〈셰프의 국수N육개장〉은 이곳 셰프의 창의적인 발상을 담은 국수와 육개장 전문점이다. 번듯한 한 끼 식사와 저렴한 서민음식이라는 편견을 깨고, '한식의 세계화' 가능성을 보여주고자 론칭하게 된 브랜드다. 〈셰프의 국수N육개장〉은 화이트에 오렌지 칼라를 포인트로 사용해 화사하고 심플함을 표현했다.

(1) 공간과 연령 상관없이 즐기는 편안한 공간

㈜바이엔프씨는 현재 〈셰프의 국수전〉 44호점, 〈셰프의 육개장〉 4호점, 〈셰프의 국수N육개장〉 5호점, 콜라보 계약, 마스터프랜차이

즈 계약에 의한 필리핀 4호점, 홍콩 1호점, 싱가포르 매장의 오픈을 통해 활발한 프랜차이즈 사업을 전개해 나가고 있다. 〈셰프의 국수전〉과 〈셰프의 육개장〉 두 브랜드는 그동안 저평가 된 한국 전통음식인 국수와 육개장을 독자적인 레시피와 고명(토핑)을 다양화해 개발한 브랜드다.

〈셰프의 국수N육개장〉은 밑반찬이 필요 없는 든든한 토핑국수의 선두주자로 초계국수(하절기), 대한돈부리, 불초밥 등 차별화된 메뉴가 있다. 그리고 조리교육과 가맹점 관리가 모두 가능한 마스터 바이저 시스템을 통해 차별화 된 브랜드 관리를 해오고 있다. 또 토핑국수라는 강점은 간식이 아닌 한 끼 식사로 충분한 양을 제공하며, 부추, 콩나물, 불고기에 두툼한 계란말이까지 매력적인 색감 + 영양 + 맛을 고려해 프리미엄화에 주력하고 있다. 메뉴구성이 많지는 않지만 여러 고객층들에게 어필되며, 불초밥은 먹는 즐거움과 동시에 보는 재미를 더한다.

(2) 시장조사를 통한 변화 예측을 꿰뚫다

㈜바인에프씨는 최근 빠르게 변하는 마케팅 및 영업 전략의 일환으로 콜라보레이션 브랜드 〈셰프의 국수N육개장〉을 론칭해 국수와 육개장의 강점을 통합했다. 하절기 매출에 강한 국수와 동절기 매출

이 높은 육개장의 대표 인기메뉴를 모아 콜라보레이션 리뉴얼브랜드를 만들어 낸 것이다.

이로써 소비자에게는 선택의 다양성을, 가맹 점주에게는 안정적인 수입에 대한 효과를 기대해 볼 수 있다. 〈셰프의 국수N육개장〉 콜라보 사업은 브랜드 업그레이드에 대한 고민이 만들어 낸 자연스러운 결과물이지만 충분한 사업성 검토와 트렌드 파악, 그리고 끊임없는 노력이 수반된 결과물이며, 급변하는 2014년 외식 트렌드에 대한 이해와 시장조사를 통한 변화 예측에 따른 결과물이다. 그리고 진정성이다. 소비자를 단순히 구매자로 이해하는 것이 아닌 니즈(Needs)와 원츠(Wants)에 맞는 브랜드가 되어 소비자가 직접 브랜드의 팬이 돼야 하며, 또 예비 창업자의 욕구 파악도 중요하다. 파트너가 될 예비가맹점주로부터 신뢰를 얻는 것은 가장 기본이다.

(3) 어려울수록 원칙과 기본에 충실한 브랜드

〈셰프의 국수N육개장〉은 프랜차이즈 사업이야 말로 트렌드에 민감한 사업 중 하나로, 지속적으로 변화하는 마케팅 전략을 적용하지 못한다면 소비자로부터 외면 받을 수 있기 때문에 발 빠른 행보를 보여 왔다. 이로써 브랜드가 다시 한 번 성장할 수 있는 기회를 얻었다는 평이다.

〈셰프의 국수N육개장〉은 서울 코엑스와 강릉에도 오픈 하였으며, 마스터 프랜차이즈 계약을 한 싱가포르에도 오픈하였다. 그리고 메뉴정리, 물류 코스트 재조정 등 급성장보다는 내실이 단단한 브랜드로서의 면모를 다져나가고 있다. 점포 목표는 30호점 오픈을 목표로 하며, 사회공헌에도 주력해 건강한 브랜드가 되고자 한다. ㈜바인에프씨는 국내에서 콜라보레이션 매장으로 한 번 더 도약할 수 있는 기회를 갖고 재정비할 것들은 서둘러 정비를 해 가맹사업을 전개해 나가고 있으며, 해외진출도 적극 모색하고 있다.

어려울수록 원칙과 기본에 충실해 철저한 가맹점관리로 유대관계를 쌓아나가고 있으며, 기존 가맹점은 메뉴 정리를 통해 가맹점 노동 강도를 낮춰주고 재료비, 고정비를 줄일 수 있는 방안을 모색해 수익을 높이고 소자본 창업을 통해서도 부담 없는 창업을 도모하고 있다.

〈셰프의국수N육개장〉은 다양한 토핑을 즐길 수 있는 국수와 육개장 등 다채로운 음식과 메뉴의 맛, 서비스, 제품 및 고객 클레임, 매장운영 상태 철저히 검수함과 동시에 가맹점과의 신뢰 및 관계를 최우선으로 생각한다. 파트너십을 맺은 가족점과의 관계에 대한 중요성 인식하고 점포관리에 주력해 수도권 월2회, 지방 월1회 담당 가맹점 방문한다는 점을 경쟁력으로 꼽을 수 있다.

트렌드에서 조금 멀어지는 듯한 국수와 최근 점점 부각되고 있는 육개장과 콜라보레이션을 통해 고객들로부터 더욱 사랑을 받을 수 있는 접점을 찾았다. 고객들에게는 다양한 맛을, 예비창업자들에겐 또 다른 창업의 기회를 가져다 줄 수 있었다. 차별화된 메뉴 개발을 '한국화'라는 콘셉트에 맞게 해외진출에 대한 물꼬를 트는 계기가 돼주고 있다.

〈세프의국수전〉의 강점 중 하나는 비용절약이다. 처음 매장을 오픈하면 예상하지 못한 금액이 추가로 드는 때가 많다. 이 같은 상황에서 세밀한 지원을 준비한다. 예를 들어 개점 직후 소요되는 홍보 전단 비용을 무상으로 진행하고, 초기 이벤트를 본부가 직접 지원한다. 많게는 100만 원 넘게 들어갈 추가 금액이 줄어든다. 곧, 창업비용을 조금이나마 줄일 수 있다. 가맹본부의 개설수익을 낮춤으로써 예비창업자의 투자비용을 인하했다.

또 다른 강점은 고정비를 줄이는 세밀함에 있다. 작은 매장이기에 부부가 점포를 운영하면 인건비 부담이 덜하다. 전체 매출 가운데 순이익을 늘리는 방법이다. 이 과정에서 이곳의 운영 노하우가 드러난다.

사람이 적으면 당연히 피로도가 쌓이는데 주방 구조부터 조리 기자재의 위치, 홀의 테이블 배치까지 동선을 최소화했다. 이 때문에 적은 인원만으로 높은 효율성을 보장한다. 소자본창업일수록 인건비 부담이 크다는 점에서 이 같은 세심함은 강점으로 작용한다.

〈셰프의국수전〉은 소규모 자금으로 창업에 나서는 이들에게 강조하는 사항은 사전 준비다. 예비창업자 교육을 꼼꼼하게 받음으로써 시행착오를 줄여나가야 한다. 영세사업자는 사업실패가 인생까지도 변하게 한다는 점에서 실수가 용납되지 않는다. 이 때문에 가맹본부는 오픈전 시험을 치를 정도로 준비된 점주를 양성한다. 자신의 돈으로 매장을 개설한 가맹점 사업자라도 테스트를 통과하지 못하면 오픈이 지연된다.

아울러 〈셰프의국수전〉은 마스터바이저를 활용한다. 매장을 관리하는 슈퍼바이저, 메뉴바이저보다 한 단계 업그레이드된 제도로 관리하는 매장 수를 가맹본부에서 스스로 제한해 집중도를 높였다. 이 때문에 철저한 매장 점검과 가맹본부의 서비스 향상이 이뤄진다. 특히, 세무 기초부터 관련 허가 취득 지식까지 매장 운영에 필요한 이론교육을 세심히 진행한다.

이론을 배운 뒤에는 실전 교육이 이뤄진다. 가맹본부에서 개발한 레시피대로 모든 메뉴의 조리와 사용되는 식재료 노하우가 전수된다. 또 물류센터에 관한 소개와 배송방법, 보관관리와 식자재 주문방법까지 프랜차이즈 시스템 교육이 병행된다. 계약을 체결한 점주는 이로써 개점 전부터 준비된 개인사업자로 거듭난다. 오픈 성공률이 높을 수밖에 없다.

또한 소자본창업자는 투자비용 절감보다는 어떻게 사업자금을 마련할지 고민해야 한다. 영세창업자에게 적합한 지원 프로그램을 찾아야한다는 의미다. 1~1억5000만원으로 점포 개설이 가능한 브랜드가 여럿 존재하는 만큼, 투자비 조달이 더욱 중요하다. 이를테면, 국가에서 지원하는 예비창업자 대출프로그램이라든지 주변 지인의 도움을 요청할 필요성이 있다. 타인 자금을 빌릴 경우, 이자비용이 문제인데 이런 방법을 선택하면 비용이 줄게 된다. 인건비와 더불어 큰 부분을 차지하는 고정비를 줄임으로써 순수익의 폭이 커질 수 있다.

또 다른 조언은 홍보비의 절약. 〈셰프의국수전〉의 경우 '해피바이러스'라는 이벤트를 진행한다. 가맹본부의 모든 직원이 동참하는 행사로 일선 가맹점을 방문해 이뤄진다. 본부의 대표부터 임원진까지 매장을 손수 청소하고 관리함으로써 정성과 열의를 쏟는다.

아울러 판매촉진 이벤트와 모바일 홈페이지 개설, 사회봉사 활동까지 점포 인지도를 높이는 노력을 지속해서 경주한다. 이 가운데 모바일 홈페이지는 전액 본부의 부담으로 제작된다. 이처럼 오픈까지만 신경 쓰는 일부 브랜드와 달리, 사후 서비스를 강화해서 소자본창업자의 안전 정착을 돕는다. 자연스럽게 영세 가맹점의 성공률은 높아진다.

〈세프의국수전〉 성수1호점의 경우 50㎡(15평) 남짓의 작지만 강한 매장으로, 월매출은 약 1800만원을 오간다. 투자비용은 1억원 안팎으로 순수익이 30%에 달해 가맹본부와 점주 모두 만족하는 상황이다.

특히 이곳은 상권 분석을 게을리 해서는 안됨을 강조한다. 임차료가 낮은 곳을 찾다보면 좋지 않은 입지로 몰리게 되지만, 최선의 장소를 물색해야 한다. 성수 1호점은 주변에 공장단지와 오피스 단지가 위치해 고정 고객을 확보했으며 그 밖에도 부부가 같이 점포를 운영해서 인건비를 줄였다. 평일 점심과 저녁 시간에는 바쁘지만 두 사람이 감당 못 할 정도는 아니다. 가끔 파트타이머를 고용함으로써 여유를 가진다.

이는 소자본창업에 성공한 대표 사례로 볼 수 있다.

5) 전국의 국수 맛을 한 자리에서 〈한국수〉

간편하게 끼니를 때우거나, 밥 말고 뭔가 맛있는 요리가 먹고 싶을 때 국수만큼 좋은 것이 없다. 하지만 서울을 비롯한 경기도 지역에서 접할 수 있는 면 요리는 우동이나 라멘, 파스타, 칼국수, 냉면, 막국수 정도. 각 지역의 색이 묻어난 국수, 면 요리를 만날 수 있는 기회가 그만큼 드물다는 의미이기도 하다. 〈한국수〉는 기획 단계에서부터 한국의 국수를 전 세계에 알리고자 만들어진 브랜드다. 우리가 미처 알지 못했던 한국 면 요리의 가능성을 여기서 찾아볼 수 있다.

(1) 전국 팔도의 국수, 한 자리에서 먹을 수 있다

명동과 신촌, 홍대 등 번화가를 둘러봐도 한국음식을 제대로 내는 곳을 찾기가 쉽지 않다. 대부분 일본의 우동이나 라멘, 가정식, 베트남 쌀국수, 그리고 이탈리아의 파스타 정도가 고객들의 발길을 사로잡을 뿐이다. 이러한 상황에서 한국의 각 지역에서 만들어지는 국수를 한데 모아 새로운 콘셉트로 브랜드를 론칭한 곳이 있어 시선을 끈다. 'RS 코리아'의 〈한국수〉가 바로 그곳이다.

한국의 국수를 세계에 알리고자 만든 브랜드 〈한국수〉에서는 강원도의 장칼국수, 포항의 모리국수, 제주도의 고기국수, 춘천 막국수 등 전국 각지의 국수요리뿐만 아니라 담양 떡갈비, 벌교의 꼬막비빔밥, 갈비만두, 주꾸미만두 등 다양한 향토음식을 맛볼 수 있다. 특히 이러한 콘셉트가 만들어지게 된 데에는 'RS 코리아' 대표의 면 사랑이 큰 역할을 했다. 그는 외국의 다양한 면 요리들이 사랑받고 있는 반면, 정작 한국의 면 요리들은 사람들로부터 외면 받고 있다는 생각이 들었다고 한다. 게다가 각 지역 면 요리의 매력을 알고 싶어도 그 지역으로 내려가지 않는 한 맛볼 수 없는 상황이었는데, 언제든 가까운 곳에서 먹어볼 수 있는 공간을 만드는 게 우선이라고 생각했다. 면 요리를 제대로 내기 위해 가장 먼저 실행한 일은 각 지역의 맛집들을 둘러보는 일이었다. 전국의 유명한 국수집들을 수차례 방문하며 지역의 맛을 그대로 살리기 위해 연구했다. 특히 부산 밀면의 경우엔 현지의 비법을 그대로 전수받기도 했다. 하지만 지역에서만 사랑받는 맛을 그대로 메뉴화해서는 전 세계로 뻗어나갈 수도, 프랜차이즈화 할 수도 없는 일이기 때문에 〈한국수〉는 가장 대중적이고 표준화된 레시피로 정리, 맛뿐만 아니라 메뉴 제공 과정에 있어서도 간편하고 효율적인 시스템이 구축되도록 했다.

(2) 동원홈푸드 통해 식재료의 안정적 공급

〈한국수〉의 메뉴는 속초 명태식해보쌈(1만3000원)과 담양 떡갈비정식(1만2000원), 벌교 꼬막비빔밥, 통영 멍게비빔밥(이상 9000원), 구룡포 모리국수, 태안의 밀국낙지칼국수, 제주 고기국수(이상 8000원), 춘천 막국수, 대관령 황태해장국, 밀양 돼지국밥, 전주 들깨칼국수, 서울 한국수(이상 7000원), 강릉 장칼국수, 그리고 부산 밀면(이상 6000원) 등이다. 곁들임 음식으로는 갈비만두와 주꾸미만두(이상 5000원), 메밀전병(4000원) 등이 있으며 막걸리 또한 강원도 봉평메밀막걸리에서부터 경상도 칠곡신동막걸리, 제주도 한라봉막걸리, 전라도 꿀막걸리, 경기도 지평막걸리 등에 이르기까지 각 지역의 막걸리를 다양하게 맛볼 수도 있다. 이쯤 되면 궁금한 부분이 생긴다. 각 지역의 식재료를 안정적인 퀄리티와 가격으로 꾸준히 공급 가능한가. 〈한국수〉 프랜차이즈화 과정에서 가장 먼저 드는 의구심 중 하나다.

이에 대해 RS 코리아의 모회사인 '류 시스템'은 전국의 리조트와 스키장, 워터파크 등의 식음시설과 푸드코트를 운영하는 회사로 시작됐다고 설명한다. 때문에 각 지역의 식재료를 다량으로 손쉽게 공급할 수 있는 물류 시스템을 갖춘 것은 물론, 각 매장에서 조리하기 쉽도록 패키징 제공도 하고 있다. 안정적인 식재료 공급이 가능하기 때문에 〈한국수〉의 콘셉트도 가능한 것이리라 생각된다.

각 매장에서는 2~3명의 조리인력만으로도 충분히 운영할 수 있다. 메뉴의 주요 식재료들은 산지에서 직접 가져오는 걸 원칙으로 하며 채소 등의 신선식품은 동원홈푸드를 통해 안정적으로 공급받고 있다. 전국 각지의 국수와 별미요리를 주요메뉴로 하고 있기 때문에 고객의 연령대 또한 제한이 없다.

가족 단위의 고객들을 끌어들이는 데에도 딱 안성맞춤인 아이템뿐만 아니라 국수에서부터 국밥, 해장국, 비빔밥 등에 이르기까지 다양한 메뉴를 준비하고 있어, 계절별로 안정적인 매출 밸런스를 유지할 수 있다.

(3) 2016년 말, 호주에 1호점 오픈 예정

〈한국수〉 가맹점을 하기 위해서는 조리과정, 서비스 매뉴얼 실행 등 총 2주간의 교육기간을 거치며, 99.1㎡(30평) 기준으로 1억2000만원의 개설비용이 든다. 〈한국수〉 브랜드가 아직 대중에게 널리 알려지지 않았을 뿐더러 매장 수가 많지 않아 매출은 그리 높지 않은 편이다. 본사 직원들이 모두 상권분석교육을 받은 인력들이어서 입지분석 등의 지원을 받을 수 있으며 온라인과 SNS를 통한 적극적인 마케팅, 프로모션 또한 정기적으로 진행하고 있다. 식재료 원가비율은 32%, 영업이익율은 25% 내외. 가맹점이 점점 늘어나게 되면 각 지역별로 메뉴 구성은 조금씩 달라질 가능성이 있다.

현재 〈한국수〉는 의왕시 본점을 포함, 보광 휘닉스파크점, 한화리조트 설악점 등 총 3개의 직영 매장을 운영 중이며 울산에 가맹 1호점을 시작으로 호주에 해외 1호점까지 운영 중이다.

2014년 브랜드를 론칭한 〈한국수〉는 직영점 3곳, 가맹점 1곳을 보유하고 있으며, 개설비용은 99.1㎡(30평) 기준 약 1억2000만원으로 점점 가맹점을 늘려가고 있다.

5. 독특한 맛으로 프랜차이즈를 실현한 신생브랜드의 틈새전략

1) 마루&F/D 〈마루국시〉

(1) 한정식의 최고를 담아내다

'마루'가 순수한 우리말로 '정상', '꼭대기'라는 의미를 담듯 〈마루국시〉는 최고의 한정식 코스요리를 표방하며 점포전개를 해오고 있다. 〈마루국시〉는 양질의 메뉴 구성과 맛에 비해 가격적인 측면에서 비교적 저렴해 고객들의 인기가 높고, 오후에는 직장인들이 주류를 이룬다. 또 주말이면 주로 가족단위의 고객들이 집안 모임이나 행사 등에 즐겨 찾는다.

〈마루국시〉는 다양한 단품메뉴와 각 단품메뉴를 조화시킨 12~13가지의 음식코스로 가격대비 고객 만족도가 높다. 메뉴구성은 평일

런치코스에서부터 A,B코스 등으로 이루어지며, 메뉴는 계절 특선 샐러드에서부터 바비큐보쌈, 빈대떡, 탕평채, 냉채, 육회, 튀김, 누룽지탕, 자연송이탕, 와인스테이크, 백합탕 등등이 있다.

계절별 샐러드뿐만 아니라 타락죽, 흑임자죽, 호박죽 등 계절에 따른 죽요리도 다양하게 바꿔가며 선을 보인다. 〈마루국시〉미아점의 점주는 올해로 4년째 운영을 하고 있는데 고급스러운 분위기 가운데서 고객들에게 좋은 음식과 편안한 서비스를 대접하는 분위기를 주고 싶었다. 샤브전문점 〈마루샤브〉와는 달리 〈마루국시〉는 고객들에게 처음부터 끝까지 직접 서비스 하는 일이 쉽지 않지만 그만큼 보람도 크다며 고객들이 좋은음식을 편안히 잘 먹고 갔다고 말할 때 외식업의 보람을 느낀다고 강조했다.

(2) 최고의 서비스를 위한 디테일

메뉴 가격도 일반 고급 한정식보다는 비교적 낮은 금액대로 1만 5000원, 1만 7000원, 2만원, 2만 5000원 등으로 구성돼 서민들의 나들이를 즐겁게 한다. 낮에는 주로 주부들과 높은 연령층의 어르신 고객이 많아 실속 있는 점심을 선호하고 있으며, 단골 고객이 70~80%이상의 구성비율을 보인다. 이들은 입소문도 빨라 강북구 일대에서는 〈마루국시〉의 명성이 자자하다. 〈마루국시〉 미아점은 주변에 학교와 교회가 많아 인근 교회 신도들이나 학교 선생님, 학부모들이 주류를 이룬다. 그럴수록 점주는 직원들에게 위생교육과 서비스 교육도 철저히 한다. 딱딱하고 엄숙한 교육보다는 자연스럽게 직원들이 수긍할 수 있도록 지도해 나간다. 점포내의 청결과 분위기에 많은 신경을 쓰고 있는 점주는 주방은 물론, 점포내의 전구, 의탁자, 점포바닥, 식물 등에 이르기까지 자신이 직접 점검하며 세심한 주의를 기울인다. 〈마루국시〉는 직원들의 이직률도 높지 않다. 주방과 점포에 각각 8명의 직원들을 배치해 가족적인 분위기 속에서 손발을 척척 맞춰가며 움직이고 있다.

(3) 고객이 알아주는 〈마루국시〉스타일

〈마루국시〉는 영업이나 특별한 마케팅을 펼치기 보다는 음식과 서비스로 승부를 걸고 있는 브랜드다. 그만큼 음식을 만드는 사람들의 자부심이 대단하다. 손님이 만족하면 점주의 자부심이 되고, 프랜차이즈 본부의 자부심이 된다. 마루&F/D의 제 1브랜드 〈마루샤브〉를 풍동에서 운영해오다 2013년부터 〈마루국시〉를 운영해 오고 있는 이 곳 점주는 8년 동안 점포운영을 해오다 보니 고객이 만족하는 것 이상 더 큰 보람은 없다고 설명한다. 고객이 음식을 즐기고 만족해하며 점포 문을 나설 때 가격대비 더 많은 노력을 기울이게 되기 때문이다.

마루&F/D는 가공 식재료를 사용하지 않고 점포에서 모든 메뉴를 직접 만들고 조리하기를 마다하지 않는 것으로 정평이 나있다. 때문에 점포입장에서 운영하는데 다소 손이 많이 가지만 그만큼 고객 만족도는 높다. 그것이 마루&F/D가 올곧게 자신들만의 철학으로 성공점포를 일궈내는 비책이다.

2) 쫄깃한 현미면의 건강한 유혹 〈우리동네 면반장〉

(1) 이렇게 잘 나갈 줄 몰랐지

면 요리를 좋아하는 이곳 대표는 그저 맛있는 면 요리를 고객과 함께 나누고 싶었다. 〈우리동네 면반장〉의 시작은 물과 밀가루를 넣으면 면이 나오는 기계였다. 대표의 지인이 만들었다는 이 기계에 착안해 밀가루 대신 다양한 가루를 넣어 면 연구를 시작한 것이 면 요리 전문점 프랜차이즈 까지 오게 된 배경이었다.

초창기 면 기계는 밀가루 외에 다른 가루로는 제대로 된 면을 뽑지 못했다. 대표의 끈질긴 시도와 노력이 계속됐고, 기계를 보강해가면서 현미면을 탄생시켰다. 현미면은 99.8% 현미와 면에 찰기를 주기 위해 넣는 단 0.2%의 정제염으로 만든다. 건강한 면은 단 1%도 다른 것이 섞여서는 안된다는 대표의 철학 때문이다. 면 요리 전문점을 운영한다는 것은 쉬운일이 아니다. 면 요리로 수익을 남기기 위해서는 제대로 된 시스템을 갖춰야 하고 단가도 맞춰야 하기 때문이다.

그런 현실에서 〈우리동네 면반장〉은 맛과 수익성, 건강까지 챙겼다. 건강에 좋은 재료를 사용하는데다가 맛 까지 좋아 단가가 높아도 '아깝지 않다' 는 것이 〈우리동네 면반장〉을 맛본 고객들의 평이다. 고객은 "여기서 이런 음식을 먹다니" 하며 기분 좋게 계산할 수 있고, 점주는 수익을 낼 수 있는 시스템을 갖췄기에 가능했다. 단가가 높다고는 하지만 7000원에서 1만원대로 스테이크 파스타, 사골 육수 등 요리 자체의 질을 놓고 보면 오히려 저렴하게 느껴진다.

(2) 차원이 다른 메뉴로 승부한다

〈우리동네 면반장〉은 '건강하고 맛있는 현미면요리전문점' 을 슬로건으로 신메뉴개발에도 적극적이다. 초반에는 14가지 요리가 모두 특별한 메뉴라고 여겨질 정도였다. 이곳의 출발은 '고급 수작 면요리전문점' 이었기 때문에 셰프들과 신메뉴 개발에 매진했다. 현재는 주방 시스템의 일원화를 위해 조리가 복잡하거나 부담스러운 것은 빼 시그니처 메뉴만 남기고 조리가 단순한 요리를 보강했다. '크림짬뽕', '누룽지짬뽕국수', '스테이크파스타' 는 여성 고객들의 인기를 톡톡히 얻고 있다. '크림짬뽕'은 쫄깃하고 담백한 면으로 느끼할 수 있는 부분을 커버했다. '스테이크파스타'나 '현미돈까스'는 매운맛 버전을 별도 추가해 한국적이고 개운한 맛으로 메뉴의 밸런스를 맞췄다. 〈우리동네 면반장〉의 대표는 아삭한 채소와 쫄깃한 현미면의 식감이 좋은 비빔국수를 추천한다. 메뉴의 차별화는 곧 단골고객 유치의 성공이고 합리적인 가격과 모던하고 심플한 플레이팅, 인테리어 등이 데이트 코스로도 적합해 연인들에게도 인기다. 메뉴의 성격은 강하지만 브랜드 성격상 '우리동네'에 있는 친근한 느낌도 있어 누구나 쉽게 접근할 수 있다는 것이 강점이다.

(3) 현미면, 새로운 니치마켓 형성

현미면의 가치는 신세계 F&B에서도 인정한다. 현재 〈우리동네 면반장〉은 신세계F&B테스트 키친에서 그 맛과 품질을 인정받아 약 9개점의 이마트에 입점한 상태다. 프랜차이즈이지만 개인 레스토랑에서나 맛볼 수 있는 차별화되고 수준 높은 메뉴와 현미면의 차별성 때문이다. 전라도 고창의 현미를 사용하고 있는 〈우리동네 면반장〉은 현미 관련 제품 중 현미를 전국에서 가장 많이 소비하고 있다. 현미의 경쟁력이 브랜드의 경쟁력을 높인 것이다. 이곳 대표는 시장을 선점한 면 브랜드가 있지만 현미면은 니치 마켓이라는 자부심을 가지고 있다. 면에서 시행착오를 많이 겪은 만큼 좋은 결과를 얻었고 현미면이라는 새로운 시장은 자연스러운 마케팅이 되고 있다.

대표는 미투 브랜드를 오히려 반긴다. 면반장 이라는 상호를 알리는데 좋은 효과를 보게 되고, 아이디어는 따라할 수 있으나 셰프들과 다년간의 노력으로 만들어낸 다양한 메뉴의 맛과 품질은 장벽이 높다는 것이 그의 입장이다.

〈우리동네 면반장〉은 다년간의 여러 가지 테스트를 거쳐 프랜차이즈 시스템을 갖추고 출발부터 점주들과 함께 협의하며 브랜드를 만들어 왔다. 상생과 발전을 함께 도모하는 〈우리동네 면반장〉의 앞으로가 더욱 기대된다.

3) 순메밀 100%, 세련된 막국수 〈장원막국수〉

경기 용인시 고기동 〈장원막국수〉는 입지적 불리함을 극복한 음식점이다. 대장IC에서 고기리 계곡 방향으로 약 2.5㎞ 들어간 외진 곳에 위치해 있지만 여름 성수기 기준 평일 200그릇, 주말 400~500 그릇의 막국수를 판매한다. 일부러 찾아와야 하는 곳으로 100% 목적을 두고 구매하는 형태다. 손님은 단골과 단골 소개를 받고 찾은 이들로 구성되며, 막국수에 관심 있는 마니아층이 대다수다. '강원도

까지 멀리 가지 않고 수도권에서 제대로 된 막국수를 먹을 수 있다'는 평을 듣고 있다.

(1) 자가 제분, 제면해 메밀 향 최대화 한 막국수 내

〈장원막국수〉는 정갈하고 세련된 스타일의 막국수를 낸다. 투박하고 거친 기존 이미지와는 다른 모습을 하고 있다.

100% 메밀 막국수다. 자가 제분·제면하고 있다. 메밀 향을 최대로 끌어올리기 위해서다. 메밀을 매장에서 직접 제분해 사용하는 음식점은 국내에 몇 되지 않는다.

이곳 대표는 도정한 메밀쌀(녹쌀)을 사 매장에서 직접 가루로 내고 반죽해 면을 뽑는다. 한 번에 많은 양을 뽑으면 열에 의해 변성이 되기 때문에 하루에도 여러 차례 제분을 하고 있다. 메밀이 밀가루나 전분과 달리 뚝뚝 끊기는 성질이 있기 때문에 메밀 선택부터 반죽 시 물의 양 등 꼼꼼하게 신경 쓰는 편이다. 반죽해 면을 뽑았을 때 뚝뚝 끊기거나 상태가 좋지 않으면 손님에게 낼 수 없는 상품이라고 판단하고 버린다. 비교적 매끈하면서도 찰랑한 면발을 낼 수 있는 이유다.

막국수는 순메밀 물막국수(7000원)와 순메밀 비빔막국수(7000원) 두 가지다. 면은 300g을 주고 있으며 3000원에 같은 양을 추가할 수 있다. 육수는 한우 뼈를 고아 낸다. 약간 새콤한 맛은 막국수 위에 얹어내는 무절임 때문이다.

식초에 절여낸 육수와 맛의 균형을 잡아주는 구실을 톡톡히 하고 있다. 양념은 태양초, 마늘, 생강, 양파, 배 등을 갈아 넣어 1주일 정도 숙성해 사용한다. 참기름은 직접 짠 것을 쓰고 있다.

(2) 합리적 가격 사이드 메뉴, 고객 '보상 심리' 이끌어

매출 확장의 요인은 사이드 메뉴다. 사이드 메뉴 주문율이 70%를 차지한다. 이곳 대표는 멀리 찾아 방문한 것에 대한 '보상 심리'가 사이드 메뉴 주문에 영향을 끼치고 있는 것이라고 분석했다. 동네 막국수 집이었다면 사이드 메뉴는 주문하지 않았을 것이다.

추가 주문하기에 부담 없는 가격으로 메뉴를 구성했다는 것이 핵심 포인트로, 이곳 객단가는 1만1000원~1만2000원 정도다.

제일 많이 찾는 사이드 메뉴는 녹두전(9000원)과 수육(170g 1만2000원)이다. 주문 비중은 1대1 정도. 2인 기준 대개 막국수 2개와 녹두전 혹은 수육 하나를 주문하는 편이다.

특히 수육은 재구매율이 100%에 가깝다. 비빔막국수와 수육의 조합이 〈장원막국수〉의 대표 격이다. 수육은 돼지 사태(앞다리) 부위를 사용한다. 창업 초반 삼겹살을 사용했는데 단가를 낮추기 위해 바꿨다. 대신 '제주산 돼지고기'라는 점을 강조한다. 돼지고기는 생강, 계피, 감초 등을 넣은 육수에 1시간 정도 삶아 누린내를 제거한다.

녹두전의 녹두는 껍질째 사다 쓰고 있다. 껍질을 벗긴 것은 유통 과정 등에서 신선도나 향이 떨어진다고 생각하기 때문이다. 메밀과 마찬가지다. 물에 담근 후 직접 불리고 체에 밭쳐 껍질을 일일이 깐다. 이는 단출한 메뉴 구성을 통해 '선택과 집중' 할 수 있는 것이라고 했다.

(3) 큰 창밖으로 보이는 자연 경관이 분위기 더해

외진 곳에 있는 만큼 분위기는 자연스레 따라왔다. 친환경, 자연적인 주변 환경이 이곳 장점 중 하나다. 'ㄴ'자 구조의 한옥 모습을 하고 있는 〈장원막국수〉는 나무와 풀이 주변을 장식하고 있다. 창을 크게 내 매장 안에서도 밖을 시원하게 볼 수 있도록 했다. 사계절마다 바뀌는 자연 경관이 인테리어의 큰 요소다.

66.12㎡(20여평) 크기의 아늑한 내부는 목재를 사용해 따뜻함을 더했다. 안방에서 식사를 하는 듯한 느낌을 준다.

분위기에 걸맞게 음악은 차분하고 조용한 연주곡을 틀어놓는다. CD플레이어를 사용해 아날로그적인 감성을 전한다.

〈장원막국수〉는 맛을 잡는데 6개월 정도 걸렸으며 손님이 몰리기 시작한 것은 창업 후 약 1년 뒤 부터다. 블로거들의 자연적인 방문을 시작으로 본격적인 입소문을 통해 영업의 가속도가 붙었고, 방송을 타면서 널리 알려진 것이다.

4) 다양한 메밀요리로 젊은층 공략 〈잘빠진 메밀〉

상호에서도 알 수 있듯 막국수를 포함한 메밀메뉴를 젊은 감각으로 선보이는 곳이다. 2014년 오픈한 서촌점의 인기에 힘입어 익선동 2호점을 오픈했다.

막국수 아이템의 새로운 가능성을 제시한 〈잘빠진 메밀〉의 특징으로는 자가제면한 100% 순메밀로 만든 막국수와 사골간장 베이스의 고소하고 담백한 육수, 객단가를 높이는 다양한 사이드메뉴와 세트 구성을 꼽을 수 있다.

(1) 일주일 내 도정한 메밀로 자가제면한 순면

자가제면한 100% 순면막국수를 내는 잘빠진 메밀은 경동시장에서 메밀을 쌀 상태로 구입해 별도의 제분소에서 도정과 제분을 마친 뒤 매장으로 들여온다. 막국수 판매량이 적은 초창기에는 일일이 손반죽 후 제면했으나 현재는 판매량이 많아지면서 기계반죽으로 대체했다. 손반죽에서 기계반죽으로 바꾼 후 반죽법도 익반죽에서 냉수반죽으로 바꿨다.

면 굵기는 일반 막국수보다는 가늘고 냉면보다는 굵은 중간 굵기이다. 순면의 특징을 살리는 동시에 기존 올드한 이미지의 냉면.막국수와 차별화하기 위한 이곳만의 전략이다. 매일 아침 하루 동안 사용할 분량을 반죽해 놓은 뒤 주문이 들어오면 그때그때 면을 뽑는다.

차별화한 독자적인 레시피를 가지고 있는 〈잘빠진 메밀〉의 물막국수 육수는 동치미가 아닌 사골 베이스다. '서울 어디에서도 맛볼 수 없는' 독자적인 맛을 콘셉트로 자체 개발했다. 먼저 사골에 채소와 오가피 등 각종 한약재를 넣고 육수를 뽑는다. 여기에 간장과 소금, 설탕 등 조미료를 넣고 약한 불에서 오랜 시간 졸여 진득한 상태가 될 때까지 농축시킨다. 마치 사골간장을 고듯 농축액을 만드는 것이다. 이 농축액에 정수물을 넣고 염도를 맞춘 것이 물막국수 육수다. 담백하면서도 구수하고 깊이 있는 감칠맛이 메밀의 맛과 향을 고스란히 담아낸다. 동치미 막국수가 아닌 젊은 감각의 막국수를 선보이고 있다.

이 육수의 또 다른 장점은 발효음식인 동치미와는 달리 연중 일정한 맛을 유지하기가 수월하다는 점이다. 생물 식재료의 사용비중이 낮아 식재료 가격 등락폭도 적다.

비빔면에서 육류 성분이 들어간 사골간장을 제외하고 메밀싹과 새싹, 식용꽃을 듬뿍 얹은 채식막국수도 있다. 드물지만 간혹 방문하는 채식주의자를 위한 메뉴로 메밀전에 올라가는 고명을 활용해 식재료 호환성을 높인 점이 돋보인다.

비빔막국수는 대중성에 포인트를 뒀다. 고명은 김가루와 깻가루, 메추리알 세 가지만을 사용해 심플하다. 그릇에 면을 담은 뒤 사골간장을 한 바퀴 둘러 감칠맛을 주는 것이 포인트. 따로 육수를 붓지 않아도 부드럽게 비벼지는 효과도 있다.

막국수와 함께 내는 찬은 겉절이와 무절임 두 가지다. 겉절이는 일반적인 칼국수집 겉절이에 비해 젓갈과 양념을 적게 써 상큼한 맛이고, 무절임은 새콤달콤짭짤한 평범한 맛이다. 두 가지 모두 순면 막국수의 맛을 방해하지 않는 선에서 강하지 않게 양념했다.

(2) 계절한계 극복하는 겨울메뉴 충실

동절기 메뉴도 충실하다. 개점 첫해인 2014년도에는 물.비빔막국수와 수육 3가지만을 판매하는 전문점 콘셉트였으나 겨울매출이 곤두박질하는 것을 경험한 뒤 동절기 메뉴를 포함해 다양한 사이드메뉴를 추가하며 메뉴구성을 보완했다.

겨울한정메뉴인 온면은 물막국수와는 달리 해산물 베이스의 육수를 쓴다. 건새우를 기본으로 표고와 채소 등으로 육수를 내 시원하고 깔끔한 맛을 살렸다. 육수를 따로 뽑아야 하는 특성상 10~3월까지 6개월 동안만 판매한다.

메밀왕만둣국과 만두전골은 겨울한정메뉴로 출시했다가 반응이 좋아 익선동점에 한해 상시메뉴로 전환했다. 특히 만두전골은 메밀왕만두를 포함한 다양한 만두와 6가지 채소, 소고기를 푸짐하게 넣어 테이블에서 끓여 먹는 샤브샤브 콘셉트로 제공, 3~4명 단위 여성고객들에게 인기가 좋다. 샤브샤브처럼 고기를 추가 주문할 수 있도록 해 테이블 단가 상승을 노렸다.

(3) 메밀 활용한 다양한 사이드메뉴로 전문점 콘셉트 어필

메밀전, 메밀왕만두, 메밀전병 등 메밀을 활용한 다양한 사이드메뉴는 메밀전문점으로서의 콘셉트를 잘 드러내는 요소다. 이 중 가장 인기가 좋은 것은 메밀전병이다. 메밀가루에 소금과 물만 넣고 얇게 부친 전병 위에 오리엔탈 드레싱에 버무린 새싹채소와 메밀싹, 꽃, 볶은 메밀을 뿌려 비주얼까지 살렸다.

테이크아웃용 MD메뉴로 메밀면을 튀겨 소금을 뿌린 메밀과자도 판매한다. 특별하거나 개성있는 맛은 아니지만 이곳만의 시그니쳐 품목으로서 어필하기 좋다.

점심시간에 한해 판매하는 순메밀 수육정식(8000원)은 막국수에 수육 4조각을 함께 제공하는 세트메뉴다. 막국수 가격에 1000원만 추가하면 수육을 함께 즐길 수 있는 데다 양적으로도 부담이 없어 점심에는 막국수 단품보다도 정식 판매비율이 높다. 한약재와 유자청을 넣고 삶아낸 수육에는 부추무침과 유자청을 함께 제공해 상큼함을 더했다. 저녁에는 막국수와 전병, 수육, 왕만두, 음료(또는 막걸리)로 구성된 잘빠진 한상을 1만 2000원에 선보인다.

주류는 단품이 아닌 샘플러가 주력이다. 막걸리는 맛의 특징별로 달큰한 막걸리 샘플러(7000원)와 깊은 막걸리 샘플러(8000원) 두 가지로 제공하며 각각의 샘플러에는 각기 다른 막거리 4가지를 담아낸다. 또한 전통주에 와인을 접목해 하우스와인 판매도 하고 있다. 드라이한 화이트와인이 의외로 막국수와 잘 어울리는 것을 발견한 이곳 대표의 새로운 시도로 현재 샤르도네 품종 한 가지에 한해 테스트 중이다. '막국수에는 막걸리'라는 고정관념을 벗어나 젊은층에게 다가가기 위한 다양한 시도가 돋보인다.

이곳의 현 소재지는 서울시 종로구 지하문로 41-4(서촌점), 서울시 종로구 율곡로8길 73(익선동점)이며, 규모는 서촌과 익선동점 모두

66㎡(20평) 내외이다. 주 메뉴는 물.비빔막국수 7000원, 수육 1만 2000원, 메밀전병 7000원, 만두전골(2인) 1만 8000원이 있다.

5) 기본에 충실한 순메밀 막국수의 전형 〈백운봉막국수〉

서울에서 순면 막국수를 내는 곳 중 다섯 손가락 안에 꼽히는 집이다. 자가제분.자가제면 콘셉트의 막국수를 전문으로 판매하다 4년 전부터 직화구이 메뉴를 도입하여 복합메뉴 콘셉트로 전환했다.

(1) 그때그때 반죽해 뽑아내는 순면 막국수

이곳은 도정한 상태의 메밀을 구입해 자가제분.제면한 100% 메밀 막국수를 낸다. 8년 전 오픈해 초창기에는 시판 메밀가루를 사다가 제면만 했지만 메밀의 풍미를 제대로 살리고자 오픈 석 달째부터 자가제분으로 바꿨다.

제분 방식은 맷돌제분이다. 제분 과정에서 기계 온도가 60℃ 가까이까지 올라가는 전기제분기에 비해 발열온도가 낮아 메밀의 풍미를 최대한 살릴 수 있다는 것이 이곳 대표의 설명이다. 맷돌로 제분한 메밀가루는 특유의 거칠거칠한 질감이 미세하게 살아 있어 씹는 맛과 식감도 좋다.

자가제분의 묘미를 살리기 위해 면은 주문 후 그때그때 반죽해 제면한다. 매일 아침 제분한 메밀가루를 주방으로 옮겨와 주문이 들어오면 반죽기에서 뽑아낸 반죽 덩어리를 제면기에 넣어 면을 뽑는다. 메밀 반죽은 공기와 접촉하는 순간부터 점도와 풍미가 급감하기 때문에 애써 자가제분한 메밀가루는 미리 반죽해두지 않는다. 영업이 끝난 뒤 기계 안에 남아 있는 잔여 반죽은 점심 장사를 시작하기 전에 깨끗이 비워낸다.

〈백운봉막국수〉의 물막국수는 100% 동치미 국물만을 사용한 동치미막국수다. 막국수집 중에서도 동치미 맛 좋기로 유명한 이곳 동치미 맛의 비결은 경기도 양평에서 직접 담가 최적의 상태로 숙성하는 기술에 있다. 과일 등 30여 가지 재료를 넣어 수시로 담그는 동치미는 잘 익은 겨울 무 동치미마냥 쨍한 청량감이 살아 있다. 첨가물 없이 순수한 동치미 국물은 순면 맛을 살리기에 더할 나위 없이 좋은 재료이다. 김치 명인의 코칭을 받아가며 이곳 대표는 직접 맛을 완성했다. 동치미는 고기메뉴의 찬으로도 내고 있는데, 반찬으로 동치미를 맛본 후 막국수를 주문하는 고객도 상당수다.

(2) 물.비빔, 들기름막국수에 평양식막국수까지 '충실'

물.비빔 막국수 말고도 눈길을 끄는 것이 들기름 막국수다. 순메밀면 고유의 풍미를 최대한 살리기 위한 레시피를 고민하다 선보였는데 순하고 고소한 맛 덕분에 순면 마니아들에게 인기가 좋다. 방앗간에서 짜온 들기름과 직접 띄운 메주로 만든 조선간장, 열무김치와 달걀 고명 외에는 아무 것도 넣지 않는다.

평양식 막국수는 새롭게 추가한 메뉴다. 소고기와 돼지고기를 7대 3비율로 넣고 뽑은 육수에 동치미국물을 넣어 평양냉면처럼 만든다. 동치미막국수를 선호하지 않는 젊은층 입맛을 겨냥한 것으로 육수를 내고 남은 고기를 얇게 썰어 육고명으로 올리는 등 맛과 모양에서 평양식이라는 구색을 제대로 갖췄다.

직화구이 메뉴로 선육후면 콘셉트를 완성시켜 삼겹살을 판매하기 시작한 것은 4년전 부터다. 선릉에서 역삼으로 점포를 이전하면서 기존 고깃집이었던 역삼동 매장의 닥트 시설을 활용키로 한 것. 이때부터 삼겹살 메뉴를 추가해 직화구이+막국수의 복합매장으로 콘셉트를 확장했다.

삼겹살을 판매하기 시작하면서 가장 달라진 것은 저녁시간대의 매출구조다. 과거에는 저녁고객이 막국수와 수육, 보쌈 등을 함께 주문했다면 삼겹살 도입 이후에는 기본적으로 삼겹살을 먹은 뒤 후식으로 막국수를 주문하는 선육후면 형태로 완전히 바뀌었다. 삼겹살을 주문한 고객 90% 정도가 막국수를 주문하면서 막국수 판매도 덩달아 늘어났다. 객단가 상승효과는 말할 것도 없다.

구이 메뉴가 안정적으로 자리를 잡자 지난해부터는 국내산 삼겹살
과 목살에 스페인산 이베리코 흑돼지 목살을 추가했다. 유통업체를
통해 이베리코를 접한 뒤 구이메뉴의 경쟁력을 끌어올리기에 충분하
다고 판단, 본격적인 판매에 나선 것이다. 도입 직후에는 이베리코를
생소해하던 고객들도 한 번 맛본 후에는 이베리코만을 주문할 정도
로 반응이 좋아 현재는 이베리코가 국내산 돼지고기 판매를 앞질렀
다. 이베리코 주문 시에는 메밀전병과 피시소스에 버무린 고수잎을
함께 제공해 싸 먹을 수 있도록 했다. 메밀과의 조화를 시도하면서
음식궁합까지 고려한 아이디어가 돋보인다.

(3) 시간대별 선택과 집중, 매출상승으로 이어져

직화구이 메뉴 도입과 함께 메뉴 카테고리를 정비하며 시간대별
매출 극대화를 꾀했다. 먼저 종일 주문이 가능했던 수육과 막정식(막
국수+수육+전병)을 점심하정 메뉴로 바꾸고, 이베리코 출시 이후에
는 이베리코 김치찌개도 추가해 점심메뉴 구색을 다양화했다. 동시
에 저녁 객단가를 높이고 구이메뉴 판매율을 끌어올리기 위해 삼겹
살을 전면에 내세우며 구이메뉴에 집중할 수 있는 분위기를 연출했
다. 현재는 점심=막국수 중심의 식사, 저녁=삼겹살+막국수+술 이라

는 시간대별 명확한 콘셉트가 자리 잡아 점심에는 막국수, 저녁에는 삼겹살 또는 이베리코 흑돼지 목살을 먹기 위해 일부러 찾아오는 고객들이 생겨났을 정도다.

〈백운봉막국수는〉 100% 순 메밀면에 직접 담근 동치미국물 육수를 사용한다. 동치미막국수에는 열무김치와 달걀, 비빔막국수는 오이, 배, 무절임, 김가루, 깻가루, 달걀, 들기름, 막국수는 열무김치, 달걀, 평양식막국수에는 오이, 배, 고기 등을 고명으로 사용한다.

1일 판매량은 600그릇 내외, 소재지는 서울시 강남구 언주로 93길 30로이다.(전화 02-554-5155) 이곳의 규모는 297㎡(90평)정도이며 주요 메뉴는 막국수 8000원, 막정식 1만 2000원, 국내산 삼겹살(180g) 1만 3000원, 이베리코 목살(180g) 1만 2000원, 수육 1만 6000원이다.

II

칼국수

1. 칼국수의 역사와 발전

1) 칼국수의 유래와 변천

칼국수는 한국의 국수 요리 중 하나로, 영어로는 Noodle Soup 또는 Kalguksu이다. 예전에는 Knife Noodles나 Knife-cut Noodles 따위의 표기도 쓰였으며, 그 뒤 농림수산식품부가 한식 메뉴 124개에 대한 외국어 표준 표기안을 마련하면서 칼국수의 외국어 표기를 이렇게 바꿨다.

반죽을 펼쳐내어 칼로 썰어 면을 뽑기 때문에 칼국수라는 이름을 얻었다. 그 이름 덕분에 한때는 외국인들이 한국에 와서 기겁하는 원인 중 하나(칼로 만든 국수)라는 우스갯소리도 돌기도 했다. 사실 칼을 식재료로 쓰는 것은 아니지만 칼을 도구로 써서 만드는 국수니 '칼로 만든 국수' 라고 해도 틀리지 않다. 또한 밀가루 반죽을 칼로 썰어내는 방법은, 납면(수타면)이나 파스타처럼 강력분 이상으로 글루텐이 많이 포함된 밀가루가 아니라면 면을 만드는 방식으로는 아주 일반적이다. 우동, 소바의 면도 이 같은 방식으로 만드니 칼국수의 제면 방식은 특별한 편이 아닌 셈이다.

시중 대부분의 칼국수집은 반죽을 다소 두껍게 펼치고 칼로 썰기 때문에 단면이 네모 모양을 하는 경우가 많아서 그렇게 써는 것을 당연하게 여기는 경우도 많지만, 경우에 따라서는 반죽을 최대한 얇게 펼쳐서 반대편이 비쳐 보일 정도로 하늘하늘하게 써는 것을 미덕으로 치는 경우도 많다. 주로 해물을 넣은 남도식 칼국수는 면을 두껍게 썰고, 경기도식 사골 국물, 닭고기 국물인 경우는 면을 얇게 써는 편으로 구분하지만, 사실 그렇게까지 엄격하게 구분하지는 않는다. 일반적으로 안동시를 비롯한 경상북도 지방에서는 밀가루에 콩가루를 섞어서 반죽한다.

잔치국수나 일반적으로 생각하는 우동, 라멘처럼 면을 따로 데쳐내어 국물에 말아주는 것이 아니라 국물에 면을 처음부터 넣고 삶기 때문에 면속의 전분이 국물 속으로 풀어져 국물이 걸쭉하게 된다. 이런 점 때문에 칼국수의 정식 영문 명칭을 아예 Noodle Soup라고 정할 정도. 덕분에 면 자체의 식감은 좀 찰기가 없는 편이다.

또한 면을 건져서 국물에 말아주는 면 요리와 달리 국수 자체의 나트륨(소금) 성분이 면을 삶아내고 버리는 물이나 면을 헹궈내는 물에 녹아 빠져나가지 않고 그대로 남아있기 때문에 보기보다 나트륨 함량이 매우 높다. 언론에서 나트륨 함량이 높은 음식을 이야기할 때 꼭 나오는 음식이 칼국수다. 그러므로 적당히 먹고 국물은 아까워도 많이는 마시지 않는 편이 좋고, 아니면 만들 때 야채 고명을 많이 넣어야 한다.

멸치를 육수를 쓰는(부산 경남 지역), 바지락과 해물을 사용하여 시원한 맛을 내는 버전(전라도), 멸치 육수를 베이스로 고기(주로 닭고기)를 넣어 깊은 맛을 내는 버전(경기도) 등이 있다. 서울에서는 칼국수에 쇠고기 고명과 육수를 사용하며, 좀 더 고급스럽게는 사골 육수로 국물을 내기도 한다. 사골만으로 국물을 하면 밍밍하지만 재료를 더 넣고 업그레이드시켜서 향을 강하게 내면 가격은 더 비싸지지만 맛은 더 좋다.

팥죽으로 육수를 대신한 팥칼국수도 근래에 유행하는 편. 충청도 지역에서는 멸치 육수에 고추장과 고춧가루를 적절한 비율로 조합해 섞어서 매우면서도 깔끔한 맛을 내는 얼큰이칼국수를 즐겨먹기도 한다. 대전은 특히 칼국수를 전문적으로 하는 곳이면 타 지역보다 괜찮은 음식을 제공한다. 들깨가루를 사용한 칼국수는 일반 칼국수처럼 전국적으로 유명하다. 국물에 들깨를 넣으면 더 구수해지고, 감칠맛이 난다.

칼국수라는 말이 한글로 처음 등장한 것은 1677년에 씌어진 『박통사언해』에서다. 『박통사언해』에는 '칼국슈' 라는 명칭이 한글로 표기되어 있다. 17세기 후반에 책에 실릴 정도로 칼국수라는 말이 일반적으로 쓰이고 있었음을 알 수 있다. 이 책에서 칼국수의 중국어 표기는 '경대면' 으로 되어 있다. 이와 더불어 도면 또는 절면이라고도 표시한다. 도면은 말 그대로 칼로 썬 면이다. 이 도면을 깍둑썰기한 면으로 해석하는 사람도 있지만 뒷받침할 만한 근거는 없다.

한편, 일본에서 1881년에 간행된 최초의 조선어 학습책인 『교란수지』 에는 '도면' 을 '칼국슈' 로 설명한 구절이 나오고, 조선 중기의 대학자 조식의 『남명집』 가운데 『유두유록』 에도 도면이라는 말이 기록되어 있다.

정약용은 한민족의 속어의 어원을 밝힌 『아언각비』 에서 '칼로 자른 면을 절면이라 한다' 고 적고 있다. 절면이 칼국수임을 의심할 여지가 없다. 칼국수는 경대면·절면·도면 등으로 쓰인 것을 알 수 있지만 한국말로는 일관되게 칼국수로 불렸다.

밀가루를 이용한 분식 요리의 확대는 소비자의 기호에 따른 자발적인 현상이 아니었다. 사회경제적 구조가 만들어낸 불가피한 선택이었다. 1960년대 이후 생겨난 수많은 칼국수집들과 분식집들, 인스턴트 라면과 짜장면의 국민음식화에는 밀가루와 분식을 선택할 수밖에 없었던 사회적 배경이 있다.

1961년과 1962년 연이은 흉작으로 쌀과 보리의 작황이 나빠지자 정부는 식량부족을 극복하기 위해 12월 1일부터 미곡소비절약에 관한 범국민운동을 일으키기로 결정한다. 분식장려운동은 이미 1960년대 초반에 기본 틀이 잡혀 있었고, 후반부터 본격화됐다. 그러나 1960년대 초반의 분식장려운동은 밀가루의 원료인 소맥의 부족으로 인해 1964년에 일어난 '삼분사태'로 대표되는 밀가루 가격폭등으로 실패한다. 이 극심한 파동을 극복하고 소맥의 무상도입과 제분공장의 안정화로 밀가루 공급이 원활해지는 1967년에야 본격적인 분식장려운동이 시작된다.

정권의 사활을 건 분식장려운동은 보리분식 보급 전시회, 분식요리콘테스트, 인스턴트 라면의 본격적 보급, 수요일과 토요일에는 전국적으로 밀가루 음식만을 팔도록 하는 분식의 날 제정, 전국에 분식센터 개소 등 그야말로 혼분식 장려를 위한 몸부림으로 이어졌다. 당시 한식은 양만 많고 영양가 없는 나쁜 음식이었고, 분식은 간편하고 영양가 만점이 좋은 음식이었다. 이런 와중에 제분공장과 제면공장은 물론 제일제당, 삼양식품, 해태제과 같은 분식 관련 업체들이 급성장하게 된다. 대부분의 칼국수 식당들이 빠르면 1965년에서 대부분 1970년대 초반에 생겨난 것은 이런 사회적 배경의 산물이다. 중국집들도 덩달아 불이 난 호떡집처럼 호황을 맞는다.

그러나 분식의 불패신화는 1986년 아시안게임과 1988년 서울올림픽을 치르면서 새로운 국면을 맞는다. '한식에 대한 발견'이라는 기사와 논문들이 발표되고, '분식은 그다지 좋은 음식이 아니다'라는 기사 들이 등장하더니 급기야 신문에는 밀가루 음식과 고기 위주의 식생활이 성인병을 유발한다는 기사로 채워지기 시작했다.

그 밑바닥에는 밀의 원조 중단을 촉발한 세계적인 밀 가격 상승이 맞물려 있었다. 분식과 한식이 10여 년 전과는 정반대의 길을 걷게 되는 상황이 도래한 것이다. 음식이 결코 개인의 선택이 아니라 사회적·경제적 구조에 의해 발전되는 것을 분식의 흥망과 성쇠가 잘 보여준다.

2) 정겨운 음식, 특별한 맛

칼국수는 정직하고 무섭다. 손으로 면을 반죽해야 하고 칼로 썰어내야 하기 때문이다. 재료를 구분하지 않으며 육수를 가리지 않는다. 면이 투박하고 단면이 칼날처럼 선명하면 그 모든 것에 칼국수란 이름을 붙여준다. 메밀면이 조선시대에 주류를 이루면서 한반도의 국수는 반죽한 뒤 작은 구멍으로 면을 뽑아내는 입출면 또는 입착면이 우세를 점한다. 하지만 손쉬운 요리법으로 칼국수는 오랫동안 사람들에게 사랑을 받아왔다.

우리나라 밀가루 음식의 대표주자 격인 칼국수와 만두는 지금은 가정이나 외식업소에서 쉽게 맛 볼 수 있지만 과거에는 특별한 날이 아니면 먹기 힘든 귀한 음식이었다. 지치고 힘든 사람들에게 쫄깃한 면발과 뜨거운 국물로 위로를 건네는 정겨운 음식이 칼국수다.

칼국수는 밀가루를 반죽해 방망이로 얇게 민 다음 칼로 가늘게 썰어서 국물에 넣고 끓여 만든다. 어떤 재료로 국물 맛을 내느냐에 따라 그 종류도, 맛도, 품격도 달라지는 재미있는 음식이다. 농촌에서는 닭으로, 해안 지방에서는 바지락으로, 산간 지역에서는 멸치로 국물을 내서 끓여 먹었다.

워낙 귀한 밀인지라 수확할 때나 한 번 먹을 수 있었던 칼국수는 음력 6월 15일을 전후로 밀을 수확했던 까닭에 예전에는 한여름에나 먹을 수 있던 별미였다. 칼국수에 감자와 애호박이 빠지지 않는 것도 그맘때 한창 맛이 드는 채소이기 때문이다.

사골칼국수, 멸치칼국수, 닭칼국수가 대표적인 3대 칼국수다. 버섯칼국수, 바지락칼국수도 많은 사람들이 즐겨 먹는다. 전라도 지방에서는 팥을 삶아 거른 국물에 칼국수를 말아먹는 팥칼국수를 많이 먹었다.

이렇듯 어머니의 지휘 아래 가족들이 모여 면을 반죽해 밀대로 밀어 수제비를 빚거나 칼로 썰어내 국수를 만들어 먹던 일은 불과 몇십년 전만 해도 우리 일상의 한 모습이었다.

3) 먹을 게 변변치 않았던 시절, 어머니의 기억을 담은 음식

일제강점기에 본격적으로 등장한 잔치국수 또는 가락국수라 불리는 건면은 대량으로 만들 수 있었고, 아무 때나 끓는 물에만 넣으면 먹을 수 있었다. 그런 까닭에 대중 면요리의 중심에 서게 됐다. 그러나 일본이 물러가고 또 전쟁으로 기계국수 공장들이 파괴된 후, 1960년대 분식장려운동 등으로 다시 밀가루 시대가 올 때까지 제분산업은 침체기였다.

그때에도 우리의 할머니, 어머니들은 집에서 만들 수 있었던 칼국수 하나로 농구팀 하나 정도 되는 많은 자식들을 거뜬히 먹이고 길러냈다. 오늘날 어머니의 손맛이 정서적으로나 기술적으로나 대중음식의 화두가 된 것은, 먹을 것도 변변치 않았던 그 어려운 시절에 정성 하나로 최고의 음식을 만들었기 때문이다.

아마 조금 더 세월이 가면 할머니, 어머니표 칼국수 브랜드의시대도 끝날지 모른다. 칼국수는 인간의 정성과 사랑의 숨결이 가장 직접적이고 정직하게 반영된다. 그래서 태생적으로 축복을 담고 있는 음식이다. 우리네 어머니들이 자식을 위해 만들던 그 칼국수가 면면이 이어져 대한민국 구석구석, 지금 전국적인 현상으로 나타나고 있는 것이다.

2. 칼국수의 지역별 스타일

1) 얇고 부드러운 안동 스타일의 칼국수

안동의 칼국수가 다른 지역 칼국수에 비해 가장 두드러진 특징은 면발에 밀가루와 콩가루를 섞어 얇게 밀어 썰어낸다는 점이다. 부드럽고 고소한 면발은 밀가루와 콩가루의 배합에서 비롯된다.

안동은 논이 적고 밭이 많아서 콩, 들깨, 조, 수수 등 밭작물을 이용한 음식이 발달했다. 조선시대에는 메밀에 녹두가루를 넣어 만든 면을 주로 먹었지만, 안동은 밀가루 면에 콩가루를 섞어 국수를 만들었다. 콩 맛의 고소함이 살아 있는 면은 반죽이 쉽고 빨리 익으며 소화도 잘 됐다.

한국인들은 국수를 주식으로 여기지 않는다. 안동 칼국수에 조밥과 제철 나물반찬이 나오는 것은 주식인 밥문화와 별식인 국수문화의 혼합이다. 〈옥동손국수〉면의 밀가루와 콩가루 배합비율은 6대 4 정도로, 이는 안동식 칼국수 면의 대체적인 비율이다. 육수는 멸치, 다시마, 양파를 넣어 맑고 개운한 맛을 기본으로 한다. 정갈하고 지조 있는 선비의 맛이다. 헛제삿밥, 찜닭 등 전국적인 명성을 얻고 있는 안동 음식의 저력은 92개 넘게 남아 있는 종갓집의 전통과 유교의 제사문화에서 비롯된 산물이다. 안동 출신의 유생 김유가 쓴 『수운잡방』, 안동에 살던 정부인 안동 장씨가 기록한 최초의 한글 조리서『음식디미방』, 안동 임하면 의성 김씨 집안에서 전해오는 술 제조법인 『온주법』 등 수백 년 전의 음식 관련 문헌도 안동에 가장 많이 남아 있다. 1년에 수십 차례나 지내는 제사의식과 그로 인한 많은 손님 접대는 안동 종갓집들로 하여금 매뉴얼화된 조리법 을 갖추게 했던 것이다.

국수의 경상도 사투리인 '국시'는 안동보다는 다른 지역에서 안 동국수의 명성을 빌리기 위한 상업적 용도로 많이 사용된다. 지방의 많은 식당들이 '안동국시'라는 이름으로 손님들을 불러 모으고 있 지만 정작 안동에 가면 이런 국시 열풍은 찾아보기 어렵다. 칼국수 로 유명한 지역에 가면 어김없이 있는 국수골목마저 안동에는 없다. 음식에 대한 안동 사람들의 생각을 엿볼 수 있는 부분이다.

안동 사람들은 여름에는 건져낸 국수를 찬물에 씻어서 먹는 시원 한 건진국수를, 겨울에는 국수를 넣고 끓여낸 국물에 애호박, 배추 같은 초록색 채소를 넣어 먹는 누름국수 또는 제물국수를 많이 먹었 다. 안동은 제사만큼 잔치도 많은 고장이다. 오래 산다는 의미 때문 에 잔칫날에 국수를 많이 먹기도 하지만 많은 손님이 계속 이어지는 상황에서 준비하기 수월한 음식이라는 현실적인 이유도 상당하다.

삶아서 건져놓은 뒤 손님이 올 때마다 국물에 말아서 내놓기만 하면 되는 건진국수는 접대에 유용하다.

안동의 대중적인 칼국수집들의 육수는 한결같이 멸치를 기본으로 한다. 서울의 고급스러운 안동국수 전문점들이 사골이나 고기육수를 사용하는 것과는 차이가 있다. 양반가에서는 고기육수를, 서민들은 멸치육수를 많이 사용했다는 것이 이런 기본적인 차이를 낳았다.

2) 면의 도시, 대구

대구와 안동은 가깝다. 대구는 전국에서 면의 소비가 가장 많은 도시로 손꼽힌다. 해방 이후 제분, 제면 산업의 중심지로 발돋움했다. 1980년대 말까지만 해도 대구는 마른 면인 건면의 50% 이상을 생산하는 대한민국 최고의 제면 생산기지였다. 1960년대 대구는 이병철 회장의 별표국수와 당시 최고의 브랜드였던 닭표국수를 비롯해 소표국수, 왕관국수, 봉표국수까지 다양한 브랜드들의 각축장이었다. 1990년대 들어서면서 전국의 대형 국수공장들이 지방의 브랜드들을 OEM 방식으로 흡수하면서 대다수의 지역 국수 브랜드들이 사라졌다. 하지만 여전히 대구에는 1933년에 창업한 풍국면을 비롯해 대여섯개의 국수공장들이 남아 있다. 공장에서 만든 건면인 가락국수나 잔치국수가 대부분이지만 국수를 즐기는 사회분위기 덕에 대구의 국수 문화는 지금도 굳건하다.

대구에 국수공장이 많았던 이유로 대구의 음식전문가들은 이곳의 더운 날씨를 꼽는다. 1960년대 말 정부의 분식장려운동은 그렇잖아도 국수공장으로 넘쳐나던 대구에 1970년대 본격적인 칼국수 문화를 꽃 피우게 한다.

칼국수집에 가장 많은 이름이 '할매' 인데, 대구에도 유명한 할매 칼국수 가게들이 많다. 외식문화 초기 단계의 모습을 직접적으로 보여주는 '할매' 라는 브랜드와 그 브랜드가 가진 속성을 충실히 수행하는 음식과 가게들이 대구에는 넘쳐난다. 살고 있는 한옥을 개조해 만든 작은 식당에서 할머니들이 만들어주는 음식은 외식과 집밥의 경계를 허물면서 사람들에게 친근감을 주었다. 대구의 3대 할매칼국수집 이라 불리는 〈경주할매국수〉, 〈동곡할매손칼국수〉, 〈명덕할매칼국수〉가 다 그렇게 만들어지고 성공했다.

대구의 칼국수를 먹어보면 안동과의 깊은 관계를 엿볼 수 있다. 멸치육수를 기본으로 하고 넓적하고 얇은 야들야들한 면발을 선호하는 점에서 같은 계열로 볼 여지는 충분하다. 대구 제면공장의 역사와 면의 역사가 일제강점기 이후에 만들어진 근대의 산물임은 의심할 여지가 없다. 그러나 수백 년간 이어진 안동 스타일이 근대 국수

문화에 아무런 영향을 미치지 않았다면 그것이 더 이상하다. 우리가 보통 납작면이라고 부르는 풍국면도 건면치고는 안동의 넓적한 면발을 많이 닮았다. 이 풍국면으로 만드는 포항의 모리국수도 그렇다. 안동식 스타일이 산업화·상업화된 대구식과 만나 새로운 칼국수 문화를 탄생시킨 것이라 추정해 볼 수 있는 충분한 근거들이다.

3) 국숫발처럼 많은 대전의 칼국수 문화

대전도 면의 도시라는 명성을 두고는 대구에게 한 치의 양보도 할 생각이 없다. 대전역을 중심으로 한 구도심에는 수십 년 된 칼국수집들이 국숫발처럼 많다. 그 가운데 대흥동을 빼놓을 수 없다. 최근 재개발로 인해 10여 곳이 넘던 국숫집들이 절반으로 줄었다.

대전의 칼국수는 〈공주분식〉이전과 이후로 나뉜다. 이후에 생겨난 칼국수집들의 특징은 커다란 대접에 한가득 담긴 면발과, 매콤한 맛과 모양새를 지닌 붉은색 육수에 있다. 멸치국수를 기본으로 해서 진하고 구수하며, 매콤한 고춧가루와 후추, 참깨, 대파, 김가루, 그리고 무엇보다 대전의 칼국수집에서 빼놓을 수 없는 쑥갓이 더해져, 속칭 '엉칼'이라 불리는 매운 칼국수의 전형을 만든다.

이 칼국수 레시피는 단순하면서도 나름의 내공이 담긴다. 재료는 멸치와 고춧가루, 참깨, 대파, 김이 전부다. 푹 고아낸 멸치육수에 칼국수를 넣고 끓이다가 고춧가루를 듬뿍 넣어 면을 익힌다. 적당히 간을 맞추고 국수를 그릇에 담기 직전에 썰어놓은 대파를 투입한다. 대파는 익히면 안 된다. 특유의 풍미가 없어지기 때문이다. 대접에 국수를 담은 뒤 뜨거운 국물을 붓고 참깨가루와 김가루를 아낌없이 뿌려준다.

칼국수의 도시라는 이름에 걸맞게 대전이 오로지 〈공주분식〉의 영향 아래만 놓여 있는 것은 아니다. 다른 지역의 칼국수집들이 1960년대 중반에서 후반에 시작한 것과 달리, 대전 칼국수집의 역사는 1950년대 후반에서 1960년대 초반으로 앞서 있다. 대전에서 가장 오래된 칼국수집으로 알려진 〈대선칼국수〉는 1958년에 문을 열었고, 대전역 앞에 있는 〈신도칼국수〉는 1961년에 개업했다. 두 집은 멸치육수에 고춧가루를 거의 넣지 않는다.

4) 음식은 장맛, 강원도 장칼국수의 힘

강원도를 대표하는 면 중에 장칼국수가 있다. 멸치국물에 고추장이나 된장을 풀어 탁하고 붉은 육수를 만들어 거기에 밀국수를 말아 먹는다.

장칼국수는 강원도를 접수하고 다른 지역으로까지 확산되었다.

강릉에서 속초로 이어지는 동해안은 물론 정선과 원주의 내륙에서 동해안을 타고 울진 아래까지 영향력을 미치고 있다. 강릉이나 속초에서 손칼국수라 쓰인 메뉴는 대개 장칼국수라 보면 된다. 강릉, 속초, 양양은 간장, 고추장, 된장 등 장문화가 발달했고, 이것을 이용한 음식들 또한 풍성하고 다양하다.

원주는 강원도와 경기도의 음식 경계선이다. 장칼국수도 속초, 양양, 강릉의 고추장, 된장이 섞인 얼큰한 맛과 달리 원주로 넘어오면 된장만을 넣은 구수한 맛으로 바뀐다.

원주는 기차역 근처의 〈장수칼국수〉와 시외버스터미널 주변의 〈영월장칼국수〉, 그리고 중앙시장에서 조금 떨어진 곳에 위치한 〈원주칼국수〉가 유명하다. 원주는 장칼국수와 막국수로 유명하지만 만둣국과 칼만두는 더 유명하다. 만둣국과 칼만두는 사실 한 몸 같은 음식이다. '칼만' 이라고 줄여 부르는 칼만두는 만둣국과 칼국수가 결합한 원주만의 독특한 면 문화다. 김치, 당면, 녹두가 들어간 만두속과 조화를 이루는 김치로 인해 붉은색을 띤다.

김치손만두를 한 입 베어 물면 야채의 아삭함과 양념의 매콤함이 전해진다. 탄력이 그리 강하지 않은 면발과 약간 걸쭉한 국물을 먹다가 김치손만두를 먹으면 겉절이 김치를 먹는 듯하다. 면발, 만두,

국물 모두가 복잡하지 않다. 직구로만 승부하는 투수의 단선적이고 우직한 맛이다.

5) 뽀얀 국물 맛의 대부도 바지락칼국수

1987년 시화방조제 공사가 시작되면서 대부도와 그 일대 섬들은 그야말로 상전벽해의 변동을 겪는다. 1994년 1월 방조제가 들어서면서 물길이 막히자 해산물이 바다에서 자취를 감췄다. 그러나 대부도의 바깥쪽에 위치한 선재도, 영흥도에서는 여전히 바지락이 지천으로 났고, 섬 아닌 섬이 돼버린 대부도 사람들은 그 바지락을 이용한 칼국수를 만들어 먹었다.

칼국수는 인부들도 좋아하여 방조제 공사가 시작되자 대부도 입구에는 칼국수 집들이 생겨나기 시작했다. 〈우리밀칼국수〉는 80여 곳이 넘는 대부도 칼국수 집 가운데 가장 먼저 생긴 곳이다. 〈우리밀칼국수〉를 나와 대부도 안쪽으로 들어가는 길 양옆으로 칼국수 집들이 사이좋게 붙어 죽 이어진다.

동춘서커스 주변에 즐비한 칼국수 집들마다 번호를 달고 있다. 시화방조제가 들어서고 대부도에 바지락칼국수 집들이 급격히 늘어나자 해당 구청은 가게마다 번호를 부여해 허가를 내줬다.

대부도의 바지락칼국수는 방조제가 생기기 전부터 있었지만 1994년 방조제가 완성된 뒤부터 본격적으로 대중화 되었다. 최근 가장 인기를 끌고 있는 집은 〈26호 까치할머니손칼국수〉다.

6) 멸치 육수의 깊은 맛을 간직한 서울 칼국수

돈의동에서 낮 시간 동안 사람들이 가장 많이 찾는 곳은 칼국수로 알아주는 두 음식점이다. 해물칼국수가 탁월한 〈찬양집〉과 멸치육수의 깊은 맛이 독보적인 〈할머니칼국수〉가 그 주인공이다. 〈찬양집〉이 가게를 연 때는 1965년이다.

전국적으로 오래된 칼국수 집들의 창업연도가 대개 이 해다. 집에서나 먹던 칼국수가 정부의 강력한 분식장려정책으로 세상 밖에 본격적으로 알려지기 시작한 시기다. 돈의동에서 조금 떨어진 혜화동 부근의 칼국수 집들은 '칼국수는 서민의 음식' 이라는 공식과는 조금 다른 특징을 보여준다.

혜화문에서 돈암동으로 넘어가는 언덕의 주택가 골목 안에 비밀스럽게 자리 잡은 〈국시집〉은 1969년에 한옥집 한 칸으로 시작했다. 1970년대부터 1990년대까지 30여 년간 정계를 풍미한 김 전 대통령의 단골집이 된 덕에 이곳은 정치인들과 유명인사들로 붐비는 곳이 되었다. 이 집에서 일했던 사람들이 하나둘 가게를 차리면서 국시집 주변으로 대여섯 개의 칼국수 집이 들어섰다.

〈혜화칼국수〉, 〈명륜손칼국수〉, 〈밀양손칼국수〉, 〈손칼국수〉가 다 이러저러한 인연을 맺고 국시집 스타일의 칼국수를 판다. 때문에 혜화동 주변은 전국에서 가장 고급스러운 칼국수 문화를 지닌 동네로 변신했다. 저녁이면 수육이나 문어숙회에 술을 한잔 곁들이고 후식으로 칼국수를 한 그릇 먹는 '선주후면' 의 문화는 이곳의 일상적인 모습이다.

혜화동의 〈국시집〉과 함께 김영삼 전 대통령의 칼국수 일화에 자주 등장하는 사람이 2008년 타계한 김남숙 할머니다. 살아생전 'YS 칼국수 할머니' 라고 불렸는데, 강남에 안동식 칼국수를 본격적으로 정착시킨 장본인이다. 1984년 강남구 압구정동에서 〈안동국시〉라는 이름으로 가게를 연 후 1995년에 서초구 양재동으로 옮기면서 상호도 〈소호정〉으로 바꿔 현재는 아들이 가업을 잇고 있다.

할머니는 김 전 대통령 재임시절 3개월간 청와대에 들어가 주방장들에게 칼국수 요리법을 전수해주기도 했다.

3. 칼국수 전문점은 면시장의 영원한 스테디셀러

칼국수는 한국 면식의 대표선수다. 수요층이 폭넓어 전국 어느 지역에서도 쉽게 만날 수 있다. 칼국수는 시골칼국수, 바지락칼국수, 해물칼국수 등 그 종류도 다양하다. 창업자에게 칼국수는 선호도가 매우 높은 아이템이다. 밑반찬이 많지 않아도 된다는 점은 창업매력도를 높이는 요소이다.

1) 오래된 아이템이지만 다양한 콘셉트와 결합 가능성 높아

국내에 칼국수 전문점이 등장한 것은 1970년대 이전이다. 재래시장 상인들의 대표 먹거리로 부상한 칼국수는 1998년 〈명동칼국수〉가 본격적인 프랜차이즈 가맹에 돌입하면서 전성기를 맞았다. 〈명동칼국수〉의 성공에 이어 〈유가네칼국수〉, 〈정성본칼국수〉 등의 브랜드가 등장해 프랜차이즈 시장을 키웠다. 프랜차이즈가 꾸준한 성장을 보이는 아이템이지만 독립점포의 힘도 무시할 수 없는 게 칼국수다. 전수창업의 형태로 꾸준하게 명맥을 잇는 집도 많다.

칼국수 전문점 시장 라이프사이클의 현 단계를 진단해보면 1970년대 도입기를 거쳐 1990년대 이르러 본격적인 성장기를 맞았던 아이템이라고 할 수 있다. 2000년 이후시점부터는 본격적인 성숙기에 다다른 아이템으로 분류할 수 있다. 하지만 칼국수 전문점의 경우 성숙기에 진입한 아이템이기 때문에 금방 쇠퇴기로 연결되는 것이 아닌가 생각하는 것은 잘못된 판단이다. 칼국수 시장은 분명 성숙기에 진입해 있지만 다양한 콘셉트로 진화기를 거칠 것으로 보인다. 한때 칼국수 전문점이 샤브샤브와 만나면서 시너지 효과를 냈듯이, 향후에도 다양한 업태와 만나 새로운 외식 시장의 안정적 아이템으로 자리매김할 것으로 판단된다.

2) 칼국수 전문점의 가장 큰 위험요인 낮은 매출액

칼국수 전문점의 가장 위험성이라면 한정된 매출이다. 식사 매출에 상당 부분 의지하며 심야시간대 매출, 즉 주류 매출이 약하다. 자연적으로 식사류 매출에 집중되다 보니 객단가 역시 7000원 이하로 한정되는 한계가 있다. 객단가가 낮은 점을 감안하려면 목 좋은 상권에서 대형 매장으로 오픈해야만 수지타산을 맞출 수 있다고 볼 수 있다. 하지만 대형 매장으로 오픈하게 되면 자연적으로 고정지출비용이 많아짐으로 인해 순이익이 감소할 수 있다는 점도 유의해야 할 문제이다.

이런 저런 위험요인은 많지만 칼국수 전문점은 초보 창업자들이 가장 손쉽게 접근할 수 있는 아이템이다. 때문에 이러한 근본적인 위험성을 보완하면서 출점전략을 세우는 것이 무엇보다도 중요하다.

3) 성장 가능성이 높은 칼국수 전문점

칼국수는 남성보다 여성이 더 많이 찾는 음식이다. 여성 중에서도 주부·가족단위 고객이 으뜸이다. 때문에 칼국수 전문점은 주택가 상권을 공략하는 것이 현명하다. 소비자 입장에서는 칼국수 전문점 선택의 폭이 넓다.

칼국수 전문점의 원조 콘셉트라고 할 수 있는 사골칼국수는 노포가 많다. 한 때 유행하는 아이템 중 하나로 자리매김한 해물칼국수 및 바지락칼국수 전문점의 경우 한때 우후죽순으로 많이 생겨난 아이템이기 때문에 소비자들 입장에서는 자칫 식상한 메뉴로까지 인식될 수 있었다. 최근에는 다시 업그레이드된 버전으로 상권에서 눈에 띄고 있다. 소비자들 입장에서는 칼국수 전문점이야말로 가장 부담 없는 외식메뉴, 가장 쉽게 접할 수 있는 음식이라는 점에서 대중적 선호도가 높은 아이템이라고 할 수 있다.

칼국수 전문점의 시장 규모는 날로 증가하고 있는 추세다. 최근엔

샤브샤브와 컨버전스까지 가세하면서 증가일로를 걷고 있다. 프랜차이즈 시장의 가세도 칼국수 전문점의 시장규모를 넓히고 있다. 현재 전국에는 1만6000개의 칼국수 전문점이 영업 중이다. 1개 매장당 매출액을 연간 1억원만 잡아도 1조6000억원 정도의 시장규모를 형성하고 있는 것으로 추산할 수 있다.

칼국수 전문점 시장은 현재 수많은 업체들이 치열하게 생존 중이다. ㈜한미프랜차이즈가 등록한 〈명동칼국수〉의 경우 1990년에는 전국에 100개 넘는 가맹점을 보유할 정도로 활황을 맞기도 했다.

이후 바지락칼국수 혹은 해물칼국수 시대로 접어들면서 〈유가네 칼국수〉, 〈한국교자〉 등의 프랜차이즈도 시장 개척에 나섰다. 〈유가네 칼국수〉는 전국에 대형 칼국수 전문점의 프랜차이즈 바람을 선도한 업체다. 중소업체 중에서는 경기도 고양에서 시작한 〈강고집 바지락칼국수〉가 유명세를 탔다.

대구를 비롯한 지방에서도 칼국수 브랜드 회사는 생겨났다. 〈봉창이 칼국수〉는 대구지역에서 생겨나 대전, 청주 지역으로 확장한 대표적인 사례. 최근엔 칼국수 프랜차이즈 시장의 양극화 현상이 두드러지는 중이다. 1인분에 9000원에서 1만원 가까이 나가는 시골 칼국수시장과 1인분에 3500원을 받는 저가 칼국수 브랜드가 각각 서로의 영역을 넓히는 분위기다.

4) 칼국수 전문점의 상권부터 수익까지 SWOT 분석

최적의 상권은 역시 여성고객과 주부고객이 많은 주택가 상권이다. 최근 시장에서 반향을 일으키고 있는 저가형 칼국수의 경우 학생들이 많은 지역에서의 출점이 늘고 있는 상황이다. 신중하게 판단해야 하는 지역은 오피스 상권이다. 오피스 상권에 출점할 경우 점심 매출은 어느 정도 담보할 수 있으나, 저녁시간대 매출이 급락하는 경우가 많기 때문이다. 점심메뉴 역시 면보다는 밥을 선호하는 경향 때문에 고전하는 경우도 많은 편이다.

투자대비 수익은 칼국수 전문점의 고민이다. 대형 칼국수 체인점의 경우 투자금액이 만만치 않다. 점포구입비용을 제외한 총 투자금액이 1억2000만원 가까이 드는 게 보통이다. 점포비용까지 합한다면 최소 2억원 이상의 창업자금이 소요된다.

하지만 30~40평 규모의 독립점포 형태로 오픈 할 경우 투자비용은 점포구입비용을 제외하고 6000만~8000만원이면 오픈하는데 큰 문제는 없다. 예상 수익성은 독립점포의 경우 1일 평균 60~70만원의 매출을 예상할 수 있다. 월 매출액은 1500~2000만원 수준이다. 여기에서 인건비, 월 임대료, 원가, 기타 유지관리비를 제외할 경우 점주의 세전 순이익은 400~500만원 수준으로 예상할 수 있다.

〈표4〉 칼국수 전문점의 SWOT분석

강점	약점
운영관리의 편의성이 높다. 밑반찬은 김치 하나면 족하기 때문에 초보 창업자도 손쉽게 시도해 볼 수 있는 외식 아이템이다.	칼국수 전문점은 주류 매출이 약하다. 자연적으로 객단가가 낮아지기 때문에 박리다매의 영업방식을 택할 수 밖에 없다.
기회	**위협**
칼국수는 불경기에 더욱 잘 팔리는 메뉴다. 고객들 입장에서 구매하기 부담이 없는 메뉴이기 때문이다. 팥칼국수, 칼제비 등 다양한 콘셉트로 응용할 가능성도 높다.	칼국수 전문점은 규모가 클 경우 실패한 사례가 종종 있었다. 투자수익을 감안하지 않은 무리한 규모의 출점은 실패로 이어질 수 있다.

자료 : 김상훈, "외식경영" (2016.08, 167-169)

4. 칼국수 전문점 우수프랜차이즈 브랜드의 성공전략

1) 맛과 정성으로 일군 줄서는 대박식당 〈엘림 들깨 칼국수〉

테이블이 고작 15개밖에 안되는 식당에 평일 평균 700~800여 명의 고객들이 다녀가고, 토요일에는 1000~1200여명의 고객들이 북적인다. 11시 30분에 문을 열자마자 순식간에 모든 좌석이 만석으로 이때부터 고객들의 긴 행렬이 이어진다. 서울 강북구 수유리에 있는

〈엘림 들깨수제비·칼국수〉의 얘기다. 멀리서 보면 그냥 허름한 건물에 불과하지만 인근 주민들은 물론 멀리서도 물어물어 찾아오는, 오로지 맛으로 승부해 줄서는 대박집 대열에 확고하게 이름을 올렸다.

사막 속의 오아시스처럼 고객들에게 편안한 쉼터가 되고자 하는 〈엘림 들깨수제비·칼국수〉은 건강하고 소박한 들깨수제비와 칼국수 한 그릇으로 행복한 한끼를 제공하고 있는 맛집이다.

지난 2007년 서울시 강북구 수유동 북한산 둘레길 아래에 오픈한 이곳은 겉에서 보기에는 허름한 음식점에 불과하지만 11시가 조금 넘는 순간부터 상황은 완전히 달라진다.

A급 상권 또는 화려한 인테리어 등 성공의 기본 조건과는 전혀 상관없는 이곳에 사람들이 두서너명씩 들어서는가 했더니 어느 순간 15개의 테이블이 만석이다.

11시 30분 오픈하자마자 눈 깜짝할 사이에 일어난 일이다. 이렇게 시작한 점심 영업은 오후 1시까지 약 90분가량의 점심시간에만 테이블 회전율이 5회전을 훌쩍 넘는다. 점심시간에는 2인 고객 합석, 웨이팅은 기본적으로 감수해야 하는 것도 이곳을 찾는 고객들 사이에 불문율이다.

당당하게 '맛과 정성'만으로 고객들을 감동시켜 긴 줄을 세우며 소위 대박집으로 거듭난 엘림의 메뉴는 들깨수제비와 칼국수, 칼국수와 수제비를 반반 섞은 칼제비 그리고 보쌈과 수육, 고기만두가 전부다. 그나마 점심에는 보쌈과 수육을 판매하지 않는다.

점심시간에 보쌈과 수육을 팔면 자연히 술을 팔아야 하기 때문에 점심에는 술을 판매하지 않는 것을 원칙으로 했다. 때문에 북한산 둘레길 아래에 위치해 있음에도 불구하고 둘레꾼들은 별로 찾지 않는 곳이기도 하다.

엘림의 타깃고객은 원래 50~60대 '아줌마'다. 매장 벽면에 붙여 놓은 '음식은 단지 배를 채우는 것이 아니라 추억과 맛과 향수를 채우는 것이다'라는 말처럼 주부 고객들은 대부분 어렸을 적 어머니가 해주셨던 손맛을 그리워 할 뿐만 아니라 들깨로 만든 음식에 대한 거부감이 없어 마치 고향집에 온 듯 편안함을 느낄 수 있다고 판단했기 때문이다. 이들 아줌마 부대에게 마음이 가는 따뜻한 음식, 엄마를 생각나게 하는 음식을 편안하게 먹을 수 있도록 한 것이 콘셉트였다.

실제로 처음 오픈했을 때는 대부분이 여성고객이었다. 그러나 지금은 인근 직장인들과 가족고객, 부부들이 함께 찾으면서 남녀노소 누구나 편안하게 찾는 동네 사랑방이자 줄서는 대박 맛집으로 거듭났다. 엘림의 시작은 좋아하고 잘하는 것을 하자는 이곳 대표의 소신에서 비롯됐다. 원래 미각이 남다르고, 음식 만드는 것을 좋아했던 그는 식당을 하기 전 오랫동안 여고와 국립재활원에서 매점을 운영한 경험이 있었다. 여러 사정으로 잠시 쉬고 있던 중 퇴직한 남편이 재활원 근처에서 마트를 시작하면서 점포의 반을 잘라 조그맣게 식당을 시작한 것이 지금까지 이어진 것이다. 처음 식당을 시작했을 땐 우여곡절도 많았다. 지방에서 칼국수 전문점을 하고 있던 시동생의 조언으로 지방식 해물칼국수를 시작했으나 맵고 칼칼해 서울 사람들의 입맛에는 맞지 않았던 것이다. 문을 연 지 일주일 만에 과감하게 문을 닫고 다시 메뉴에 대한 고민을 시작했다. 이때 생각 한 것이 '좋아하고 잘하는 것을 하자'는 것이었다.

그렇게 시작한 것이 콩국수와 칡냉면이다. 콩국수는 평소 집에서 자주 해먹는 음식이었는데, 주변 지인들도 맛있다며 엄지손가락을 들곤 했었다. 콩국수는 100% 국산 서리태와 흰콩 두가지로 준비해 매장에서 직접 맷돌로 갈아 음식을 만들고, 칡냉면은 맛있기로 유명한 집을 찾아 식재료를 공급받고 정성을 보탰더니 손님들의 반응이 매우 좋았다. 그러나 날씨가 쌀쌀해 지면서 콩국수와 냉면만으로는 겨울을 보내기가 불안해 고민하던 중 "들깨 칼국수를 하면 어떻겠냐"는 고객의 권유가 마음에 와 닿았다. 이때부터 들깨 칼국수를 만들기 위해 여러 식당을 벤치마킹하며 다닌 대표는 드디어 그 맛을 찾는 데 성공했고, 이것이 엘림 들깨수제비·칼국수의 시작이 됐다.

들깨 칼국수를 시작한 지 1년이 채 안돼 손님들이 점점 늘어나 줄을 서기 시작했고, 매장을 넓혀 달라는 고객들의 요청이 쇄도할 즈음인 2007년 지금의 엘림 자리로 옮긴 후 대박식당으로 자리매김했다.

비록 6000원 짜리 들깨수제비 한 그릇이지만 들깨가루, 육수, 면, 배추 등 재료준비부터 음식을 만드는 것까지 한마디로 지극 정성을 다한다. 칼국수와 수제비의 재료가 되는 면 반죽에는 톳과 함초가루, 쌀가루를 넣어 건강한 면을 만드는 데 주력하였다. 톳을 넣는 아이디어는 만화 『식객』을 보다 영감을 얻었다. 산성인 밀가루와 알칼리성인 톳은 궁합도 좋아 일반 밀가루 면에 비해 식감이 부드러운 것이 특징이다. 음식의 간도 배추 절일 때만 천일염을 사용하고 모든 음식을 함초 소금으로 하고 있다.

수육을 삶을 때는 한약재를 넣는데 예전에는 계량이 쉽도록 한약재를 분말로 갈아 계량스푼으로 넣었지만 최근에는 분말로 갈지 않고 원재료 그대로 모시 보에 넣고 삶는다. 이렇게 하는 것이 한약의 성분과 향이 수육에 훨씬 더 많이 배기 때문이다. 또 들깨수제비가 나오기 전에 제공하는 보리밥은 늘보기로 짓는데, 번거롭더라도 과거 엄마들이 해먹던 방식대로 일단 한 번 삶은 후 물에 씻어 채반에 담아 물기를 뺀 후 다시 밥을 짓는다. 이렇게 하면 보리밥이 훨씬 부드러워 목넘김도 좋기 때문이다. 밥을 할 때 다시마를 몇 조각 넣는 것도 빼놓지 않는다. 음식에 정성이 들어갔는지, 좋은 재료를 썼는지는 주인이 말하지 않아도 고객들이 먼저 안다. 주인 입에 맛있어야 고객들 입에도 맛있다는 생각으로 신선하고 좋은 식재료로 정성껏 만들고, 음식 궁합을 맞춰 건강에도 좋은 음식을 제공하고자 노력한 것이 고객들에게 전달 된 것이다. 서비스로 제공하는 수육 역시 한번에 7kg씩 하루에 최소 여섯 번에서 일곱 번에 걸쳐 수시로 삶아낸다.

엘림은 이러한 과정을 하루도 빠지지 않고 매일 주방 게시판에 꼼꼼하게 게재해 식재료 로스율을 줄이고, 평균 식수에 맞게 음식을 정확하게 준비할 수 있도록 시스템을 구축함으로써 재고 없이 당일 소진을 구현해 냈다. 직원들은 처음에는 이러한 방침을 매우 어려워하고 힘들어했지만 이제는 모두가 이해하고 한 뜻으로 참여하고 있다. 매일 새롭게 음식 준비를 하는 것이 번거롭지만 이러한 보이지 않는 노력들이 엘림의 성공을 견인한 이유다.

이곳이 대박 식당으로 확실하게 자리매김한 원동력은 넉넉한 인심도 한몫했다. 칼국수를 주문하면 보리밥만 제공하는 여느 칼국수 집과는 달리 수육도 따라 나온다. 칼국수를 먹으면 왠지 배가 쉽게 꺼져서 헛헛하다는 고객들에게 들깨칼국수+보리밥+수육을 세트로 제공해 든든한 한 끼를 완성시켰다. 수육을 제공하는 것은 여느 칼국수

집에서는 볼 수 없는 엘림만의 차별화 된 서비스다. 수육과 함께 먹는 묵은지에 들이는 정성도 남다르다. 묵은지는 1년 전에 담근 김치를 제공하는데 이를 위해 매년 12월이면 5000포기의 김치를 담근다. 전라도 고흥에서 재배한 배추와 직접 담근 멸치액젓으로 담근 묵은지는 시간이 갈수록 쿰쿰한 향과 깊은 맛이 더해져 별도로 구입이 가능하냐는 문의도 잦다.

서비스를 제공할 때는 더 확실하게 퍼주는 것이 훨씬 임팩트가 강하다. 원가대비 식재료 코스트가 높은 것은 사실이지만 많이 팔면 결코 손해 보지 않기 때문이다. 엘림은 좌석이 테이블 15개가 전부다. 그런데 평일 평균 12~13회전을 거뜬히 소화해낸다.

이것이 가능한 이유는 메뉴의 간소화와 빠른 음식 조리에 있다. 점심시간에는 들깨칼국수 또는 수제비, 칼제비가 메뉴의 전부이니 메뉴의 간소화는 이뤄진 상태다. 여기에 오랫동안 손발 맞아온 베테랑 홀 직원들이 있으니 관건은 조리시간이었다. 이후 연구 개발 끝에 면 삶는 시간을 30초 줄이는 방법을 고안해 조리시간을 3분 30초로 단축했다. 실제로 어느 토요일 번호표가 330번까지 가는 기록을 세웠지만 주방과 홀은 아무 문제가 없었다. 고객이 입점해서 14분만에 식사를 마치고 나간 셈이다.

과감한 결단력도 주효했다. 처음 엘림을 오픈했을 당시에는 청국장, 만두전골, 수육 등의 메뉴가 있었다. 그런데 전골을 하니 술손님이 오랫동안 자리를 차지하고 있어 회전에 문제가 됐다. 이때 들깨 칼국수와 수육을 제외한 메뉴는 과감히 정리하고, 점심시간에는 수육과 술을 팔지 않는 대신 모든 고객들에게 수육을 서비스로 제공, 밥집으로 자리매김하면서 회전율을 높였다. 외식업에는 공부의 필요성을 절실하다. 함께 공부하는 경영주들로부터 많은 정보를 얻고, 벤치마킹을 통해 발전시킬 수 있어 많은 도움이 되며, 소규모 식당에서 음식이 나오는 속도와 회전율에 대한 상관관계도 매우 중요하다.

엘림은 친구같고, 가족같은 단골 고객들이 유독 많다. 카운터에 있으면 "좋은 음식을 싸게, 맛있게 먹을 수 있게 해줘서 감사하다" 는 인사를 하고 가는 고객들은 물론, 피곤할 텐데 직원들이랑 나눠 먹으라며 음료수를 사와서 슬쩍 밀어 놓거나 시골에서 가져 왔다며 고구마, 감자, 밤 등 철마다 다양한 먹거리를 나르는 고객들이 많다. 모든 음식 가격이 나날이 오르는 데 반해 이곳은 가격은 그대로지만 보다 좋은 음식을 대접하기 위해 항상 애쓰는 마음을 고객들이 알기 때문이다.

안정적인 직원운영에는 이곳 대표의 소신이 컸다. '일하는 사람이 즐거워야 식당도 성장한다' 는 신념으로 처음부터 업계 평균보다 높은 임금을 지급한 것은 물론 1년 이상 근속 보너스, 생일 보너스 지급을 비롯해 매일 목표 매출을 달성하면 10만원씩 인센티브를 적립하고 있다. 이렇게 쌓인 인센티브로 일본 오사카에도 다녀왔는데 손님의 입장으로 일본 식당들의 친절한 서비스를 체험한 후 직원들의 고객을 대하는 마인드가 달라졌음을 느꼈다.

직원들을 2교대로 나눠 근무토록 하는 것도 이곳의 차별화 전략이다. 일에 너무 찌들면 오히려 업무의 능률이 오르지 않는다는 점에 착안해 직원들을 점심과 저녁 영업조로 구분해 하루 6~7시간동안 근무토록 하고, 피크 타임에는 2시간씩 아르바이트 직원을 고용하고 있다. 또한 일요 영업을 쉬는 것도 직원들에게는 정신적인 여유를 갖게 해 업무 능률향상에 도움이 되었다는 평가다.

〈표5〉 엘림 들깨 칼국수 기본 정보

개업일	2007년 10월
주요메뉴	들깨칼국수·들깨수제비·들깨칼제비(6000원), 고기만두(5000원), 보쌈(中2만8000원), 수육(1만원)
회전율	평일 14~15회전, 토요일 20회전
전화번호	02-996-2583
주소	서울시 강북구 삼각산로 67
영업시간	11:30~21:30
정기휴일	매주 일요일
규모	60석

엘림 들깨 수제비.칼국수의 벤치마킹 포인트를 요약해보면 다음과 같이 정리할 수 있다.

첫째, 추억과 향수를 부르는 정겨운 공간으로 고향집처럼 정겹게 느껴지는 외관과 실내분위기는 오래된 세월만큼 고객들에게 향수를 느낄 수 있는 공간역할을 톡톡히 하고 있다. 이곳에서 식사를 하면서 고객들은 마치 고향의 어머니가 해주신 밥을 고향집 안방에서 먹는 것 같은 느낌을 받는다.

둘째, 6000원의 행복이 있다. 들깨수제비+수육+보리밥의 메뉴 구성은 고객들에게 저렴한 가격, 푸짐한 양, 건강한 음식을 제대로 대접받는다는 행복을 안겨준다.

셋째, 1인분씩 진공 포장한 면으로 회전율을 높이기 위해 고안한 방법 가운데 하나가 주방의 시스템화다. 면은 별도 공장에서 제조해 1인분 140g씩 개별 포장해서 매일 공수한다.

넷째, 묵은지의 똑똑한 활용법이다. 수육은 서비스로 제공되지만 묵은지 없는 수육은 생각할 수 없다. 김장철에 몇 천 포기씩 담가 1년씩 숙성시켜 제공하는 묵은지는 중장년층 고객들의 향수를 일깨워줄 뿐만 아니라 여름 장마철 배추값이 천정부지로 오를 때 활용하면 원가관리에도 매우 효과적이다.

다섯째, 일정한 맛을 유지하기 위해 염도계를 사용한다. 기본적인 맛은 처음과 거의 변함이 없지만 기본을 해치치 않는 선에서 블라인드 테스트를 통해 조금씩 업그레이드 하고 있다. 특히 염도계 사용을 습관화해 육수, 겉절이 양념장, 묵은지 등의 짠맛을 일정하게 조정한다.

여섯째, 대표의 따뜻한 배려와 유머러스한 접대가 고객만족을 가져온다. 여성과 가족 고객들이 주요 고객층인 만큼 전 좌석이 금연이다. '99세 미만은 금연입니다' 금연 문구도 재밌다. 점심시간에는 주류 판매를 중단한 것도 한몫을 했다.

2) 30년째 이어지는 단골 거래처 〈종로할머니 손칼국수〉

창업자의 입장에서 프랜차이즈 창업의 가장 큰 리스크는 본사의 부실이다. 특히 트렌드를 좇다 망하는 경우는 어디 하소연 할 곳도 없다. 그보다 일부 창업자 본인부터 '2~3년 정도만 잘하면 된다' 고 말하는 경우가 허다하다.

누구의 잘잘못을 따지는 것조차 의미 없는 시간으로 치부될 그때 가장 피해보는 사람은 결국 고객이다. 고객은 오랜 시간 꾸준히 한 자리를 지키고 변치 않는 맛을 제공받기를 원한다. 그런 점에서 한 장소를 지키고 변치 않는 맛을 유지하는 곳이 바로 〈종로할머니 손칼국수〉이다.

(1) 변하지 않는, 그러지 않을 '원칙'

〈종로할머니 손칼국수〉의 1대 강진석 할머니는 30년 전 종로의 골목 한 구석에 자리를 잡았다. 이전 30여년간 국수장사를 해오다 자식들의 '그만 쉬시라'는 성화에 못 이겨 힘겹게 6개월을 쉰 후였다. 쉬는 것이 더 힘들었던 강 할머니였기에 조용히 소일거리로 13.2㎡(4평) 규모의 작은 가게를 시작했다. 메뉴는 그간 줄곧 이어온 국수가운데 칼국수였다. 낭중지추라 했던가. 강 할머니의 손맛에 입소문이 퍼졌고 하나 둘 모이기 시작했다. 당시 고사리 손으로 어머니 손을 꽉 잡고 찾았던 아이가 이제는 30대 혹은 그 이상을 바라볼 나이가 되어 다시 찾고 있다.

〈종로할머니 손칼국수〉는 27년째 그렇게 자리하고 있다. 심지어 대형마트에서 더욱 저렴하게 구매해 마진을 높일 수 있음에도 불구하고 거래처 역시 그대로다. 처음 강 할머니가 장사를 시작하여 지켜오던 원칙이 있다. 면은 반드시 손으로 썰어야 하며 재료는 신선해야 하고 김치는 매일 담가야 한다는 것이다. 그리고 무엇보다도 정성이 담겨 있어야 비로소 '손맛'이 우러나온다는 것이다. 가게의 일손이 부족해 어머니를 돕다 2대로 물려받게 된 조순희 할머니는 당시를 이렇게 회상하며 손으로 면을 썰고 매일 김치를 담근다는 것은 어찌 보면 쉬운 일이지만 그만큼 지키기 어려운 것임을 강조한다.

(2) 3대는 우리가 이어갑니다

맛집에는 그 노하우를 배우기 위해 찾아가는 사람도 많다. 〈종로 할머니 손칼국수〉를 찾아간 이도 셀 수 없다. 이로 인해 전수창업으로 이어진 경우도 있으나 결국 간판 외에 똑같이 하는 곳은 없었다.

㈜종로FnC는 그 정성과 맛에 대한 철학과 자부심이 남다르다. 특히 "모든 가맹점주가 잘 되게 노력하겠다"는 ㈜종로FnC 일동의 다짐을 가슴 깊이 새기고 굳건히 믿고 있다.

㈜종로FnC는 지난 2010년 법인을 등록해 〈종로할머니 손칼국수〉를 전국 프랜차이즈로 확장하였다. 그간 수많은 시행착오를 거친 끝에 본격적인 확장에 나선 것이다.

(3) 빠르고 건강한 〈종로할머니 손칼국수〉

건강식에 대한 관심도 날로 높아만 가는 이때, 특히 나트륨섭취량과 같은 문제가 대두되고 있는 현실이다. 더군다나 칼국수는 라면에 버금간다는 분석 결과까지 나왔다. 그러나 〈종로할머니 손칼국수〉는 면과 육수를 따로 조리하는 방식으로 나트륨 함량을 최소화 했다. 면에 육수를 부어서 먹으면 면이 가지고 있는 염분이 최대한 줄어든다. 사실 이 역시 25년째 이어오는 전통 방식이다.

〈종로할머니 손칼국수〉는 스마트형 매장을 도입을 계획했다.

소형점포에 테이블수가 적다고 수익까지 적은 것은 아니다. 작지만 똑똑한 시스템을 도입해 적용하면 수익향상과 더불어 전문성과 노하우가 집약돼 창업자와 소자본창업자들에게 새로운 방향을 제시해주는 모델이 되고 있다. 이는 기존 소형매장의 한계였던 품질의 문제점을 개선함으로써 고품질의 제품을 간편하고 합리적인 가격으로 만족할 수 있었기에 가능해졌다.

인터넷 시대, 이제 비밀이란 없다. 〈종로할머니 손칼국수〉의 비법도 알고자 하는 사람은 다 알 수 있는 세상이 됐다. 하지만 '손맛'만큼은 절대 아무나 흉내 낼 수 없다. 그 비밀은 다름 아닌 신선한 재료를 씻는 과정부터 하나하나 정성을 들여야 한다는 단순한 것에서부터 출발한다.

그 경쟁력의 핵심을 요약해보면 다음과 같이 정리할 수 있다.

첫째, 예비창업자들이 〈종로할머니 손칼국수〉를 선택해야 하는 이유는 칼국수가 누구나 좋아하고 즐기는 대표적인 서민음식이기 때문이다. 그런 서민음식이 최근 들어서는 밀가루 값 인상 등을 들어 가격이 천정부지로 치솟는 등 더 이상 서민음식이 아니게 됐다.

이곳은 남녀노소 입맛에 맞는 25년 전통의 맛을 살린 손칼국수를 저렴한 가격에 푸짐하게 제공해 만족도를 높이고 있다.

둘째, 브랜드만의 최대 무기는 30년 전통의 할머니 손맛을 그대로 담았다는데 있다. 또한 본사 ㈜종로FnC의 모기업인 '모스트 디자인'의 탄탄한 자금 지원 아래에서 안정성을 확보하고 있고 CEO의 철학도 전통을 지키는데 주안점을 두고 있다. 2년간에 걸쳐 시스템을 갈고 닦은 이유다.

3) 전통의 깊은 맛을 담은 칼국수 명가 〈강남교자〉

칼국수 명가 〈강남교자〉는 지난 2011년 국내 대표 프랜차이즈 기업 교촌과 손잡고 본격적인 가맹사업을 시작했다. 30년 경력의 명장의 맛을 프랜차이즈로 구현하는 것을 목표로 했던 강남교자는 론칭 3년째를 맞은 지금 그 결실을 거두고 있는 중이다. 무엇보다 '전통'과 '시스템'이 충돌하지 않고 시너지를 내고 있다는 점이 고무적이다.

2011년 9월 브랜드를 론칭한 〈강남교자〉는 직영1개를 포함 약 17개 매장을 보유하고 있으며, 자연과 웰빙지향 공간이라는 콘셉트를 갖고 있다. 이곳의 주요메뉴는 칼국수, 교자만두, 완당떡국, 비빔국수, 닭보쌈이며 입지전략은 지역 거점 로드숍이다.

창업비용은 132.2㎡/40평 기준 1억8000만원 정도다.

〈강남교자〉의 경쟁력을 종합해보면 첫째, 30여 년 전통 칼국수

장인과의 전략적 제휴를 통한 검증된 맛이 있다.

둘째, 교촌 그룹의 브랜드 경쟁력으로, 기업의 노하우 및 인프라를 활용한 안정적인 물류 유통 시스템을 갖추고 있다.

셋째, 대중성 있는 안정적인 아이템으로 한국인이라면 누구나 좋아하는 창업시장 스테디셀러 메뉴를 갖추고 있다는 점을 들 수 있다.

(1) 칼국수 명가, 시스템을 만나다

지난 2011년 본격적인 가맹사업을 시작한 「강남교자」는 명동칼국수에서 30여 년 간 조리장으로 근무했던 칼국수 명장과 교촌이 만나 전통과 시스템이 시너지를 일으킨 사례로 평가받고 있다. 강남교자 가맹 사업의 성패는 장인의 비법을 가맹점에서 일괄적으로 구현할 수 있느냐가 관건이었다. 레시피를 알려주고 끝나는 전수창업에 그치는 것이 목표가 아니었던 만큼 교촌그룹이 구축한 기존 인프라를 통해 전 매장에서도 균일화된 맛이 가능하도록 안정적인 시스템으로 풀어냈다. 육수와 면을 매장에 일괄 납품하고 선도 유지를 위해 저온 유통 시스템으로 1일 배송하는 등 표준화에 주력한 것이다.

강남교자는 교촌의 안정적인 시스템을 바탕으로 시너지를 극대화하되, 기존 강남교자가 가진 브랜드의 정통성을 지키는 데 초점을 둔 가맹사업을 전개하고 있다. 어느 매장을 가더라도 변함없는 맛과 정성을 고객들이 느낄 수 있도록 하는 것이 최우선 목표였기에 가능했다.

(2) 칼국수 장인의 맛 그대로 구현

강남교자에 대해 고객이 가장 기대하는 것은 단연 음식의 맛이다. 강남교자는 칼국수 명장이 만드는 장인의 맛을 그대로 구현하는데 주력하고 있다.

대표 메뉴인 칼국수는 오랜 시간 은은하게 우린 진하고 담백한 닭육수에 잘 숙성한 쫄깃한 생면이 조화롭게 어우러진다. 칼국수와 절묘한 궁합을 이루는 만두는 육질 좋은 국내산 돼지고기와 향긋한 호부추, 갖은 채소로 만든 소를 고소한 참기름과 강남교자만의 비법양념에 섞어 한입크기로 빚어낸다. 계절메뉴인 초계국수나 콩국수 등도 인기이며, 프리미엄 매장에서 맛볼 수 있는 강남 샤브샤브, 닭보쌈 등은 가족 외식 및 저녁 안주로도 각광받고 있다.

로드숍 및 전문식당가 전용메뉴인 닭보쌈은 닭 한 마리를 전통 훈연기법으로 조리한 것으로 담백하고 부드러우면서 은은한 훈연향이 돋보이는 닭수육이다. 부추찜과 신선한 채소쌈과 함께 먹으면 더욱 별미다. 칼국수에서 빠질 수 없는 중요한 반찬인 김치 역시 국내산 식재료를 사용함은 물론, 본사에서 완제품을 당일 배송해 신선한 것이 특징이다. 강남교자는 마늘의 아린맛을 줄이고 개운하면서도 시원한 김치를 제공, 강한 마늘향을 싫어하는 젊은 고객들에게도 큰 호응을 얻고 있다.

식기 또한 품격을 더했다. 활용도를 높이기 위해 놋과 스테인리스를 혼합한 식기를 사용, 음식의 보온성과 더불어 품격 있는 담음새를 선보이고 있다.

(3) 브랜드 가치 높이는 입점전략으로 가맹사업 활성화

그동안 강남교자는 백화점 및 마트 등 유통매장 위주의 입점전략을 펼쳐왔다. 강남교자 측에 따르면 이것은 의도한 전략이라기보다는 브랜드 가치를 먼저 인정받은 경우다.

강남교자가 가지는 대중성 및 브랜드 가치를 높게 보고 먼저 입점 제안을 받은 경우가 많았다. 브랜드 입장에서 인지도 제고 및 유통점 내 자체 관리감독으로 인한 초반 내실 다지기에도 효과적이었다.

현재 강남교자는 가맹점 타입을 3가지로 나누어 가맹사업을 진행하고 있다. 66㎡(20평) 이내의 소형매장 '주니어' 타입, 132㎡(40평) 이내 규모의 '베이직', 그리고 프리미엄형의 '플러스' 매장으로 구분하여 각각 형태에 맞춰 메뉴군 및 전략을 달리해 가맹사업을 진행하고 있다.

〈표6〉 가맹점 타입

	주니어	베이직	플러스
형태	푸드코트 & 소형매장형	로드숍형	프리미엄형
입지상권	백화점 및 쇼핑몰 푸드코트 / 역세권 및 오피스 상권	신도시 등 대형 아파트 단지 / 쇼핑몰, 대형마트 인근 역세권 및 복합소비상권	백화점 전문 식당가 / 주차가 가능한 복합상권 및 교외 상권
판매메뉴	칼국수, 만두, 계절메뉴	칼국수, 만두, 만두전골, 계절메뉴	칼국수, 만두, 만두전골, 샤브샤브, 계절메뉴
기준면적	66㎡(20평 이내)	132㎡(40평 이내)	132㎡ 초과
투자비용	1억~1억5000만 원	2억~2억5000만 원	3억 이상
객단가	7000원	8500원	1만 원
예상매출	90만 원/일	150만 원/일	200만 원/일

주: 예상매출액은 상권 및 입지에 따라 달라질 수 있음.

4) 서양 해물스프·짬뽕·칼국수를 한 그릇에, 〈토마토짬뽕칼국수〉

토마토짬뽕칼국수는 이국적 스타일을 가미한 칼국수다. 이탈리아 해물스프라 불리는 '빠쉐'를 기반으로 맛을 낸 것이 특징. 다양한 칼국수를 선보이는 퓨전한식 전문점 〈중심〉에서 가장 인기 좋은 메뉴로 꼽힌다. 〈중심〉의 주 고객층인 20~30대 여성이 많이 찾는다.

주재료로 홍합, 새우, 주꾸미 등 해산물을 사용해 감칠맛을 높였다. 미리 끓여둔 바지락 육수도 국물 맛의 깊이를 더해주며, 토마토의 새콤하고 시원한 맛도 칼국수와 이질감 없이 어울린다. 페페론치노와 고추씨 등을 사용해 국물을 매콤함과 깔끔함을 살려 밥을 말아 먹어도 어울릴 만하다.

짬뽕칼국수라 이름붙인 만큼 재료들을 웍에 한 번 볶아 만드는데, 이때 불맛을 가미하는 것이 토마토짬뽕칼국수의 포인트로, 불맛을 위해 재료는 1인분 분량씩만 볶아 준비한다. 또한 이곳의 칼국수는 모두 초록색과 노란색이 더해진 3색 면을 사용한다. 초록색은 시금치를, 노란색은 단호박을 직접 갈아 넣어 손반죽하며 2일간 냉장숙성을 거친다. 숙성한 면은 바로 사용하지 않고, 간이 배도록 바지락 육수에 한 번 데치듯 익혀 넣는다. 면은 약 200g 정도 푸짐하게 제공하고 있다.

토마토짬뽕칼국수의 가격은 1만원으로, 토마토까지 들어가 시원한 국물 맛에 해장으로 인기가 좋다.

5) 가성비 최고, 〈황기순의 홍두깨 손칼국수〉

〈황기순의 홍두깨 손칼국수〉는 손칼국수, 냉면, 수제 왕돈가스 등 다양한 메뉴들을 2900~6000원에 선보이는 저가형 프랜차이즈 브랜드다. 여러 체인점 중 서울 길동 골목시장 안에 위치한 황기순의 홍두께 손칼국수 길동점은 이곳만의 독특하고 파격적인 특선메뉴들을 구성해 지역주민에게 사랑받는 것은 물론, 언론매체에 다수 출연하는 등 강소 맛집으로 꼽히고 있다.

길동점은 2012년 오픈과 동시에 '1000원 잔치국수'를 로스리더 상품으로 구성해 지금까지 유지하고 있다. 현재 1000원 잔치국수를 빼놓고는 길동점을 설명할 수 없을 정도로 유명하다.

1일 100그릇을 한정 판매하는 잔치국수는 대표메뉴인 손칼국수의 육수 및 부재료와 동일한 것을 사용하고 면만 소면으로 바꾼 것이다. 오픈 당시 칼국수의 핵심인 개운한 육수 맛을 많은 사람들에게 알리기 위해 구성했다. 1000원이라는 획기적인 가격에 판매하면서 푸짐한 양, 김치 무한제공 등을 고려하면 마진이 거의 없다.

누가 봐도 잔치국수 자체로 수익을 확보할 수 있는 구조는 아니다. 우선 잔치국수로 고객들에게 매장 인지도와 맛에 대한 신뢰도를 심어주고, 이후 다른 메뉴에도 관심을 갖도록 유도하거나 만두와 같은 추가주문으로 연결되는 것을 공략했다.

잔치국수는 본격적인 점심시간 전인 11시경이면 100그릇이 매진되는 날이 허다할 만큼 인기가 높다. 영업 측면에서 긍정적인 효과는 분명 있지만, 로스리더 상품이 안정화되기까지 그에 따르는 고충을 겪기도 했다. 웨이팅이 있을 정도로 바쁜 식사시간에 단체로 와 잔치국수만 여러 그릇 주문하거나, 매진됐다고 말하면 뒤도 안돌아 보고 나가는 고객들로 인해 영업에 혼선을 빚기도 하고 경영주 입장 에서 마음에 상처를 입기도 한 것이다. 그러나 이곳 대표는 이러한 단점보다도 로스리더 상품의 긍정적인 효과를 높이 평가한다. 잔치 국수를 고객서비스 개념으로 여기고 꾸준히 제공한 결과 다른 메뉴 들의 주문율도 서서히 상승했으며, 동네 상권 중에서도 '맛이 좋으 면서도 매우 저렴한 곳'으로 당당히 인정받고 있다.

그간의 시행착오를 통해 노하우를 가다듬은 그는 최근 로스리더 상품을 한 가지 더 추가했다. 6피스에 2900원인 '저가형 초밥'이 그것이다. 이를 통해 가격대가 좀 더 높은 실속형(12피스, 5900원), 프리미엄(18피스, 8900원) 초밥 판매로 유인했다. 로스리더 상품이라 고 해서 낮은 품질로 눈속임한다면 고객의 신뢰도는 한순간에 무너 질 것이다. 꾸준하게 실행해야 결과를 얻을 수 있는 만큼 신중히 결 정하고, 사전에 투자대비 기대효과 등을 철저히 점검해봐야 한다.

III

수제비 · 콩국수 · 쫄면 · 탄탄면

1. 수제비

1) 수제비의 유래와 발전

수제비는 밀가루 반죽을 손으로 뜯어서 끓는 육수에 넣고 익혀낸 요리다. 반죽의 형태를 제외한다면 칼국수와 매우 흡사하다.

칼국수를 수제비라고 부르는 지방도 있다. 그 지방에서는 위 그림과 같은 수제비는 '뚝수제비'라고 구분해서 부른다. 사실 국수보다는 파스타에 가깝다. 이 음식은 가난의 상징 중 하나로 불리지만 수제비가 가난의 상징으로 꼽히게 된 역사는 해방 후 미군정 이후부터였기에 사실상 짧다. 오히려 조선시대 때는 밀이 귀했기 때문에 조선시대까지만 해도 수제비는 귀한 음식이어서 양반들의 접대 요리로도 쓰였었다. 당시엔 '운두병(雲頭餠)'이라는 이름으로 불렸다.

수제비가 서민 음식으로 굳어지게 된 건 미국의 밀가루 보급이 시작된 미군정 때로, 비교적 최근 일이다. 이 시기는 6.25전쟁까지 긴 대한민국 사상 최고로 암울했던 시기라 살아남으려면 뭐든 먹어야 했고 미군이 준 밀가루는 싼값에 유통되었기 때문에 밀가루 말고는 답이 없었다. 개중에서도 싸고 빠르게 취식할 수 있었던 수제비가 선호되었는데, 먹을 것이 없는 만큼 이 수제비도 지금처럼 부재료가 풍부하게 들어간 스타일이 아니라 소금간만 해서 물에 끓여낸 맹탕이었다.

밀가루를 반죽하고 일일이 뜯는 것이 귀찮다면 만두피를 이용해도 좋다. 얇고 야들야들한 식감을 좋아하는 사람은 이쪽이 훨씬 나을 것이다. 그냥 시중에 있는 만두피를 이등분해서 분리해 넣으면 끝이다. 수제비라기보다는 넓은 파스타면 같은 느낌이 난다.

2) 원재료비 낮고 손 쉬워 소자본창업에 적합

수제비는 가정에서도 즐겨 해먹는 친근한 음식이지만 칼국수와 비교할 때 전문점 수가 현저하게 적다는 특징을 가지고 있다. 인터넷 포털사이트 지도를 이용해 칼국수 전문점을 찾아보면 1만7439개가 나오는데 반해 수제비 전문점은 불과 1743개밖에 검색되지 않는다. 틈새아이템이란 얘기다. 젊은층에게는 입맛이 없을 때 간단히 먹을 수 있는 별미로, 중장년층에게는 추억의 음식으로 소구할 수 있다.

(1) 보릿고개를 함께 했던 동반자

수제비란 말은 손을 뜻하는 한자 '수(手)'와 접는다는 의미의 '접(摺)'이 합쳐져 '수접'이라 부른 데서 유래됐다. 지금은 흔히 먹을 수 있지만 밀이 귀했던 조선시대에는 국수와 함께 양반집 잔치 음식 중 하나였다. 밀이 없을 땐 쌀가루를 이용해 만들어 먹었다는 기록이 남아 있을 정도니 조선시대부터 별미 음식으로 인정받았던 모양이다.

수제비가 대중들의 한 끼 식사메뉴로 자리를 잡기 시작한 건 한국전쟁 이후 미국이 잉여농산물이었던 밀가루를 무상 제공하면서부터다. 이후 1960년대 말 보릿고개를 탈출할 때까지 수제비는 서민들이 배를 채우기 위해 가장 손쉽게 그리고 가장 자주 만들어 먹던 음식이었다. 1980~1990년대 경제 성장과 함께 가족 외식 문화가 발달하자 수제비는 주식에서 점차 별미 음식으로 탈바꿈하게 된다. 하지만 IMF 사태 발생 후 약 1년이 지난 1998년 11월 2일자 매일경제신문에 명동대로 변에 수제비 집이 생겼다는 기사가 실려 있는 걸 보면 우리나라 사람들은 힘들 때마다 수제비를 떠올렸던 것 같다.

호황기에는 별식으로, 경기 침체기에는 일상 음식으로 언제나 우리 곁을 지켜주던 존재, 그게 바로 수제비다.

(2) 최대 장점은 낮은 원가율

수제비 전문점을 운영할 경우 가장 큰 장점은 원가율이 낮다는 점이다. 임대료, 인건비, 광열비 등을 제외한 원재료비만을 고려할 때

수제비만큼 매력적인 아이템도 드물다. 고급 밀가루 20kg에 물과 소금을 넣어 반죽할 경우 대략 150인분 분량의 반죽을 만들 수 있는데 이때 드는 원가는 고작 2만5000원 정도에 불과하다. 수제비 전문점이 푸짐한 콘셉트로 가야 하는 건 이 때문이다. 손님이 놀랄 만큼의 양을 제공해도 실제 원가는 크게 상승하지 않는다는 얘기다.

두 번째 장점은 오퍼레이션이 간단하다는 점에 있다. 일단 다양한 반찬을 만들 필요가 없다. 맛있는 김치 하나면 충분하다. 반죽은 기계 반죽을 추천한다. 수제비의 식감도 더 좋을뿐더러 노동 부담도 확연히 줄어든다.

황학동 중앙시장에 가면 반죽 기계를 130만원 정도에 구매할 수 있다. 또한 반죽을 낸 후 하루 정도 저온 숙성하면 반죽이 손에 달라붙지 않아 수제비 뜨는 작업이 한결 수월해진다. 게다가 기성품을 사용할 경우 일일이 수제비를 뜨는 번거로움으로부터 해방될 수 있다.

또 한 가지 기억해야할 포인트가 있다면, 수제비 육수는 멸치, 다시마, 바지락, 사골 등 다양한 재료를 사용해 낼 수 있지만 간을 맞출 때는 반드시 조선간장을 사용해야 한다는 점이다. 조선간장 특유의 깊고 깔끔한 맛은 소금으로는 낼 수 없다.

(3) 수제비의 다양한 활용 방안

수제비 전문점의 가장 큰 약점은 저녁 매출이 약하다는 데에 있다. 춥고 배고픈 시절에 먹던 음식이라는 점 때문에 건강식이란 이미지와도 거리가 멀다. 부추엑기스를 반죽에 섞는다든지, 육수에 들깨를 넣는 방식으로 '웰빙' 이미지를 소구할 필요가 있다. 낙지, 전복, 문어와 같은 해산물을 활용하면 고급 수제비라는 인식을 소비자에게 심어줄 수 있을 뿐만 아니라, 해산물을 이용한 안주 개발을 통해 저녁 매출 향상도 노려볼 수 있다.

수제비는 고깃집에서도 주목할 만한 아이템이다. 육수에 김치 국물 등을 넣어 시원하고 얼큰한 맛을 구현해 중간 서비스 메뉴로 제공하면 추가 고기 주문을 유도할 수 있다. 후식 메뉴로 활용할 수 있음은 물론이다.

3) 수제비로 번영 이룬 우수브랜드 성공전략

(1) 끊임없는 연구로 탄생한 한정 판매 수제비, 경기 성남시 〈연남수제비〉

분당구 미금역 근처에 위치한 〈연남수제비〉는 손님의 80%가 서울, 수지, 동탄 등에 사는 외지인일 정도로 지명도가 높은 집이다. 평일에는 120인분, 주말에는 160인분만 한정 판매한다. 메르스 전에는 200인분을 판매했지만, 요즘은 판매량을 조금 줄였다. 한정 판매를 계속하는 이유는 재료에 대한 원칙을 지킴으로써 일정한 맛을 유지하기 위해서다.

육수는 멸치를 베이스로 하는데 남해안에서 10월에 잡힌 오사리 멸치만 구입 사용한다. 멸치가 가장 많은 영양분을 몸속에 지니고 있는 시기가 10월이기 때문이다. 3~5분만 끓여도 멸치 맛이 우러나기 시작하는 오사리 멸치에 디포리, 다시마, 대파, 양파, 무를 넣고 4시간 동안 끓여 내는 육수는 일반 수제비 전문점에 비해 훨씬 진하다. 멸치는 물론이고 수제비를 만드는 데 필요한 모든 채소, 양념 등은 당일 구입해 직접 손질한 것만 사용하며, 남은 재료는 전량 폐기 처분한다. 얼큰수제비도 멸치수제비 못지않은 인기메뉴다.

얼큰수제비만을 위해 직접 담근 김치를 잘게 다진 후 직접 짠 참기름에 살짝 볶아 멸치 육수에 넣는다. 반죽을 할 때도 밀 껍질을 제거하고 제분한 최고급 밀가루만 사용한다. 중력분에 천일염을 넣은 간수로 한 시간 정도 기계 반죽한 후, 1~2℃의 저온에서 2시간 정도 숙성한다.

이곳 대표의 수첩에는 개업 후 지금까지 연구해온 수제비 관련 레시피가 빼곡히 적혀있다. 수제비에 들어가는 재료 각각의 무게가 1g 단위까지 기록돼 있을 정도다. 지금까지 3단계로 끓여오던 육수를 연구 끝에 2단계로 줄여 맛이 한결 좋아졌다는 그의 연구는 현재진행 중에 있다.

(2) 전(煎)을 활용해 저녁 매출 유지, 서울 중구 〈을지수제비〉

〈을지수제비〉는 1980년대 중반에 문을 연 수제비 전문점으로 전북 고창 출신의 현 대표가 2006년 인수해 영업을 이어 오고 있다. 을지로3가역 근처 작은 골목에 위치해 있는 불리한 입지에도 불구하고 끊임없이 손님이 찾아오는 집이다. 49.59㎡(15평) 규모의 작은 가게지만 점심시간 1시간 30분 동안 5~6회전이 될 정도로 장사가 잘 된다.

시원하고 구수한 맛이 일품인 육수는 멸치, 다시마, 보리새우, 북어대가리, 양파 이렇게 5가지 재료만 넣고 한 시간 동안 끓여낸다. 핵심 재료인 멸치는 오장동 중부시장에서 구입하는데 여수산 중간크기 멸치를 사용한다. 수제비는 중력분에 소금물과 소량의 식용유를 넣고 15분간 기계 반죽한 후 3~4℃의 온도에서 24시간 저온 숙성한다. 두툼하고 투박한 식감이 특징인데 집에서 만든 수제비 같다며 좋아하는 손님이 많다. 을지로라는 입지 상 중장년층 손님이 많을 것 같지만 젊은 손님들도 많이 찾아오며 남성과 여성의 비율도 거의 같다.

점심 매출의 비중이 큰 대부분의 수제비 전문점과 다르게 〈을지수제비〉는 저녁매출이 전체 매출의 40%를 차지하는데 그 비결은 전의 판매에 있다. 전의 종류로는 파전, 굴전, 생선전, 감자전, 김치전, 그리고 이들을 합한 모둠전 등이 있다. 수제비에 들어가는 굴과 조갯살, 감자, 그리고 수제비 집에 흔한 밀가루 이외에 전 판매를 위해 구입하는 재료는 달걀과 생선전용 동태살뿐이다. 수제비 재료를 전에 접목시키는 아이디어로 재료 구매에 대한 부담을 덜고 있는 것이다. 반찬으로 제공되는 열무김치를 활용해 열무비빔밥을 판매함으로써 점심에 밥을 찾는 손님의 니즈도 충족시키고 있다. 저녁 매출 부진으로 고민하는 수제비 전문점 점주들이 참고해야할 점이다.

(3) 김치 국물로 만드는 경상도식 '갱시기', 서울 영등포구 〈뽕씨네 얼큰수제비〉

〈뽕씨네 얼큰칼국수〉 대표의 고향은 대구다. 어린시절 친정어머니가 끓여주던 경상도식 김치수제비, 일명 '갱시기'를 자주 먹고 자랐다는 여주인장이 1986년 영등포에 오픈한 가게가 〈뽕씨네 얼큰칼국수〉다. 원래는 상호에 '갱시기'를 넣으려다 인지도가 낮았던 탓에 할 수 없이 얼큰수제비라는 이름을 붙였다.

이곳 수제비의 맛은 개성이 뚜렷하다. 맹물에 김칫국물, 미역, 밥,

호박을 한꺼번에 넣고, 끓기 시작하면 5분 정도 더 끓인 후 손님 상에 내는데 시원하고 칼칼한 국물이 해장에 제격이다. 수제비의 식감도 독특하다. 대부분의 수제비집이 중력분으로 반죽을 하는데 반해 이곳에서는 보통 빵을 만들 때 사용하는 강력분만 사용한다. 8분간 기계로 반죽한 후 1~2℃의 온도에서 24시간 저온 숙성하는데 쫄깃하면서도 딴딴한 식감이 입맛을 당기게 한다.

얼큰수제비인 만큼 중년층보다는 30대 손님의 비중이 높고, 매운맛을 선호하는 여성 고객에게 인기가 많다. 66.11㎡(20평) 넓이의 가게에는 10개의 테이블이 놓여 있는데 점심시간 동안 3회전 정도가 이루어진다. 점심 매출이 전체 매출의 70%를 차지하며, 소문을 듣고 찾아오는 손님이 많기 때문에 주말 매출이 평일 매출의 2배다. 수제비 안에 밥도 들어있어 밀가루 음식만으로는 허전함을 느끼는 고객에게 소구하고 있는 점도 이 집의 장점이다. 핵심 재료인 김치는 1년에 3번 직접 담근다. 수제비에 최적화된 김칫국물을 만들기 위해 숙성에 특별히 신경을 쓴다. 반찬으로는 김치 대신 직접 만든 단무지를 제공한다. 매운맛 조절이 가능하며 고깃집 경영자나 창업 예정자는 후식 메뉴 준비를 위해 벤치마킹해야 할 업소다.

수제비 최고의 강점은 낮은 원재료비(10% 미만)에 있다. 기계 반죽을 하면 오퍼레이션 단순화가 가능하다.

수제비 반죽은 저온 숙성 후 뜨기 전에 20~30분 상온 보관하면 작업 효율이 상승하고 다양한 연령층에도 소구가 가능하다. 중장년 층에게는 소울 푸드, 젊은 층에게는 별미가 된다.

오피스 상권에서는 밥을 제공하면 효과적이다. 여성 고객이 많은 상권에서는 얼큰수제비 콘셉트가 효과적이며, 고깃집 후식 메뉴로 활용도 가능하다. 상권에 따라 유연성 있는 가격 책정이 필요하다.

2. 콩국수 · 쫄면

고소한 맛의 콩국수와 매콤달콤한 소스가 인상적인 쫄면은 서로 다른 매력의 소유자지만 편안하고 친근한 서민음식이라는 공통점이 있다. 전문점이 아니더라도 한식당, 중식당, 분식점에서 여름철 계절 메뉴로 꾸준히 사랑받아 왔으며 최근 들어서는 고객들의 입맛이 고급화 되면서 전문점 수준의 맛을 구현해내는 곳이 늘어나고 있다.

1) 시원한 계절메뉴로 매출 UP

냉면만큼 여름을 대표하는 면류는 아니지만 칼국수같이 온면을 취급하는 식당에서는 여름철이면 으레 콩국수를 내놓아 매출 부진을 만회한다. 요즘은 고단백 저칼로리 건강식이라는 인식이 강해지면서 1년 내내 찾는 고객들도 많아져 아예 콩국수를 고정 메뉴로 내놓는 식당이 많아졌다. 국수류를 전문적으로 취급하지 않는 한식당이나 중식당, 분식집에서도 여름메뉴로 콩국수를 내놓기도 한다.

쫄면은 냉면을 만들다 실패해서 생겨났다는 일화가 유명할 정도로 냉면과 떼려야 뗄 수 없는 사이다. 학교 앞 분식집부터 전문점에 이르기까지 남녀노소가 찾는 친근한 면류로 이로 잘 끊어지지 않을 정도의 탄력적인 면발에 각종 채소와 아삭한 콩나물, 양념장을 넣고 비벼먹는 맛은 더운 여름철이면 더 생각난다. 쫄면의 면은 대량 생산되는 시판제품을 사용하는 경우가 많지만 최근에는 자가 제면을 하는 쫄면 전문점도 늘고 있는 추세다.

맛과 영양을 가득 담은 별미인 콩국수는 옛날부터 땀을 많이 흘리는 여름철, 서민들의 단백질 보충 음식으로 애용돼 왔다. 조선시대 유학자 이익의 성호사설(星湖僿說, 1723)에 따르면 콩이 서민들의 보양식이었다는 것을 알 수 있다.

가난한 백성이 목숨을 유지하는 것은 오직 콩 덕분이라며 맷돌에 갈아 국물을 내어 먹으면 구수한 맛이 먹음직하다고 되어 있다. 1800년대 말에 나온 조리서 시의전서(是議全書)에도 콩국수에 대한 내용이 나온다.

콩을 물에 불려 살짝 데치고 맷돌에 갈아 체에 밭친 다음 소금으로 간을 맞추고 밀국수를 말아 고명을 얹는다고 적혀 있다.

콩국수는 단백질과 필수아미노산, 비타민이 풍부한 콩국에 전분이 대부분인 국수를 말아 서로 부족한 영양을 보완한 음식이다. 콩은 밭에서 나는 고기라고 할 정도로 단백질이 풍부한데 필수 아미노산 조성도 뛰어나서 곡류에 부족한 아미노산을 보강하는 역할을 한다. 비타민 B1, B2, A, D 등이 풍부해 땀을 많이 흘리고 식욕이 떨어지는 여름철에 좋은 음식이다.

2000년대 이후 웰빙 바람이 불면서 콩국수가 고단백 저지방 건강식으로 주목받기 시작했다. 동물성 단백질이 아닌 채식 위주의 메뉴라는 점, 칼로리가 낮아 다이어트에도 도움을 줄 수 있다는 점으로 찾는 고객들이 많아졌다.

2) 편리한 분말제품부터 직접 갈아내는 콩국물까지

콩국수는 별다른 양념이나 육수 없이 콩국물과 면만 준비하면 되기 때문에 분식집이나 중국집, 한식당에서도 쉽게 내놓을 수 있다. 이런 업소에서는 대부분 콩국수용 콩국물 분말제품을 물에 풀어 사용하는데 대두분이 60~70% 함유되어 있거나 검은콩가루, 검은깨가루를 넣어 고소함을 살린 제품들이다. 최근에는 냉장유통이 발달하면서 콩국물 자체를 주문해서 사용하기도 한다. 대두의 함량이 70~80% 정도로 높지만 가루형 제품보다 단가가 비싸고 유통기한이 짧아서 업소용보다는 주로 다이어트 건강식 B2C 제품으로 판매된다.

콩국수 맛집이라 불리는 전문점의 경우 콩을 직접 맷돌기계로 갈아 고소한 맛을 살리는데 사용하는 콩과 비율, 부재료 등이 국물맛의 비법이다.

우리나라에서 역사가 깊은 콩국수 맛집을 꼽으라면 서울 시청 근처에 있는 〈진주회관〉을 들 수 있다. 1962년부터 55년째 맛을 이어오고 있는 진주회관은 2013년 서울시로부터 미래유산에 선정됐다. 강원도에서 계약 재배한 토종 황태콩으로 만들어 진득한 콩국물이 특징이다 땅콩을 함께 섞어 고소한 맛을 더하고 다른 곳보다 쫄깃한 면을 사용한다.

진주회관과 함께 서울 3대 콩국수 맛집으로 거론되는 〈맛자랑〉도 20년 넘게 콩국수를 만들어 오고 있다. 아이스크림 콩국수라는 별칭답게 크림처럼 부드러운 콩국물로 유명하다. 강원도 화천에서 계약 재배로 공급 받는 국산 왕태콩이 고소한 국물맛의 비결이다.

3) 여고생들의 영원한 친구, 쫄면

쫄깃한 면에 양배추와 오이, 당근 등 채소를 얹고 매콤, 달콤, 새콤한 고추장 양념을 더해 비벼 먹는 쫄면이 동인천에서 탄생했다는 데에는 이견이 없다. 1970년 대 초 인천시 중구 경동에 있는 광신제면 직원의 실수로 우연히 냉면을 뽑다가 다른 면들을 사용한 것이 쫄면 탄생의 비화라는 것은 유명한 이야기다.

버리기 아까워 공장 앞에 있는 분식집에 줬고, 이를 고추장에 비벼 먹은 것이 최초의 쫄면이라는 설명이다. 일부러 쫄깃한 면을 만들기 위해 연구 끝에 탄생했다는 이야기도 있다. 이후 쫄깃한 면이라고 해서 쫄면이라고 이름이 지어졌고 신포동 분식점에서 전국으로 퍼져 나가면서 대중화됐다.

쫄면이 처음 나왔을 당시에는 너무 질겨 고무줄 국수라고 외면받기도 했고, 구청 직원이 불량식품으로 단속에 나서기도 했다. 그랬던 쫄면이 여고생이 즐겨 먹는 음식 1위가 될 수 있었던 것은 식감과 맛을 한층 업그레이드 시켰기 때문이다. 면발이 질겨서 먹기 힘들고 소화도 잘 안된다는 인식을 탱탱하지만 질기지 않은 생쫄면으로 불식시켰고 빨간 양념의 비빔식 쫄면이라는 고정관념을 깨고 다양한 소스와 부재료, 국물이 있는 온쫄면 등을 소개하면서 계절메뉴라는 한계를 벗어났다.

4) 콩국수·쫄면 우수브랜드의 성공전략

(1) 서울 3대 콩국수 맛집 〈맛자랑〉

일명 아이스크림 콩국수로 유명한 맛자랑은 1990년 오픈해 30년 가까이 콩국수를 만들어 왔다. 처음에는 칼국수집으로 시작했는데 여름메뉴로 시작한 콩국수가 하루 700그릇 이상이 팔릴 정도로 인기를 끌면서 1년 내내 맛볼 수 있는 고정메뉴가 되었다. 온면의 판매가 부진한 여름에는 콩국수가, 콩국수의 판매가 부진한 겨울에는 칼국수가 서로 보완하는 매출 전략으로 1년 내내 높은 매출을 유지하고 있다. 허름한 한옥 1층에서 시작한 칼국수집은 30년 사이에 번듯한 맛자랑 건물로 증축됐다.

① 국내산 토종콩 계약재배로 안정적인 공급처 확보: 콩국수는 콩국물이 모든 일을 다 한다 할 정도로 국물이 핵심이다. 콩국수 전문점이라면 업소에서 직접 콩을 갈아 사용하는 것이 기본이다. 강원도에서 생산되는 국내산 토종콩을 계약재배해서 사용하는 곳이 많은데 최근 심한 가뭄으로 수급이 어려워 안정적인 공급처를 파악하는 것이 중요하다.

맛자랑의 콩국물은 콩의 선별부터 까다롭다. 강원도 화천에서 생산하는 토종 왕태콩을 계약재배를 통해 공급받는데 고소한 맛이 일반콩보다 훨씬 진한 것이 특징이다. 견과류나 다른 부재료 없이 왕태콩만 100% 사용해서 콩국물을 내고 생산지의 저온창고에서 2~3가마(1가마에 70kg)씩 한 달에 15가마 정도를 주문해 사용하고 있다. 재작년까지는 왕태와 백태를 50:50으로 섞어서 썼지만 강원도 지역의 가뭄으로 백태콩의 작황이 좋지 않아 작년부터 왕태만을 사용한다. 가뭄이 들면 콩의 상품성이 떨어지는 만큼 좋은 콩을 얻기 위한 안정적인 공급처를 확보하는 일도 중요하다.

② 아이스크림처럼 고소하고 부드러운 콩국물의 비법: 육수나 별다른 양념장이 필요 없는 콩국수는 콩국물과 면만 준비하면 되기 때문에 차림새가 간단해 보이지만 실은 그렇지 안다. 콩국수의 맛을 콩국물이 좌우하는 만큼 자칫 비린내가 나지 않게 주의해야 하기 때문에 오히려 손이 더 많이 간다.

맛자랑에서는 콩을 삶기 전 썩은 콩, 깨진 콩 등을 손으로 일일이 골라내는데 이런 과정을 거치는 이유는 상품성이 떨어지는 콩을 삶는 과정에서 특유의 비린내가 발생하기 때문이다.

대개 콩국물을 만든다 하면 콩을 일단 불린 뒤 15~20분 정도 삶아 내지만 이곳은 물에 불리지 않고 딱딱한 콩을 그대로 3시간 동안 푹 삶아내는 것이 특징이다. 오랫동안 삶으면서 콩 특유의 비린내를 날려 보내고 완전히 익혀 부드럽게 하기 위해서다.

콩의 분량과 익히는 솥에 따라 시간 차이는 있을 수 있지만 100인분(국수 그릇으로 7그릇) 정도를 삶는 동안 물의 양은 콩의 2배로 계속 유지시키고 뚜껑을 열어 놓은 채 거품을 계속 걷어 내는 것이 잡내를 제거하는 비법이다.

삶은 콩은 흐르는 물에 담궈 콩껍데기를 분리시켜 흘려보내고 2차적으로 썩은 콩을 골라내는 과정을 거친다. 이 과정에서 껍질이 벗겨지지 않은 콩을 손수 골라내 껍데기를 벗긴다. 껍질이 같이 갈리게 되면 꺼끌꺼끌한 식감 때문에 아이스크림처럼 부드러운 맛이 나지 않기 때문이다.

손질이 끝나면 특수 제작한 맷돌기계에 넣고 갈기 시작하는데 이때 끓여서 식힌 냉수를 조금씩 부어주면서 기계에서 발생하는 열을 식히고 콩도 잘 갈리게 만든다. 기계의 열로 콩 특유의 고소한 향이 날아가는 것을 방지하기 위함이다. 이렇게 3번을 반복해서 갈아내면 아이스크림같이 부드러운 콩국물이 탄생한다.

③ 콩국물과 조화를 이루는 生메밀면: 맛자랑 콩국수의 특별한 점은 밀가루면이 아닌 메밀면을 사용한다는 점이다. 하얀색 콩국물과

검은색 면의 이색적인 궁합이 눈길을 사로잡을뿐더러 콩국물의 고소한 맛은 은은한 메밀향과 어울려 한층 더 깊은 맛을 낸다. 특히 시원하게 먹을수록 맛있게 느껴지는 메밀면과 부드러운 콩국물은 환상의 조합을 이룬다.

국수는 공장에 주문 생산해서 사용하는데 매일밤 공장에 주문을 넣으면 아침마다 생면이 배송되는 방식이다. 메밀과 밀가루의 비율은 3:7로 메밀의 비율이 높아지면 콩국물의 향을 감소시키기 때문에 이 비율을 유지하고 있다.

면의 두께는 1mm의 얇은 면을 사용한다. 면 사이사이에 진득한 콩국물을 많이 머금을 수 있도록 얇은 면을 사용하는 것이다. 다른 업소에서는 대부분 2~2.5mm두께의 면을 사용하지만 맛자랑의 면은 더 가는편이라 국물을 숟가락으로 따로 떠먹지 않아도 국수와 함께 떠먹는다는 느낌이 든다.

〈맛자랑〉의 면은 메밀 30과 밀가루 70의 비율로 공장에서 생면을 맞춤 생산 방식으로 공급받고 있다. 국물은 국내산 강원도 왕태콩 100%를 사용한 콩국물로 토마토, 오이(겨울에는 토마토 생략)를 고명으로 얹는다. 식재료 원가율은 40%이며, 일평균 150그릇(7~8월 여름철에는 700~800그릇을 판매하고 있다.

그 밖의 핵심포인트를 살펴보면 다음과 같이 정리할 수 있다.

첫째, 맞춤제작 맷돌기계다. 콩국수 전문점마다 맞춤 제작한 맷돌기계가 하나씩은 있을 정도로 맷돌기계는 콩국수 식당에 없으면 안되는 중요한 보물이다. 매장마다 저마다의 핵심 비법이 맷돌기계에 녹아있어 공개도 어려울뿐더러 맞춤 장소와 비용, 노하우 등은 주인들만 아는 비밀이다. 맛자랑의 맷돌기계는 압출방식으로 천천히 갈아내는 것이 특징이다. 콩을 갈아낸 뒤 매번 뜨거운 물로 소독하는 것도 잊지 말아야한다.

둘째, 소금물로 간 맞추기. 〈맛자랑〉에서는 콩국물을 손님상에 내기 전 심심하게 밑간을 하는데 고소한 맛과 풍미를 더 살려주기 때문이다. 콩국물은 농도가 진할수록 물 상태가 아닌 푸딩같은 반고체 상태이기 때문에 소금이 잘 녹지 않고 아래로 가라앉는다. 이럴 때 간을 맞추는 방법은 소금물로 간을 하는 방법이다. 테이블에도 소금 대신 소금물을 양념통에 비치해 놓아 고객들이 입맛에 따라 간을 맞출 수 있게 했다.

셋째, 세트메뉴 구성과 콩국물 포장판매로 부가 수입을 올린다. 콩국수와 함께 먹을 수 있는 사이드메뉴로 만두와 해물파전이 있다. 혼자 오는 고객이나 2인이 올 때는 이런 사이드메뉴를 시키기 때문에 객단가를 올리는 효과가 있다.

보쌈과 파전, 콩국수(1인분)가 나오는 세트 메뉴는 3~4명이 와서 먹기에 적당한 양이다. 막걸리를 함께 시켜 보쌈과 파전을 먹고 콩국수로 마무리하는 구성이다.

주류 판매로 매출을 올리고 4인이 오면 콩국수 하나를 추가 시켜서 2인이 한 그릇을 나눠먹기 때문에 추가 매출이 발생한다. 콩국물은 1.8L 페트병에 담아 포장판매도 하는데 하루에 평균 50병 정도가 팔린다. 국수 포장을 원하는 경우 메밀면 사리를 3000원에 따로 팔아서 집에서 먹을 수 있도록 했다.

넷째, 멸치액젓으로 맛을 낸 겉절이 김치다. 곁들임 김치로는 푹 익어 새콤한 열무김치와 매일 새로 담그는 겉절이를 함께 내고 있다. 열무김치는 콩국수와 잘 어울리지는 않지만 국수를 먹기 전과 중간중간 입맛을 돋우는 역할을 한다.

콩국수는 겉절이 김치가 중요한데 특히 단맛을 어떻게 내는가가 관건이다. 사과와 배로 자연스러운 단맛을 내고 멸치액젓으로 감칠맛을 낸다. 심심한 콩국수에 겉절이 김치를 싸먹으면 간이 딱 맞을 정도다.

〈맛자랑〉은 서울시 강남구 도곡로87길 7 맛자랑빌딩 1층에 소재하고 있으며, 이곳의 주요메뉴는 콩국수 9500원, 콩국수 세트메뉴(보쌈+해물파전+콩국수)4만 5000원, 만두 5000원, 해물파전 1만 2000원, 콩국물(1.8L) 2만원이며 매장 규모는 32㎡(40평) 내외이다.

(2) 메뉴 한계 극복한 건강 쫄면 〈쫄면家〉

2015년 12월 오픈한 〈쫄면家〉는 흔히 분식으로 생각하는 쫄면을 획기적으로 변신시킨 쫄면전문점이다. 생면을 사용해 쫄깃한 식감은 살리면서 질기지 않은 쫄면을 개발했으며, 시즌메뉴를 통해 차별화했다. 현재는 프랜차이즈 사업도 진행 중이다.

① 주문 제조한 생면으로 맛 업그레이드: 〈쫄면家〉는 오픈한 지 3년도 채 안됐지만 색다른 비빔쫄면과 특별한 쫄면으로 주목받고 있는 쫄면전문점이다. 이곳 대표는 외식 시장에서 쫄면전문점의 가능성에 주목, 맛있는 쫄면을 개발하기 위해 유명한 쫄면 맛집을 찾아다니며 벤치마킹했다. 그러던 중 현재 〈쫄면家〉본점 자리에서 자가 제면 방식으로 운영하는 쫄면전문점을 발견했다. 면발이 쫄깃하면서도 질기지 않아 먹기도 편했고 먹고 난 이후에도 소화가 잘됐다. 대표는 이곳에서 면 제조 기술을 전수받은 후 매장을 인수, 〈쫄면家〉를 론칭했다.

운영 초기에는 전수받은 기술을 바탕으로 매장에서 밀가루와 물, 소금을 적정비로 배합해 생면을 생산, 쫄면을 선보였다. 생면으로 만든 쫄면은 건면으로 만든 쫄면보다 식감이 부드럽고 비빔장이나 육수와 잘 어우러진다. 실제로 주 고객층은 30대 이상의 중장년층으로 평소 질겨 먹기 힘들었던 쫄면을 부담 없이 맛볼 수 있어 좋다는 평이 대다수다. 충성 고객은 일주일에 서너 번 찾아올 정도로 만족도가 높다.

〈쫄면家〉는 가맹 사업을 시작한 이후 매장에서 직접 제면하지 않고 OEM 생산으로 시스템을 바꿨다. 생면을 만드는 시간이 오래 걸리고, 반죽의 배합률이 정확하지 않으면 면이 퍼져 퀄리티 유지가 힘들기 때문이다. 이에 따라 OEM 업체에 비법 레시피를 전수해 맛의 퀄리티는 유지하면서 효율성은 높이고 있다.

② 계절성 보완한 웰빙 메뉴 개발: 〈쫄면家〉는 조미료를 일절 사용하지 않고 천연재료로만 비빔장과 고명을 만든다. 대표메뉴 비빔쫄면은 고추장 베이스로 만든 비빔장으로 맛을 내는데 사과 등 8가지의 천연재료를 적정비로 배합해 일주일 정도 숙성한 후 사용, 맛에 깊이를 더한다. 비빔쫄면은 맵기에 따라 네가지 맛으로 즐길 수 있다. 매운 정도는 고춧가루로 조절하는데 기본적으로 3종의 소스를 만든다. 순한맛은 국내산 고춧가루를 사용하고, 매운맛은 태국 고추, 신매운맛은 고추인 부트 졸로키아로 맛을 낸다. 중간맛은 순한맛과 매운맛을 섞어 만들어 각각의 맛이 모두 특색 있다. 판매비율은 순한맛과 중간맛이 80% 정도, 매운맛과 신매운맛 20% 정도다.

〈쫄면家〉는 끊임없는 메뉴 개발을 통해 사계절 내내 안정적인 수익을 거둔다. 보통 쫄면은 겨울철 매출이 여름보다 저조하지만, 쫄면가는 작년 겨울에 육회쫄면과 크림쫄면을 출시해 매출을 보완했다. 쫄면가의 가장 큰 경쟁력은 면 제조 기술을 보유하고 있어 메뉴 개발에 다양한 시도가 가능한 점이다.

이번에 개발한 냉쫄면은 일반 쫄면보다 면발을 가늘게 뽑아낸 것이 특징이다. 냉면과 같이 가는 쫄면은 차가운 육수와 잘 어우러지면서도 쫄면 특유의 탱글탱글한 쫄깃함을 전해 출시한 지 얼마 되지 않았지만 판매율이 꾸준히 증가하고 있다.

동치미국물 베이스로 만든 냉쫄면은 면을 돌돌 말아 담그고 열무와 오이, 달걀 등 4가지 고명을 올려 제공한다. 또 다른 인기메뉴는 골뱅이쫄면이다. 비빔쫄면 위에 고명으로 골뱅이를 올려 마무리하는데 국내산 골뱅이를 매장에서 직접 손질해 별도로 조미한 후 냉장 보관해 두었다가 사용한다.

고명만 준비되어 있으면 메뉴를 신속하게 만들 수 있어 주방 오퍼레이션은 단순하다.

③ 고객 눈길 사로잡는 담음새와 세트메뉴: 쫄면가의 비법 중 하나는 푸짐하면서도 색다른 담음새다. 그릇 위에 삶는 생면을 담고 한

쪽에 로메인, 콩나물, 당근, 적채, 달걀 등 6종의 고명을 풍성하게 올린 후 다른 한쪽에는 비빔장을 뿌려 제공한다. 신선하게 올리는 채소도 비법이다. 채소는 미리 썰어 놓으면 숨이 죽기 때문에 당일 아침이나 점심에 사용할 분량만 준비해 두었다가 고명으로 올린다. 또 면전문점에서는 평균적으로 1인분에 180g 정도의 면을 제공하지만 쫄면가는 200g 이상 담아내 남다른 푸짐한 비주얼을 완성한다.

다양한 세트메뉴나 사이드메뉴도 판매한다. 사이드메뉴는 튀김 4종과 마요덮밥 3종이 있다. 세트메뉴는 혼자서도 먹기 좋고 두세 명이 함께 먹기 좋도록 '혼자서', '둘이서', '셋이서'로 구분해 메뉴를 제공한다. 세트 판매 비중은 50% 정도로 객단가를 높이는 요소다.

〈쫄면家〉의 면은 비법 레시피를 전수해 OEM제조하며 고추장, 사과 등 천연재료 8종으로 비빔장을 만들어 사용한다. 로메인, 콩나물, 당근, 적채, 달걀, 양배추를 고명으로 올리며 식재료 원가율은 30% 정도이다. 일평균 200그릇을 판매하고 있다.

현재 인천시 남동구 성리로 2(직영점)에 소재하고 있는 〈쫄면家〉의 메인메뉴는 비빔쫄면 5000원, 냉쫄면 5000원, 골뱅이쫄면 7000원, 세트메뉴(혼자서) 7200원, (둘이서)A 1만 2500원, B 1만 4599원, (셋이서) 2만 4000원이다. 현재 규모는 66㎡(20평)내외다.

(3) 서울 사람 입맛에 맞춘 국물식 쫄면 〈자성당〉

〈자성당〉은 서울 사람들에게 생소한 국물식 쫄면을 선보이는 곳이다. 국물이 있는 쫄면은 경북 영주와 경주, 충북 옥천 등지의 명물이자 지역민에게 사랑받는 음식이다. 마치 잔치국수와 같은데 멸치를 맑게 우린 따뜻한 육수에 쫄깃한 면발을 즐길 수 있어 매력적이다. 2014년 서교동에 오픈한 〈자성당〉은 기존 쫄면과 다른 모습에 외면 받으며 5000원이나 한다는 평가를 받으며 고전했지만, 현재는 가성비 좋은 명품 쫄면전문점으로 항상 문전성시를 이룬다.

자성당은 온쫄면, 어묵온쫄면, 비빔쫄면, 냉쫄면 등 4종의 쫄면을 메뉴로 단출하게 구성한다. 온쪽면과 어묵온쫄면 육수는 죽방멸치를 매일 아침 한두 시간 우려 사용하는데 판매량에 따라 쉬는 시간에 한 번 더 우리기도 한다. 죽방멸치는 남해안의 빠른 유속을 따라 미리 설치해 놓은 죽방렴 안으로 들어가 잡히는 멸치로 몸체에 손상이 없어 최고급 품종이다. 자성당은 비리지 않고 깔끔한 맛의 육수를 만들기 위해 이를 사용한다.

면은 쫄면의 시초라고 알려진 광신제면에서 만든 쫄면을 사용한다. 광신제면은 방부제를 사용하지 않아 웰빙 트렌드에도 부합하고, 생면으로 만들어 면의 쫄깃한 식감도 뛰어나기 때문이다. 유통기한이 짧고 냉동 보관하다가 해동시켜야 해 번거롭긴 하지만 일주일 정도의 분량을 미리 발주해 사용한다. 면요리는 삶는 시간도 중요하다. 자성당은 보통 온면을 준비할 때 3분 정도 삶는데, 냉면을 제공할 때는 차가운 육수에 면발이 응고되는 것을 감안해 좀 더 삶는다.

온쫄면은 쫄면 위에 양념장과 유부, 쑥갓, 쪽파, 달걀을 올린 후 뜨거운 죽방멸치 육수를 부어낸다. 온쫄면과 냉쫄면에 활용하는 양념장은 고춧가루 베이스에 한우 사골 육수를 배합하고 마늘과 생강 등 5~6종의 채소를 넣어 만든다. 끓이고 졸이는 등 과정이 복잡하고 손이 많이 가기 때문에 이틀이 꼬박 걸린다.

냉쫄면은 부산의 밀면을 서울식 쫄면으로 해석했다. 사과, 무 등 과일과 채소 5종을 배합해 시원하고 상큼한 과일 육수에 쫄면과 양념장을 넣고 고명으로 오이, 무절임을 올려 자성당 스타일로 선보인다. 과일 육수는 사용하기 하루 전날 만들어 당일 아침에 살짝 살얼음이 얼 정도로 얼려 사용한다.

〈자성당〉은 지방 명물인 국물식 쫄면을 서울 사람 입맛에 맞게 개발해 메인메뉴인 쫄면 4종에 집중한 메뉴구성이 특징이다. 국내산 재료를 사용한 합리적인 가격의 웰빙 메뉴를 맛볼 수 있는 것이다.

온쫄면은 유부, 쑥갓, 쪽파, 달걀의 고명을 사용하며, 냉쫄면은 오이, 무절임을 사용한다. 식재료 원가율은 30%로, 일평균 200그릇의 판매량을 올린다.

서울시 마포구 잔다리로 7안길 3에 소재하고 있는 〈자성당〉의 주요메뉴는 자성당 온쫄면 5000원, 어묵 온쫄면 5500원, 비빔쫄면 5000원, 냉쫄면 5000원, 갈비만두 4000원이다. 규모는 33㎡(10평)내외다.

3. 탄탄면

1) 중독성 있는 탄탄면, 한국 스타일로 해석하다

탄탄면이 주목받고 있다. 중국 사천 지역에서 유래한 탄탄면은 땅콩의 고소함과 산초의 알알한 매운맛이 어우러진 면 요리로, 다진 돼지고기를 고명으로 올려 한국인 입맛에도 잘 맞는다.

현재 탄탄면을 취급하는 외식업소들이 증가하고 있으며, 단일 메뉴로 승부하는 브랜드도 등장해 성황리에 운영 중이다. 한국인 입맛에 맞게 재해석된 탄탄면과 그 경쟁력을 알아본다.

중국 사천 지역을 대표하는 탄탄면(擔擔麵)은 멜대를 지고 다니는 짐꾼이 팔던 면 요리다. 우리나라에서는 탄탄면이라고 일컬으며, 중국에서는 단단멘이라고 발음한다. 탄탄면은 달고 시큼하고 얼얼하고 매우며 쓰고 향기로우면서 짠 7가지 맛이 조화로운 것이 특징이다. 탄탄면의 탄(擔)은 중국어로 짐을 짊어진다는 의미로, 과거 청나라 시대에 짐꾼들이 물지게와 같이 생긴 장대에 국수와 소스를 담은 통을 양쪽에 매달고 팔던 것에서 유래되었다. 탄탄면 소스는 고추기름에 땅콩, 참깨 소스, 다진 고기를 섞어 만든다. 초기에는 주문 즉시 국수 위에 소스를 부어 제공해 비벼 먹는 형태였으나 중국을 넘어 세계로 퍼지면서 국물이 있는 형태로 변형됐다. 중국에선 주로 닭고기를 우려낸 육수를 사용한다. 면발은 가늘수록 맛있다고 여겨 소면을 선호하는데 면발이 가늘수록 소스의 매운맛과 알알한 맛이 상대적으로 강하게 느껴진다. 이를 중화시키기 위해 중면을 사용하는 곳들도 많다.

탄탄면은 중국은 물론 일본, 싱가포르 등 아시아권에서 현지 입맛에 맞게 변형되어 판매되고 있다. 일본 요코하마의 차이나타운에서는 일본식 된장인 미소를 사용한 국물 있는 탄탄면을 판매한다. 싱가포르도 국물 있는 탄탄면을 선호하는데 식초를 사용해 맛의 균형을 맞춘 것이 특징이다. 탕 문화가 발달한 한국 역시 국물 있는 탄탄면을 주로 선보인다.

한국에 탄탄면이 널리 알려지기 시작한 것은 비교적 최근이다. 특색 있고 새로운 음식을 찾는 국내 고객이 증가하면서 외식업계는 세계 각국의 요리를 한국식으로 재해석해 퓨전 형태로 소개하거나 현지 스타일로 선보이고 있다. 탄탄면의 경우 고추기름에 비벼 먹는 현지 스타일보다는 국물 있는 퓨전 스타일이 대다수다.

2) 한국 식재료·현지화한 맛으로 승부

호텔 리츠칼튼서울 취홍 셰프의 말에 따르면 국내 외식업계에 탄탄면이 유입된 시기는 1990년대 후반에서 2000년대 초반이다. 2002년 월드컵 당시 파인 다이닝 레스토랑을 중심으로 세계의 유명한 음식들을 선보이기 시작했는데 그 중심에 사천식 탄탄면이 있었다. 하지만 고추기름과 땅콩버터에 면을 비벼 먹는 형태가 한국인의 정서상 익숙하지 않아 대중화되지 못했다.

몇 해 전부터 중국을 중심으로 사천요리를 재조명하는 움직임이 일며 한국에서도 마라탕, 탄탄면 등 사천 음식을 선보이는 곳들이 증가하고 있다. 맛있는 음식을 찾아다니며 즐거움을 좇는 소비 트렌드와 맞물려 판매량도 많아지는 추세다.

한국에서 선보이는 탄탄면은 국물 맛이 진한 탕면 형태가 대다수다. 예로부터 곰탕과 설렁탕 등을 즐겨 먹었던 한국인 입맛에 따라 탄탄면 육수는 주로 돼지나 소의 뼈와 고기를 12~24시간 동안 푹 고아 사용한다. 또 향이 강해 호불호가 뚜렷한 산초 대신 청양고추를 넣어 매운맛을 낸다. 탄탄면의 고소한 맛을 내는 땅콩 소스는 땅콩버터나 땅콩을 갈아 주로 많이 사용하는데 땅콩과 캐슈너트 등 견과류를 함께 갈아 식재료 원가를 절감하고 고소한 맛을 더하는 곳들도 많다.

탄탄면 소스를 제대로 만들기 위해서는 기술력과 전문성이 필요하다. 주메뉴가 아닌 이색적인 사이드메뉴로 눈길을 끌고 싶은 외식업소라면 시판하는 탄탄면 소스를 사용해 오퍼레이션을 효율화하는 것도 방법이다.

3) 밥·사이드메뉴와 결합해 세트메뉴 경쟁력 강화

한국에서 탄탄면은 매장을 대표하는 메뉴로 앞세워 소개하는 경우보다는 코스 요리 후 식사 메뉴와 같이 제공하거나 다양한 요리 중 하나로 판매하는 경우가 많다. 아직 탄탄면의 인지도가 높지 않아 뛰어난 상품 경쟁력 없이 대표메뉴로 승부하기에는 위험 부담이 크기 때문이다. 대부분 업소에서는 딤섬, 라즈지 등 중식 요리와 일식 덮밥류 등을 함께 선보여 메뉴를 다양화하고 있다.

하지만 최근 메인 메뉴로서 가치도 인정받고 있다. 2015년 탄탄면을 전면에 내세운 브랜드 '탄탄면공방'이 등장하면서부터다. 한국 식 입맛에 맞게 구현한 탄탄면은 고객의 인기를 끌며 탄탄면 대중화 에도 앞장서고 있다. 스타필드 하남점은 푸드코트에 입점한 브랜드 중에서 매출 1위다. 단일 메뉴이지만 한국인의 정서를 고려해 밥을 함께 제공하는 등 세트메뉴로 상품력을 높였다.

탄탄면을 메인으로 한 면전문점은 작은 규모로 운영할 수 있어 초 기 투자 비용과 고정비를 낮출 수 있는 장점이 있다. 또 키오스크나 바(Bar) 테이블을 설치해 직원의 업무를 단순화하고 효율성을 높일 수도 있다. 탄탄면공방 홍대 본점은 지하 1층에 ㄷ자 바 테이블을 비치, 중앙 오픈 키친에서 메뉴를 만드는 즉시 고객에게 바로바로 제공한다. '쮸즈'는 16석 규모로 운영해 주방 직원이 홀 서비스도 소화하고 있으며, '호랑이식당'은 키오스크를 설치해 주문은 셀프 로 진행하되 음식 배·퇴식은 직원이 담당한다.

4) 우수브랜드의 성공전략

(1) 정통 탄탄면 선보이는 사천요리전문점 〈연화방〉

사천 정통 탄탄면을 한국에서도 맛볼 수 있는 사천요리전문점이 있다. 중국 사천 지역에서 3개 지점을 운영하는 〈연화방〉은 2014년 한국에 론칭한 후 사천요리를 꾸준히 선보이고 있다. 〈연화방〉은 중국 본점에 소속되어 있는 중국인 셰프가 한국에 파견 나와 사천요리를 만든다.

중국 내륙 지방인 사천은 식재료를 오랫동안 보관해야 하는 특성상 강한 향신료를 사용한 매운 음식이 발달했다. 또 산초를 사용해 향이 강렬하고 입안에 알알한 매운맛이 남는다. 사천요리를 대표하는 탄탄면은 얼큰한 매운맛과 고소하면서 달콤한 맛이 어우러진 음식으로, 사천 음식 특유의 맛이 녹아 있다.

〈연화방〉은 탄탄면을 전통 스타일 그대로 판매한다. 한국인 입맛에 맞게 국물 있는 탄탄면을 메뉴로 구상할까 고려도 했지만 사천요리의 특색을 전하기 위해 정통 비빔면 스타일로 선보인다. 마니아층이 주 고객이나 정통 방식의 탄탄면을 맛보기 위해 멀리서 찾아오는 고객도 있다.

이곳의 탄탄면 소스는 땅콩장과 사천고추기름, 참기름, 산초기름을 배합해서 만든다. 땅콩장은 땅콩버터를 주 베이스로 사용해 고소한 맛을 더하고, 고추기름과 산초기름은 매장에서 직접 만들어 사용한다. 산초를 활용해 사천 지방의 얼얼한 매운맛을 더하는 것이 특징이다. 매장에서 그날그날 뽑은 생면 위에 적정비로 배합한 탄탄면 소스를 담고 당근과 오이, 땅콩을 고명으로 올려 전통 사천식 탄탄면을 제공한다. 땅콩 향이 고소하게 진동하며 알싸하게 매운맛이 혀 끝에 남아 느끼함이 없고 진하고 깔끔하다.

〈연화방〉은 서울 이태원동 경리단길에서 처음 오픈한 후 정통에 가까운 사천 지역의 음식을 코스 형태로 특색 있게 선보이며 인기를 끌었다. 2015년 사천요리를 보다 대중화시키기 위해 현대백화점 판교점으로 이전했다. 가족 단위 고객이 많은 대형 몰에 위치한 특성상 매운맛을 조절해 〈연화방〉만의 개성은 줄었지만 메뉴를 다양하게 구성해 전체 고객 만족도는 상승했다. 기존 인기 있었던 사천요리와 함께 딤섬 등 친숙한 중국 요리를 함께 판매하며, 전체 메뉴 중 사천요리 비중은 70% 정도다. 인기 요리인 라즈지는 마라와 사천 고추의 매운맛이 온전히 전해지는 닭튀김 요리로 향과 매운맛이 강하지만 중독성 있다.

이곳의 조리 포인트는 땅콩버터와 사천고추, 사천요리의 향과 맛을 재연해낸다는 점과, 매장에서 그날 뽑은 생면사용 및 육수 없는 비빔면 스타일로 제공한다는 것을 꼽을 수 있다.

경기도 성남시 분당구 판교역로146번길 20 현대백화점 판교점 9층에 소재하고 있는 〈연화방〉의 주요메뉴는 탄탄면 1만 2000원, 라즈지 2만 8000원, 회과육 2만 9000원, 궁보기정 2만 8000원, 소룡포 1만원, 하가우 1만원, 취교 1만원이다.

(2) 팔색조 탄탄면으로 직영점 8개 〈탄탄면공방〉

언제나 똑같은 맛의 탄탄면을 맛볼 수 없을까? 이 의문이 〈탄탄면 공방〉의 시작이었다. 초기 〈탄탄면공방〉 홍대 본점은 장사가 안될 때는 일매출 5만 원이 안 될 정도로 인적 뜸한 상권에 있었다. 하지만 이곳 대표는 좌절하지 않고 누가 만들어도 언제나 똑같은 맛의 탄탄면을 개발하는 데 더 노력을 기울였다. 그 결과 〈탄탄면공방〉은 다양한 매체에서 주목받는 브랜드로 입지를 공고히 하고 2월 기준 직영점 8개를 운영 중이다. 그중 스타필드 하남 매장은 매출 · 객수 1위다.

〈탄탄면공방〉의 탄탄면이 인기를 끌 수 있었던 것은 팔색조와 같은 다양한 맛의 탄탄면을 선보였기 때문이다. 처음에는 돈사골 육수의 깊으면서도 고소한 땅콩 맛을 느낄 수 있다면 매장에 비치된 마늘 소스와 볶음 김치를 취향에 맞게 넣으면 또 다른 맛을 느낄 수 있다. 마늘 소스를 더하면 국물이 산뜻하고 깔끔해지며, 볶음 김치를 넣으면 신맛이 더해져 태국 음식 같다. 여기에 밥까지 말면 순대 · 돼지국밥같이 한 끼를 든든하게 해결할 수 있다.

돈사골 육수와 간장 소스, 향미유, 견장(땅콩 소스)을 적정 배합비로 섞어 탄탄면 소스를 만든다. 소스류는 직접 개발한 레시피로 맛을 차별화한다. 간장 소스는 중식과 일식 스타일을 접목했으며, 향미유는 고추기름에 버섯과 마늘 향을 더해 감칠맛을 살렸다. 견장은 땅콩과 캐슈너트, 깨로 만드는데 끓는 기름으로 조리해 견과류 향을 가둬 고소함이 배가된다. 각각의 재료는 OEM 방식으로 생산해 항상 일정한 맛을 유지한다. 주문 즉시 각각의 식재료를 적정 비율로 배합해 사용, 향과 맛을 더 풍부하게 한다.

또 고명 하나까지도 허투루 내는 법 없이 영양과 맛을 고려해 올린다. 탄탄면 위에 수북이 올린 파채는 요리에 산뜻한 향을 더 하고, 체내에 기름을 녹여 혈류가 원활해질 수 있도록 돕는다. 육고명은 돼지고기의 잡냄새를 없애기 위해 원육을 숙성해 사용하며, 조림용 육수를 따로 만들어 고기와 함께 조려 감칠맛을 더한다. 이렇게 조린 고기는 〈탄탄면공방〉의 사이드메뉴 육고명 교자의 속 재료로도 사용한다.

특히 이곳은 메뉴의 삼박자로 비주얼과 향, 맛을 기본으로 정하고 심혈을 기울인다. 어느 매장에서나 메뉴판과 똑같은 모습의 메뉴를 제공하고 있으며, 식재료 본연의 향이 잘 어우러지도록 개발한다.

〈탄탄면공방〉의 조리 포인트는 자체 개발한 레시피로 OEM 생산해 일정한 소스맛과 조림용 육수로 감칠맛을 더한 육고명이다. 마늘 소스, 볶음 김치 등으로 먹는 재미가 배가 된다.

서울시 마포구 잔다리로6길 25 재륜빌딩 지하1층(홍대점)에 소재하고 있는 〈탄탄면공방〉의 주요메뉴는 탄탄면+공기밥 7000원, 카라이 탄탄면+공기밥 8000원, 육고명 튀김 교자 4000원, 탄탄라이스 7000원이다.

(3) 싱가포르식 탄탄면전문점 〈쮸즈〉

〈쮸즈〉는 합리적인 가격에 싱가포르식 탄탄면과 딤섬을 선보인다. 한국의 만두처럼 대중적인 딤섬이 한국에서는 비싸게 판매되는 모습을 보고, 누구나 가격 부담 없이 즐길 수 있도록 딤섬&누들전문점을 오픈했다. 딤섬을 3500원에서부터 6000원의 가격에 저렴하게 제공하며 누들은 1만 원 이하로 판매한다.

중국 요리 학교에서 정통 중식을 배우고 현장 경험을 쌓은 이곳 셰프는 한국과 싱가포르 외식업장에서 경력을 쌓았다. 정통파 출신이지만 싱가포르에서 중식을 수학한 이유는 외국 음식을 자국 스타일대로 풀어내는 노하우가 뛰어났기 때문이다. 싱가포르는 느끼할 수 있는 중국 요리를 산미가 있는 재료를 사용해 깔끔하고 균형감 있는 맛으로 구현한다. 이 중 탄탄면은 소스에 흑식초를 배합해 시큼한 맛을 더한 것이 특징이다.

〈쮸즈〉는 싱가포르식 탄탄면을 한국 식재료를 사용해 한국인 입맛에 맞게 소개한다. 쮸즈 탄탄면의 맛은 소고기 육수와 흑식초, 고추기름, 땅콩 소스의 황금 배합비에서 시작된다. 한국인이 선호하는 사골을 고아 진한 국물로 맛을 내는데 한우 뼈와 고기를 12시간 내내 바글바글 끓여 뽀얀 국물을 만든다. 고추기름도 7~8일에 한 번씩 사천고추로 직접 기름을 내어 사용하고 땅콩 소스는 땅콩버터로 깊은 풍미를 더 한다. 탄탄면 소스로 사용할 재료를 미리 만들어 놓은 후 주문 즉시 배합해 다진 고기, 청경채, 대파 3종의 고명을 올려 탄탄면을 선보인다. 흑식초의 산도와 땅콩 소스의 고소함이 어우러져 〈쮸즈〉만의 독특한 맛을 구현한다. 흑식초의 시큼한 맛이 한국인에게는 낯설어 처음에는 거부감이 들 수도 있지만 이 맛에 매료돼 쮸즈 탄탄면의 마니아가 된다.

〈쮸즈〉는 소룡포, 쇼마이, 매콤완탕 등 5종의 딤섬을 판매한다. 그중 대표 딤섬은 소룡포로, 얇게 만든 딤섬피에 돼지껍데기와 닭뼈로 만든 천연 젤라틴과 돼지고기로 만든 소를 함께 넣어 담백하다. 당일 생산 판매해 맛의 퀄리티와 선도가 높다.

생면을 제외한 모든 식재료는 직접 만들어 요리를 제공한다. 좁은 주방에서 모든 것을 자체적으로 해결하려고 하니 주방 효율성은 좋지 않지만, 손맛을 중요하게 생각하는 셰프의 철학에 따라 〈쮸즈〉의 맛은 변치 않을 것으로 보인다.

흑식초와 땅콩 소스의 절묘한 조합과 국산 소고기와 뼈를 우려낸 육수, 주문 즉시 소스를 배합해 사용하는 것을 〈쮸즈〉의 조리 포인트로 꼽을 수 있다.

서울시 강남구 도산대로17길 9에 소재하고 있는 〈쮸즈〉의 주요 메뉴는 탄탄면 7000원, 우육면 8000원, 완탕면 9000원, 란주식 비빔면 9000원, 소룡포 3500원, 쇼마이 4000원, 매콤완당 6000원 이다.

(4) 한국 스타일로 풀어낸 일본식 탄탄면 〈호랑이식당〉

지난해 6월 오픈한 〈호랑이식당〉은 짬뽕과 자장면을 대체할 새로운 면 요리로 탄탄면과 마제면을 주목했다. 국물 있는 탄탄면은 얼큰한 맛이 짬뽕과 견주어도 모자람 없고, 마제면은 달걀노른자, 채소, 고기 등 다양한 고명과 소스를 비벼 먹는 요리로 고객의 눈길을 끌 만하다고 생각했다.

〈호랑이식당〉은 일본식 라멘을 한국인의 입맛에 맞게 재해석해 메뉴를 선보인다. 일본 라멘전문점 한성문고와 하다분코에서 실력을 쌓은 라멘 전문가 셰프가 메뉴를 개발했다. 우선 이곳만의 스타일대로 선보인 탄탄면이라는 의미에서 탄탄면을 '호면' 이라고 명명했다. 호면은 돼지 뼈와 채소 등을 24시간 동안 매장에서 내내 우려 사용한다. 면 요리를 간식처럼 즐기는 한국인에게 밥 한 끼 같은 든든함을 주고자 돈 사골을 선택했다. 또 호면 소스는 땅콩을 갈아 만든 소스와 청양고추 등 3종의 고추로 직접 낸 고추기름, 간장을 배합해 사용한다. 땅콩의 고소함과 청양고추의 매운맛이 잘 어우러지는데 간장의 짭조름한 맛이 더해져 감칠맛이 있으며 매콤한 맛이 강해 입맛을 돋운다.

〈호랑이식당〉은 매일 매장에서 생면을 뽑는다. 주문 즉시 땅콩 소스와 고추기름을 배합한 후 육수를 제공하는데 청경채와 숙주, 쪽파, 차슈, 반숙 달걀, 청양고추 6종의 고명을 풍성하게 올려 마무리한다. 호면 판매 비율은 70~80%로 매장에 방문한 고객 대부분이 찾는다.

또한 탄탄면과 함께 마제면, 차슈덮밥만 메뉴로 단출하게 구성해 메뉴 퀄리티를 높이고 주방 효율성을 높인다. 마제면은 생면 위에 올린 다진 돼지고기와 두툼한 차슈, 깻잎, 달걀노른자를 불고기 소스에 비벼 먹을 수 있어 한국인 입맛에 제격이다. 또 차슈 덮밥은 차슈를 끓여 맛을 낸 간장에 밥을 토렴한 후 불맛을 살려 익힌 차슈를 얹고, 그 위에 수란으로 마무리해 담백하다. 재료 호환성도 좋아 재고가 거의 남지 않으며 당일 준비한 식재료를 사용해 요리한다.

〈호랑이식당〉을 운영하는 CNP 푸드는 배드파머스, 아우어베이커리, 무차초 등 퓨전 요리를 주로 선보이는 외식업체다. 세계인에게 사랑받는 요리를 한국인 입맛에 맞게 재해석하는 재주가 뛰어나다.

24시간 고아 진한 돈 사골 육수와 매장에서 직접 뽑은 생면, 청양고추를 사용해 한국인이 좋아하는 매운맛을 구현한다는 점을 〈호랑이식당〉의 조리 포인트로 꼽을 수 있다.

서울시 강남구 봉은사로4길 20 라파엘 빌딩 1층에 소재하고 있는 이곳의 주요 메뉴는 호면 8800원, 차슈덮밥 7700원, 양념차슈 5900원, 마제면 8600원이다.

IV

우동 · 냉면 · 소바

1. 우동

1) 우동의 유래와 발전

우동(饂飩)이라는 이름은 중국에서 다양한 밀가루 요리를 지칭하는 훈툰(餛飩)이 일본식으로 변화한 것으로 보는 것이 정설이다. 일본 내에서는 당나라에서 일본으로 우동이 전래되었다고 하지만 실제 증거는 희박하다.

다만 20세기 이후부터 등장해서 60년대 밀가루가 흔해지면서 국민 음식이 된 라멘이나 교자(만두) 등과는 달리 과거부터 먹어오던 음식인 것은 사실이다. 하지만 실제 우동이 널리 퍼진 것은 역시 60년대부터라고 보는 것이 옳다. 이전에는 중국을 제외한 동북아에서 밀 자체가 아주 귀한 작물이었기 때문이다. 물론 일본도 마찬가지다.

국립국어원의 외래어 표기법에 따르면 '우돈'이 되어야 하지만, 이렇게 쓰는 사람은 아무도 없다. 외래어 표기법 제1장 제5항에는 "이미 굳어진 외래어는 관용을 존중하되, 그 범위와 용례는 따로 정한다"라는 규정이 있고, 국립국어원에서도 우돈이 아니라 우동을 맞는 표기로 인정하기는 한다.

가락국수로 순화하는 쪽을 더 권장하는 경우가 많으며 다만 가락국수는 단순히 우동의 순화어라기보다는, 국물을 내는 방식 등이 일본의 우동과는 달라져서 한국화된 음식을 일컫는 경우가 많다.

1990년대 후반에서 2000년대 초까지 대구를 시작으로 전국적으로 퍼진 우동집으로 장우동, 클우동 등이 있었다. 2000년대 초에는 가히 편의점만큼이나 많이 보였다. 그러나 얼마 지나지 않아 김밥천국 등에 밀려 거의 볼 수 없게 되었다.

2012년 12월에 뜬금없이 카가와현 출신 일본 최대의 우동 체인인 〈마루가메 세멘〉이 홍대 앞에 진출하여 충격을 주었다. 그냥 분점도 아니고 인테리어나 주문방식까지 현지와 동일하게 맞췄다. 한국 진출은 비교적 성공적이었기 때문에 신촌, 강남, NC 부산서면점까지 11개의 점포로 확장했다. 우동의 질은 높은 편이며 튀김의 경우 어설픈 일식집보다도 낫다는 평이다.

우동은 먹는 방법에 따라 다양한 종류가 있다. 몇 가지를 살펴보면 다음과 같다.

가케우동은 면위에 잘게 썬 파와 텐카스(튀김 부스러기), 어묵을 올린 후 따뜻한 국물을 부어내는 우동이며, 자루 우동은 삶은 면을 냉수에 헹구어 자루(채반)에 올려 낸다. 쯔유에 찍어 먹는 차가운 우동이다.

또 붓가케 우동은 간이 센 소량의 쯔유를 우동 면에 부어서 비벼 먹는 국물 없는 우동으로 따뜻하게 먹거나 차게 즐길 수도 있다.

가마아게 우동은 가마솥에서 삶은 뜨거운 우동 면을 그대로 건져 삶은 물과 함께 그릇에 담아 제공한다. 쯔유에 찍어 먹는 우동이다.

그 밖에 가마타마 우동은 물기를 뺀 가마아게 우동 면에 달걀노른자, 생강, 파채 등 고명을 얹은 우동으로 쯔유와 함께 비벼먹는다.

2) 평범하지만 꾸준한 매출 아이템, 수제우동

우동으로 지난 40여 년간 브랜드 생명력을 유지해온 곳이 있다. 그것도 전국 80여개의 매장, 놀랄 수밖에 없는 이 우동집, 화려하거나 거창하지 않지만 은근한 저력으로 이어온 〈수유리우동집〉의 가능성은 초보 혹은 예비창업자들에게 매력으로 작용한다.

(1) 가맹점 중심의 공동 물류 제도 운영

〈수유리우동집〉의 프랜차이즈 시스템은 가맹점주 중심의 운영체계로 정비되어 있다. 우선, 본사로부터 식재료를 원 팩(One Pack)으로 공급받아 단순 조리해 내는 것이 아니라 육수를 내는 방법에서부터 면 뽑는 방법 등 메뉴를 만드는 핵심기술을 전수받게 된다. 일부 가맹점주는 조리과정을 교육받는게 번거로워 '원 팩' 단순조리를 더 선호하는 경우도 있지만, 〈수유리우동집〉은 철저하게 '직접 만들어 낸 음식'을 고집한다. ㈜물과 소금의 대표는 음식을 직접 만들어 손님에게 제공하는 것이 고객 만족도를 더 높일 수 있고, 장기적인 차원에서도 외부의 영향을 받지 않은 채 안정적인 매장 운영을 할 수 있으며 원가절감 효과도 더 높은 편이라며 각 가맹점의 자생력을 끌어올리는데 프랜차이즈 운영의 초점이 맞춰져 있음을 강조했다.

여타의 프랜차이즈 본사들은 각각의 식재료를 가맹점에 일괄 공급하고 있는 반면 〈수유리우동집〉은 공동물류 운영권을 일반 업체에 위임하여 식재료 입고가와 출고가를 틈틈이 점검, 관리하고 있다. 특히 채소와 공산품 등은 본사 직거래로 원가를 낮춘 후 공동물류를 통해 공급함으로써 식재료 가격상승, 각 가맹점을 상대로 한 강매를 미연에 방지하고 있다. 이처럼 〈수유리우동집〉의 공동물류 제도는 식재료 납품과 관련된 불공정한 거래, 물류비 절감을 동시에 가능케 하고 있다.

(2) 우동 맛을 차별화하는 조리전수 교육

〈수유리우동집〉은 김밥과 짜장면, 우동, 쫄면 등의 메뉴를 기본으로 하고 있다. 주변에서 흔히 볼 수 있는 메뉴라는 생각이 들 수도 있지만, 이곳은 멸치와 각종 재료들을 우려내 옛날 방식 그대로 육수를 만들어내고 있을 뿐만 아니라 우동 면은 밀가루와 물, 그리고 소금만으로 반죽, 숙성해 사용하고 있어 일반 제품 우동과 맛의 차이를 확연하게 드러내고 있다.

각 가맹점 오픈 전 교육은 2주간 1:1 집중교육과 본점, 직영점 현장 방문교육으로 이뤄지며 매장 오픈 시에는 본사 직원이 직접 방문해 매장 안정화 교육을 별도로 진행한다. 그리고 메뉴조리기술을 모두 전수 받은 이후에는 공동물류 제도를 통해 우동소스와 비빔장, 잔치국수 양념, 짜장소스, 메밀소스 등의 기본 소스들을 정기적으로 공급받게 된다.

이론 교육도 물론 중요하지만, 음식을 만드는데 가장 중요한 건 조리기술이다. 몸으로 직접 익히고 숙달해야 하는 만큼 가맹점주들의 노력이 필수적인 부분이다. 무엇이든 쉬운 것은 없다. 직접 경험하고 배운 것이 결국 고객들을 만족시키고, 더 나아가 매장의 경쟁력까지 끌어올릴 수 있는 것이다.

누구나 혼자 방문해서도 부담 없이 먹을 수 있는 우동 집, 외식시장의 트렌드나 외부적인 상황에 큰 영향을 받지 않는 안정성, 저렴한 식재료 원가, 그리고 1~2인으로도 충분히 매장을 운영할 수 있는 효율성 등에 이르기까지 〈수유리우동집〉은 무엇보다 초보 창업자들이 가장 먼저 고려해볼만한 브랜드로써의 요소를 갖추고 있다.

〈수유리우동집〉의 창업비용은 49.5㎡(15평) 기준으로 6500만원 내외, 일평균 매출은 180~200만원 선이다.

(3) 평범하지만 꾸준하게 판매되는 아이템, 우동

전 세계적으로 한국만큼 트렌드가 빠른 곳도 없다. 인터넷, 음악, 영화는 물론이고 패션, 언어, 라이프스타일 등에 이르기까지 잠시잠깐 눈을 감았다 뜨면 어느 새 또 새로운 아이템들이 등장해 눈과 귀를 어지럽힌다. 외식시장도 마찬가지다. 수많은 사람들이 외식 창업시장으로 뛰어들고 있기 때문에 절대적으로 음식이 맛있거나 독특하지 않으면 이슈거리도 되지 못하는 상황이다. 하지만 또 다른 측면에서 보면 가장 스탠다드한 아이템은 트렌드와 상관없이 어느 시대에나 꾸준히 사랑받아왔다. 창업자들에게 제시하는 프랜차이즈 선정 기준이 '누구에게나 친근하고 익숙한 아이템' 이라는 사실만 보더라도 '가장 평범한 것이 가장 안정적이고 강하다' 는 결론을 이끌어 낼 수 있다.

〈수유리우동집〉 또한 이러한 요소들을 모두 충족시키는 프랜차이즈 브랜드 중 하나다. 메뉴는 단출하다. 스팸김밥과 짜장면, 얼큰우동, 쫄면, 열무국수, 갈비만두 등 총12가지 메뉴가 2500~5000원 선으로 메뉴구성만 보면 왜 가능성 있는 브랜드인지 의구심이 들 정도다. 그러나 지난 40여년의 역사와 최근 5년간 80여개의 가맹점을 오픈한 것은 '조용하지만 강한' 프랜차이즈 브랜드로서의 현재를 있는 그대로 보여주고 있다.

특히 김밥과 우동, 국수 등 누구나 좋아하는 스테디셀러 아이템이라는 점, 조리가 간편하다는 점, 구제역이나 콜레라 등의 외부적인 상황에 영향을 받지 않는다는 점, 그리고 식재료 원가가 적게 들어가는 동시에 매장 규모가 작아 효율적인 운영 또한 가능하다는 점 등이 〈수유리우동집〉의 경쟁력으로 요약될 수 있다.

3) 휴게소 우동에서 일본식 우동으로 전문화.고급화 확산

한국인에게 우동 한 그릇은 따뜻한 국물에 통통한 면발, 그 위에 간단하게 김가루와 유부 고명을 올린 휴게소 우동의 이미지가 강하다. 최근 고객의 입맛이 상향평준화되면서 우동 메뉴에도 전문화, 고급화 바람이 불고 있다.

일본 3대 우동으로 널리 알려진 수타 방식으로 제조하는 사누키 우동을 필두로 건면을 사용하는 이나니와 우동 등 맛과 품질로 승부하는 일본식 우동이 주목받고 있다.

(1) 지역색 뚜렷한 일본 우동

우동은 소바와 함께 일본을 대표하는 면 요리다. 일본 혼슈 중앙부의 나가노현(長野縣)과 시즈오카현(静岡縣)을 경계로 동쪽은 소바를 즐겨 먹고, 우동은 서쪽 지방에서 주로 먹는다.

일본 우동은 주로 기후와 토양 등 환경적인 특성에 따라 구분하는데 지역별로 색이 뚜렷하다. 대표적으로는 '일본 3대 우동'으로 불리는 가가와현(香川縣)의 사누키 우동, 아키타현(秋田縣)의 이나니와 우동, 군마현(群馬縣)의 미즈사와 우동이 있다. 사누키 우동(讃岐うどん)의 '사누키'는 가가와현의 옛 지명으로 시코쿠 북동쪽에 있다. 가가와현에는 800개가 넘는 우동전문점이 있을 정도로 지역 주민은 우동을 즐기는데 점심에 대부분 우동을 먹는다. 우동이 가가와현을 대표하는 음식으로 자리매김한 데는 강수량이 적은 온난한 기온이 최고급 밀가루를 생산하기에 적합하고 염전이 발달해 소금을 원활하게 공급받을 수 있었기 때문이다. 여기에 미네랄 성분을 다량으로 함유한 물과 고급 식재료인 간장, 지역 특산물인 다시용 멸치가 더해져 지금의 사누키 우동이 탄생했다. '사누키 우동의 맛은 면에서 80% 좌우된다'는 말이 있을 정도로 쫄깃한 면발이 특징이다. 이나니와 우동(稲庭うどん)의 본고장 아키타현은 혼슈 북서쪽에 위치해 겨울에는 한랭하고 여름에는 더운 기후로 건면을 생산하기

적합한 지역이다. 일반적인 우동과 달리 면이 마르기 전에 밀어 납작한 모양이 특징이며 굵기도 가늘다. 미즈사와 우동(水沢うどん)은 혼슈 중앙부에 있는 군마현의 유명한 사찰 미즈사와에서 참배객들을 위해 제공하던 수타 우동에서 비롯됐다. 군마현은 예로부터 밀가루 수확량이 많고 품질이 좋았는데 이 지역의 약수와 소금만을 배합, 이틀에 걸쳐 반죽해 면이 쫀득하며 탄력이 있다. 주로 차가운 자루 우동으로 많이 제공하며, 관광객을 대상으로 발달해 현지에서는 비교적 가격이 높다.

국내에서 우동은 외식 메뉴라기보다는 추운 겨울날 휴게소에서 간단하게 요기하는 메뉴라는 인상이 강했다. 차별화된 특색 없이 통통한 면발이 담긴 따뜻한 국물 위에 고춧가루를 뿌려 후루룩 즐기는 분식과 같았다.

하지만 1988년 일본식 우동 프랜차이즈 기소야의 등장으로 인식이 변하기 시작했다. 이후 1990년 중반부터 우동 프랜차이즈 시장은 급성장했으며 어우미, 미도야, 오야, 후지동, 산사이우동, 시노야, 다림방, 관서옥 등이 잇따라 론칭했다. 2000년 초반부터는 일본 우동을 전문적으로 선보이는 개인 우동전문점이 하나둘 생겨나기 시작했다. 전통 일본 우동 제조 방식인 수타나 족타 방식으로 면을 만들고 국물을 직접 우려 고급화하며 차별화했다. 동교동 댕구우동(2000),

분당 구미동 야마다야(2003), 한남동 니시키(2009), 서교동 가미우동 (2010) 등은 사누키 우동전문점을 표방하며 새로운 일본 우동 트렌드를 만들었다.

2010년 중반에 접어들면서 일본 우동전문점은 본격적으로 다양해지고 전문화를 거듭하기 시작했다. 국내 우동 시장에서 주를 이루는 종류는 사누키 우동으로 합정동 우동 카덴(2014), 삼전동 미타우동 (2016)이 대표적이다. 족타 방식으로 반죽한 사누키 우동 면을 기본으로 각 업소의 색을 더해 다양한 메뉴를 선보이고 있다.

우동 카덴의 셰프는 "경쟁력 있는 일본 우동전문점의 등장은 우동의 기본인 면과 국물에 충실하면서도 다양한 메뉴를 개발하는 노력으로 이어져 국내 우동 시장을 발전시킬 것"이라고 말한다.

(2) 우동 맛을 결정하는 면과 국물

우동의 맛을 좌우하는 것은 면과 국물이다. 면은 밀가루와 물, 소금 주재료와 반죽방법이 중요하다. 밀가루는 품질이 좋고 공급이 원활한 호주산을, 물은 주로 연수를 사용한다. 물은 칼슘이온과 마그네슘이온 등 광물질의 함량에 따라 연수와 경수로 구분한다. 일본의 물은 함량이 적은 연수로서 반죽을 부드럽게 하는 반면 한국의 물은 함량이 높은 경수로, 일본의 물에 비해서는 반죽에 적합하지 않다는

게 전문가들의 설명이다. 일본식 자가제면 우동 면을 만드는 외식업소는 연수기를 달거나 연수와 성분이 비슷한 제주도 생수를 주로 사용한다.

소금은 반죽의 숙성 시간을 결정하는데 짧을수록 숙성이 잘된다. 사누키 우동전문점에서는 계절에 따라 염도를 13~15% 정도로 조절한 간수를 밀가루에 배합해 사용하는데 더운 여름일수록 짠맛을 강하게 한다. 반죽 대비 물의 비중은 40~50% 정도로 겨울보다 여름에 적게 넣는다.

대량으로 반죽을 해야 하는 우동전문점의 경우 기본 반죽은 반죽기에 돌린 후에 수타하거나 족타한다. 면의 탄력을 결정하는 수타.족타 과정은 우동을 전문으로 선보이는 매장이라면 빠트려서는 안 되는 필수 코스이다. 매장별로 상이하나 평균 20분 정도 족타한 후에 12~24시간 숙성한 후 제면한다.

국물은 우동의 분위기를 좌우한다. 비슷해 보여도 음식점마다 추구하는 색깔에 따라 재료와 구성비 등이 상이하다. 주로 다시마를 우린 물에 가다랑어포, 정어리포, 고등어포, 멸치 등을 넣고 우린 후에 간장과 소금 등으로 맛을 낸다.

국내에서는 우동의 국물보다 면을 더 중요하게 여기지만 일본은 국물도 면 못지않게 중요하게 생각한다. 이나니와 요스케의 국물은 품질 높은 아즈케즈리의 배합률이 높아 국물 맛이 깊으면서도 미묘한 단맛과 신맛이 나는 것이 특징이다. 아즈케즈리는 가다랑어를 굵게 가공한 재료로 국물을 내기 위해 사용하는데 가다랑어를 얇게 가공한 하나가쓰오보다 단가가 높지만 맛이 깊다.

하지만 매번 다양한 재료를 적정 배합비 만큼 넣고 국물을 우리는 것은 번거로운 과정이기도 하다. 미타우동은 일본에서 수입한 다시용 팩을 사용해 간편하게 국물을 우린다. 이 팩은 다시 재료로 잘 사용하지 않는 홍가다랑어포와 날치포 등이 적정 비율로 배합되어 있어 국물 맛을 손쉽게 차별화할 수 있도록 돕는다.

현재 일본 외식업소 트렌드는 다시용 팩을 사용해 국믈을 우려 매장 운영의 효율성을 높이는 것이다. 다시 재료의 적정 배합비를 찾기 어려운 경우에 사용하면 손쉽게 원하는 국물 맛을 찾을 수 있다.

(3) 매력적이지만 진입장벽 높은 수타 우동 시장

외식시장에서 우동은 시장성이 밝은 아이템이다. 식재료 원가율이 30% 이상을 넘지 않아 고정비가 낮으며, 우동의 주재료인 밀가루는 조류인플루엔자, 구제역, 기후 등 환경적인 요인을 거의 받지 않아 저렴한 가격에 안정적으로 공급받을 수 있다.

하지만 수타 우동을 표방할 경우 재료를 생산하고 숙성 보관하는 등 조리 매뉴얼이 복잡해지고, 노동 강도가 높아져 인건비에 대한 부담도 커진다고 업계 관계자는 말한다. 또 수타 과정을 위해서는 전문 인력이 필요한데 사람을 구하기 어려울 뿐만 아니라 배우려는 사람도 드물어 진입장벽도 높다.

시장 진입은 어렵지만 대기업이나 규모 있는 외식업체에서 수타 우동 브랜드를 기획하기 위해 시장조사 차 매장에 방문하는 것을 보면 일본 우동 시장은 외식업계에서 전망이 있는 시장이다. 향후에는 테이크아웃 형태의 일본식 우동전문점이 증가할 것으로 보이는데 주방 효율성을 높이기 위해 냉동 면을 사용하는 것도 방법이다.

4) 우수브랜드의 성공전략

(1) 쫄깃하고 부드러운 〈우동 카덴〉

JTBC 인기 프로그램 '냉장고를 부탁해'에서 대중적인 인지도를 높인 정호영 셰프가 지난 4월 서울 연희동에서 2층 규모로 운영하던 이자카야 로바다야 카덴을 리뉴얼해 1층에 〈우동 카덴〉을 오픈했다. 2014년 론칭한 합정동 〈우동 카덴〉의 두 번째 매장으로, 기본적인 콘셉트와 메뉴 구성은 같으면서도 이자카야 로바다야 카덴의 아래층에 자리한 위치적 이점으로 문어초무침과 우동 스끼와 같은 이색적인 메뉴도 함께 즐길 수 있다.

〈우동 카덴〉은 면발만 먹어도 맛있는 우동을 29종으로 다양하게 선보인다. 우동의 기본인 면과 국물에 충실하기 위해 면은 쫄깃하고 부드러운 사누키 우동 면을, 국물은 다시마와 멸치를 베이스로 우린 깔끔한 오사카 지방의 우동을 표방한다.

〈우동 카덴〉의 우동 면은 호주산 중력분에 물과 소금을 배합해 반죽기로 반죽한다. 족타 반죽을 기본으로 하며 약 24시간 동안 두 차례의 숙성 과정을 거친다. 물은 연수와 가장 비슷한 제주도 생수를 사용, 면의 식감을 부드럽게 하는 주요 포인트다. 반죽을 마친 후에는 저온 숙성고에서 4~6시간 정도 1차 숙성한 후 약 20분 동안 족타하는데 무게를 실어 꾹꾹 밟기보다는 반죽과 소금물이 고르게 섞일 수 있도록 촘촘히 밟는다. 이후 반죽을 10인분 정도의 양만큼씩 소분하고 12시간 동안 2차 숙성한다. 숙성을 완전히 마치면 제면기를 사용, 면을 1.5~2.5mm 두께로 일정하게 뽑는다. 주문 직후 면을 끓는 물에 12분 정도 삶아 내는데 찬물에 바로 식혀 면발의 탱글탱글한 식감을 더한다.

국물은 깔끔한 맛이 특징이다. 60~70℃의 물에 완도산 다시마가 우러나면 건겨낸 후 디포리와 가다랑어포와 고등어포, 눈퉁멸포를 배합해 30분 동안 맑은 국물을 낸다.

〈우동 카덴〉은 주기적으로 다양한 신메뉴를 개발해 약 30가지의 우동 메뉴를 선보인다. 신메뉴는 우동 면발의 부드럽고 쫄깃한 식감이 주가 되도록 개발한다.

대표메뉴는 가케 우동과 가마타마 우동, 야마카케 우동이다. 가케 우동은 깔끔한 국물과 부드러운 면발이 조화로운 기본 메뉴로 간단하게 먹기 좋다. 가마타마 우동과 야마카케 우동은 마니아층이 많이 찾는 메뉴다. 가마타마 우동은 우동 면 위에 버터와 달걀노른자, 명란젓, 파 등을 올리는 메뉴로 한데 비벼 먹으면 버터의 고소함과 명란젓의 짭쪼름함이 입맛을 돋운다. 냉우동인 야마카케 우동은 차갑게 식혀 탱글탱글한 우동 면 위에 갈아낸 마와 달걀노른자, 파 등을 올린 후 기본 다시에 짭쪼름한 조림용 간장 등을 배합한 쯔유를 자작하게 부어 낸다. 함께 비벼 먹으면 부드러운 마와 쫄깃한 면이 후루룩 술술 넘어간다.

우동만 즐기기 아쉬워할 고객을 위해 사이드 메뉴도 8종 구비했다. 우동과 곁들이기 좋은 튀김류가 가장 인기이며 라이스페이퍼에 오이와 연어, 아보카도, 양파 등을 올려 말아낸 나마하루마끼, 연어와 참치, 새우, 달걀 등 8가지 정도의 속 재료를 넣은 두툼한 김밥인 후토마끼도 많이 찾는다. 이들 사이드메뉴는 생맥주와 곁들이기도 좋아 추가매출을 창출하고 있다.

〈우동 카덴〉은 무료로 세 번 리필이 가능해 누구나 양껏 즐길 수 있다. 많이 먹는 사람은 처음부터 양을 많이 달라고 주문하면 국물이나 쯔유도 면발 양에 맞게 더 푸짐하게 제공한다.

서울시 서대문구 연희로173 거화빌딩 1층(연희점)에 소재하고 있는 〈우동 카덴〉의 주 메뉴는 가케 우동 6500원, 가마타마 버터 우동 1만원, 야마카케 우동 1만 2000원, 나마하루마끼 9000원, 후토마끼(1줄) 2만원 (1피스) 2000원 이다.

(2) 다양한 일본 식재료 사용으로 메뉴.운영 차별화 〈미타우동〉

2016년 6월 서울 삼전동 23㎡(7평) 규모로 오픈한 〈미타우동〉이 우동 달인의 맛집으로 입소문 나면서 지난 6월 2배 넓은 52㎡(15.7평) 규모의 매장으로 이전했다. 〈미타우동〉의 성공은 일본 식자재 업체 ㈜이푸드존 대표의 소신 있는 경영 철학 덕분이었다. 그는 편하게 들를 수 있는 작지만 전문성 있는 동네 우동전문점을 콘셉트로 외식업소를 기획했다. 인건비 등 고정비는 최소화한 반면 우동 전문 셰프를 고용해 메뉴의 퀄리티는 높인 것이 주효했다.

이곳은 다른 곳에서는 접하기 힘든 우동을 메뉴로 구성하는 실험정신이 있는 우동 전문점이다.

대표는 〈미타우동〉만의 고유한 색을 찾기 위해 수많은 시행착오를 겪었다. 일식 식자재에 지식이 풍부한 그가 색다른 일본 식재료를 제안하면 셰프가 한국인 입맛에 맞는 우동을 만드는 식으로 메뉴를 하나하나 완성해 갔다.

〈미타우동〉을 차별화하는 메뉴는 덴뿌라 말차 붓카게 우동이다. 녹차로 유명한 가고시마산의 녹차 가루를 밀가루에 배합해 우동 면이 초록빛을 띠는데 보기에도 예쁘다. 또 다른 메뉴인 유자 크림 우동과 다른 차가운 우동으로 우유와 생크림에 채소 육수를 배합해 느끼하지 않다. 하얀 크림 위에 빨간 방울토마토와 초록색의 쪽파, 노란 유자 가루가 어우러져 감각적인데 입안에 유자향이 퍼져 향기롭다.

스테디셀러인 모즈쿠 해초 우동은 중독성 있는 메뉴다. 기본 국물에 직접 만든 맛간장을 더해 맛이 진하고 깊은데 톳처럼 생긴 오키나와산 모즈쿠를 올려 이색적이다.

〈미타우동〉의 가장 큰 메뉴 경쟁력은 고유한 색을 지니면서 동시에 기본에도 충실하다는 점이다. 최근에는 국물에 집중하고 있다. 다시마 우린 육수에 홍가다랑어포, 날치포, 달고기포를 배합해 육수를 낸다. 홍가다랑어포와 날치포, 달고기포는 육수 재료로 좀처럼 쓰지 않지만 깊은 맛을 내는 데 도움을 준다. 국내 수급이 쉽지 않아 홍다랑어포, 날치포 등을 넣은 다시용 팩을 수입해 사용, 맛의 품질은 높이면서도 주방 운영 효율성을 제고한다. 가격이 비싸 원재료비는 상승하지만 간편하게 국물을 우려내면서 맛을 차별화할 수 있다.

면은 찰진 식감을 위해 호주산 중력분에 13~15% 염도의 소금물과 식초를 약간 넣어 반죽기로 반죽한다. 식초는 반죽의 노화를 지연해 보다 오랜 시간 반죽을 부드럽게 유지시키는 작용을 한다. 1~3시간 정도 1차 고온 숙성한 반죽은 발로 고루 밟아 찰진 식감을 더한다. 이후 24시간 정도 숙성 시키는데 계절이나 상황에 따라 시간을 조정한다.

우동 면은 가로세로 두께가 여름에는 5x3.8(mm), 겨울에는 5.5x4.2(mm) 정도로 여름이 더 얇다. 냉우동을 즐겨 찾는 여름엔 우동 면이 단단하게 느껴질 수도 있기 때문에 보다 얇게 뽑아 고객이 편하게 식사할 수 있도록 했다.

〈미타우동〉은 효율적인 인력 운용을 위해 매장에 키오스크를 배치, 메뉴 주문은 고객이 스스로 할 수 있도록 했다. 보통 홀과 주방에 각각 한 명, 피크 시간에는 각각 2명씩 배치해 매장을 운영한다.

서울시 송파구 삼전로12길 4에 소재하고 있는 〈미타우동〉의 주요 메뉴는 덴뿌라 말차 붓카게 우동 1만원, 유자 크림 우동 1만원, 모츠쿠 해초 우동 9000원이다. 운영시간은 11:30~14:30, 17:30~20:00(주말 휴무)이다.

(3) 한국에서 맛보는 전통 방식의 사누키 우동 〈야마다야〉

전통 일본 우동전문점으로 손꼽히는 분당 구미동 〈야마다야〉의 입구에는 '사누키 대사관' 이라는 글자가 또렷이 새겨진 빨간 현판이 걸려 있다. 이것은 가가와현청이 수여한 정통 사누키 우동전문점 인증패로 한국에서는 〈댕구우동〉과 〈야마다야〉 두 곳뿐이다. 전통적인 사누키 우동 제조 방식을 고집하는 이곳은 일본 가가와현에서 유서 깊은 사누키 우동전문점 〈야마다야(山田家)〉에서 4년 동안 근무하며 비법을 전수받은 대표가 운영하는 곳으로 2003년부터 국내에 사누키 우동을 널리 알리고 있다.

〈야마다야〉는 정통 사누키 우동을 만들기 위해 면 반죽 과정에 가장 공을 들인다. 매일 아침 익일 판매할 양만큼 4명의 인력이 2시간 30분동안 반죽한다. 반죽은 호주산 중력분에 천일염과 연수를 배합해 만든다. 연수는 칼슘과 마그네슘 등 미네랄 이온의 함유량이 적은 물로 반죽을 부드럽게 하는데 경수가 흐르는 한국에서는 구할 수가 없어 연수기를 설치했다. 반죽하기 전날 물에 천연 소금을 섞는데 계절에 따라 13~15% 정도의 염도를 유지한다. 이후 반죽을 철판 위에 올린 후 20분 정도 족타하는데 접어서 밟는 과정을 네 차례 반복, 공기는 빼면서 밀가루와 물이 골고루 섞일 수 있도록 한다. 족타를 마친 반죽은 8~10인분 정도로 소분한 후 바깥쪽 반죽을 당겨 안쪽으로 말아 넣는 과정을 반복해 둥글게 모양을 잡는다. 이 상태에서 공기가 표면에 노출되지 않도록 비닐로 봉합해 24시간 저온 숙성한다. 반죽이 공기에 닿으면 마르기 때문에 표면에 공기가 최대한 닿지 않도록 한다.

반죽 작업과 동시에 다시도 매일 아침 우린다. 〈야마다야〉는 연간장으로 맑은 국물을 내는 오사카 지역의 방식에 따른다. 국내산 멸치와 다시마, 일본산 정어리, 간장, 소금을 사용하는데 멸치는 일일이 내장을 제거해 사용한다. 다시마와 내장을 제거한 멸치를 함께 넣고 끓이다가 95℃ 이내에서 다시마를 건지고, 멸치는 물이 팔팔 끓기 전 98℃에서 꺼낸다. 이후 정어리포를 넣고 함께 우려내는데 마지막으로 연간장과 구운 소금을 넣어 맛을 더한다. 여기서 준비가 끝난 것이 아니다. 오픈 20~30분 전부터 주방은 다시 준비태세를 갖춘다. 본격적으로 면을 만들고 삶아야 하기 때문이다. 숙성한 반죽을 납작하게 누른 다음 덧가루를 뿌려가며 밀대로 민다. 적당한 두께로 민 반죽은 작두로 자르는데 일정한 각도로 반복해서 잘라야 면의 너비가 고르다. 정석대로 만든 면은 잘랐을 때 단면이 정사각형으로, 삶을 때 면을 골고루 익히는 비결이기도 하다. 운영을 효율적으로 하기 위해 피크 시간대에는 제면기를 사용해 면을 뽑지만, 평소에는 칼을 고수한다. 준비된 면은 20분 정도 삶은 후 바로바로 메뉴로 만들어 고객에게 제공된다. 면은 삶은 후 5분이 지나면 폐기하는 것을 원칙으로 한다. 우동 메뉴는 군더더기 없이 심플한 일본 우동이 주를 이루는데 한국인 입맛에 맞춘 우동도 판매한다. 대표메뉴는 가케 우동과 자루 붓카게 우동, 야끼 우동이다. 따뜻한 기본 우동인 가케 우동은 간편하게 즐기기 좋고 부담이 없어 고객이 많이 찾는다. 차가운 우동인 자루 붓카게 우동은 쯔유를 부어 비벼 먹는 메뉴로 남녀노소에게 모두 인기다. 쯔유는 일주일에 두 번 만들어 3일 숙성해 사용한다. 다시마와 멸치를 끓인 육수에 진간장과 일본 소주, 가다랑어포 등을 적정 배합비로 넣은 후 약한불로 3~4시간 동안 끓여 깊은 맛을 전한다.

한국인 입맛에 맞게 개발한 야끼 우동은 얇게 자른 돼지고기 등심 부위와 마늘 향이 어우러져 입맛을 돋우는 우동으로 고객 상에 내기 전에 가다랑어포를 넉넉히 뿌려 향과 감칠맛을 더한다.

모든 단품 메뉴는 5000원을 추가하면 정식으로도 즐길 수 있는데 정식을 찾는 비중이 60% 정도다. 새우, 깻잎, 고구마 등 6종의 튀김과 롤, 샐러드가 함께 제공되어 푸짐하게 즐길 수 있다.

경기 성남시 분당구 구미로 124에 소재하고 있는 〈야마다야〉의 주요 메뉴는 가케 우동 7000원, 자루 줏카게 우동 8000원, 야끼우동 1만 1000원이다.

(4) 일본 본토 이나니와 우동 재현 〈이나니와 요스케〉

〈이나니와 요스케〉는 일본 현지에서 먹는 우동의 맛을 국내에도 전하기 위해 오픈한 브랜드로, 건면을 사용하는 이나니와 우동전문 점 중에서도 명망 높은 아키타현의 〈사토 요스케〉의 분점이다. 사토 요스케는 7대째 내려오는 352년의 전통 있는 브랜드로 건면을 전통 방식 그대로 일일이 수제로 만든다.

〈이나니와 요스케〉는 일본 현지의 우동 맛이 그리운 사람들이 방 문하기에 제격인 우동전문점이다. 현지와 똑같은 우동을 선보이기 위해 물과 채소를 제외한 우동 면, 아즈케즈리, 쯔유 등 맛을 좌우하 는 주요 식재료를 모두 일본에서 수입해 사용한다. 〈이나니와 요스 케〉에서 사용하는 사토 요스케의 건면은 일본에서도 우수한 품질로 알려진 면으로, 나흘 동안 반죽하고 숙성한 후 건조, 검수하는 작업 까지 모두 수작업으로 진행한다.

전량을 일본 현지에서 만든 건면을 사용해 우리나라에서도 똑같은 이나니와 우동을 맛볼 수 있다. 또 건면은 1년간 보관할 수 있고 수 입하는 과정에서도 생면보다 수월하다. 재료뿐만 아니라 조리 매뉴 얼도 사토 요스케의 방식 그대로 따른다. 〈이나니와 요스케〉의 모든 직원은 사토 요스케 본점에서 한 달 동안 면을 삶은 방법부터 행구 고 담아내는 기술, 다시를 우리는 방법까지 집중 교육을 받는다. 고객에게 일정한 퀄리티의 우동을 내기 위해 직원 개개인이 몸에 익을 때까지 반복한다. 면 굵기가 가늘어 3분 정도면 면을 충분히 삶을 수 있지만 헹구고 담는 작업 등을 포함해 상에 내기까지 보통 10~15분 정도 걸린다. 막 삶아낸 이나니와 우동 면은 반투명하면서 윤기가 돌며 생면과 같이 쫄깃한 식감이 특징이다.

메뉴 구성은 약 50년 경력의 호텔 주방장 출신 타카하기 타케 후미 총괄 셰프가 총괄한다. 기본적인 구성은 사토 요스케와 동일하되 주 고객층에 따라 변동이 있다. 을지로 1가에 위치한 시청점은 주 고객층이 직장인으로 점심에는 우동 메뉴를 주력으로, 저녁에는 이자카야 콘셉트로 운영한다. 우동과 어울리는 코스요리와 샐러드, 안주류 등 메뉴를 다양하게 구성해 매출을 올린다. 우동 메뉴 비율은 전체 메뉴에 20% 정도지만 매출 비중이 점심에는 60~70%, 저녁에는 40% 정도로 높다.

대표메뉴는 냉우동인 세이로 우동과 온우동인 가케 우동이다. 세이로 우동은 차가운 면을 쯔유나 참깨 미소 쯔유에 반 정도만 담가 먹는 메뉴다. 쯔유에 찍으면 짭쪼름하게, 참깨 미소 쯔유에 담그면 고소하게 즐길 수 있다. 가케 우동은 어묵과 참나물, 실파를 올려 내는데 다시가 특별하다. 품질 좋은 가다랑어를 도톰하게 깎아 말린 국물용 아즈케즈리와 다시마만 넣고 국물을 우려내 깔끔하면서도 가다랑어 풍미가 느껴지는데 얇은 우동 면과 잘 어우러진다.

우동의 주요 식재료를 일본에서 수입, 원가율이 높아 다양한 단품. 코스 요리로 수익을 창출한다. 우동과 곁들이는 인기메뉴는 에비 크림 고로케와 치쿠젠니다. 에비 크림 고로케는 크림소스에 새우살을 곁들여 부드럽고 바삭하며, 치쿠젠니는 일본인이 집에서 밥과 곁들여 먹는 밑반찬이다. 간장을 베이스로 우엉, 연근, 닭고기 등을 조린 메뉴로 일본인 고객이 즐겨 찾는다.

서울시 중구 을지로 6(시청점)에 소재하고 있는 〈이나니와 요스케〉의 주요 메뉴는 세이로 우동(점심)9000원.(저녁)1만 3000원, 가케 우동 (점심)8000원.(저녁)1만 3000원, 에비크림 고로케 1만 5000원, 치쿠젠니 1만 2000원이다.

(5) 한국적인 우동으로 20년 역사쓴 〈용우동〉

20년 간 대표 우동브랜드 자리를 지켜온 〈용우동〉이 지난해 〈용우동, 두 번째 이야기〉로 새롭게 탄생했다.

99%의 변화, 1%의 신념이라는 모토 아래 재탄생할 수 있었던 것은 20년의 탄탄한 노하우가 뒷받침되었기 때문이다. 철저한 상권조사로 〈용우동〉만의 특별한 메뉴를 선보이며 한식의 패스트푸드화를 지향하는 용우동의 롱런 비결이다.

① 상권별 맞춤형 매장과 유연한 메뉴 구성: 〈용우동〉이 프랜차이즈로서 20년 간 롱런할 수 있었던 것은 어떠한 상권에도 적합하도록 매장형태와 메뉴, 마케팅을 달리해서 지역상권 맞춤형으로 진출했기 때문이다.

매장 형태에 따라 홀 위주로 구성된 매장, 홀과 테이크아웃을 결합한 매장, 테이크아웃 위주의 소규모 매장으로 개설이 가능하다. 홀 위주의 매장은 최소 49㎡(15평) 이상, 홀과 테이크아웃 형태가 합쳐진 매장은 39㎡(12평) 이상, 테이크아웃 위주의 매장은 26㎡(8평)로도 오픈할 수 있다.

지역상권 맞춤형 매장을 지향하는 만큼 인테리어와 분위기, 메뉴 구성은 각 상권별 타깃층에 맞게 구성한다. 용우동, 등심돈가스, 순두부찌개 등 기본메뉴를 바탕으로 주택가 상권에는 주부층과 가족 단위 고객들이 좋아하는 메뉴를, 10대와 20대 젊은층이 많은 상권은 청소년들이 좋아하는 메뉴, 오피스 상권은 직장인들이 부담 없이 즐길 수 있는 메뉴를 추가하는 형태다.

각 상권에 따라 매장형태와 메뉴를 유연하게 구성한 것이 요즘 같은 외식업 불황기 파고를 무사히 넘을 수 있었던 비결이다.

② 용우동만의 특화 메뉴가 핵심 POINT: 김치짜글이, 매운치즈삼

겹덮밥 등 〈용우동〉에는 다른 브랜드에서 찾아 볼 수 없는 특별한 메뉴들이 눈에 띈다. 이곳 매장개발부 부서장은 "전라도의 지역색을 가미한 김치짜글이처럼 용우동에서만 맛볼 수 있는 메뉴를 강화하고 어디에서나 흔히 볼 수 있는 메뉴들은 과감히 정리했다"고 설명한다.

콘셉트까지 한층 업그레이드 된 〈용우동, 두 번째 이야기〉가 20년 프랜차이즈로서 가맹사업을 오래 유지할 수 있었던 비결은 10대부터 50대까지 다양한 고객층을 확보한 데다 재구매율이 높아 경기 변화에 민감하지 않고 꾸준한 시장성이 있다는 것이다. 가맹점은 전국적으로 178개가 성업 중에 있다.

〈용우동〉이 '두 번째 이야기'로 리뉴얼 하게 된 계기는 창립 20주년을 맞아 고객에 대한 신뢰를 지켜가기 위해 한층 업그레이드하기 위함이었다고 한다. 부분적인 변화만으로는 업계를 리드해나가는 선두브랜드가 될 수 없다고 판단, 전문가의 진단을 받고 진지한 내부 검토를 거쳐 제2의 전성기를 맞이하고자 과감한 결단을 내린 것이다.

메뉴, 맛, 인테리어 등 세심한 부분까지 본사의 모든 역량을 집중하여 리뉴얼 했고 브랜드 로고, BI, 콘셉트까지도 수정했다. 주방 시스템 등 매장운영 효율화에도 집중했지만 창업비용 및 운영비용은 상승하지 않도록 철저히 관리하였다.

매장의 평균 순수익과 매출은 2016년 4분기 기준으로 일매출 80만 원 이하 매장이 23%, 80만~120만 원이 61%, 120만 원 이상이 16%였다. 대다수 매장들이 100만 원 정도의 매출을 올리고 있으며 총투자대비 월 순이익률이 4.5% 이상이기 때문에 창업 후 20개월 이내에 점포비를 포함해 최초 투자비를 회수하고 있다. 힘들지만 노력하는 만큼 결실을 얻고 있다.

1997년 2월(인천 인하대점) 브랜드를 론칭한 〈용우동〉은 20년 역사의 대표적 우동 브랜드로 조리가 간편한 반조리 원팩 시스템 및 지역 상권별 맞춤형 매장 입점, 고객층에 따라 구성을 달리하는 메뉴 등을 경쟁력으로 꼽을 수 있다.

이곳의 대표메뉴는 용우동 4000원, 해물짬뽕우동 6500원, 등심돈까스 6500원, 치즈김치볶음밥 6000원, 김치짜글이 6500원, 매운치즈삼겹덮밥 7500원이며, 창업비용은 49㎡(15평)기준 6500만원 정도이다.(부가세 별도) 전화는 02-267104470이다.

2. 냉면

1) 면식(麵食)계의 왕좌 냉면

조선 말기의 기록을 담은 이유원의 《〈임하필기〉》를 보면 조선의 23대 왕인 순조가 달구경을 하다가 궁궐 바깥에서 냉면을 포장해 먹었다는 내용이 나온다. 약 200여 년 전에도 테이크아웃이 가능했다는 재미있는 사실과 함께, 냉면이 조선의 왕도 사랑했던 귀한 음식이었다는 점을 알 수 있다. 한국의 면식(麵食)을 이야기할 때 결코 냉면을 빼놓을 수 없다. 가장 오랜 역사를 지니고 있는 만큼 예부터 다양한 방식으로 먹어온 전통 음식이기 때문이다.

(1) 완성도 높은 냉면으로 틈새시장 공략해라

'냉면'이라는 단어를 떠올렸을 때 저마다 생각하는 음식의 형태는 각각 다를 것이다. 누군가는 그릇 밑바닥이 들여다보일 정도로 투명한 육수에 예쁘게 말아 올린 고운 메밀 면을, 어떤 이는 탱글탱글한 전분 면에 새빨간 양념과 간재미나 명태무침을 얹은 비빔냉면을, 또 다른 누군가는 머리가 쨍할 정도로 살얼음 가득 채워 차갑게 내는 새콤한 물냉면을 떠올린다. 각각 다른 형태를 취하고 있지만 우리는 이 세 가지 형태를 전부 냉면이라고 부른다.

냉면은 크게 평양냉면과 함흥냉면으로 나뉜다. 각각 먹기 시작한 유래나 지역적 특색, 들어가는 재료나 조리 방식이 전부 다르다. 찬 국물에 면을 말아먹는 것 말고는 전혀 다른 음식이다. 평양냉면은 고기육수에 메밀가루로 낸 메밀 면을 내고, 함흥냉면은 고구마 전분으로 낸 쫄깃한 면발에 매콤한 양념을 얹어낸다.

함흥식 냉면에도 찬 육수를 얹은 물냉면이 있는데 고기 육수보다는 동치미 국물을 사용해 시큼털털한 맛이 특징이다.

각 냉면이 지닌 특징과 매력이 다르듯, 외식업소에서 접목하기에도 각 아이템이 지닌 경쟁력과 장단점이 다르다.

(2) 역사와 기품이 서려있는 평양냉면

냉면의 계보를 이야기할 때 중심이 되는 것이 평양냉면이다. 북한 평양 지역에서 먹기 시작한 평양냉면은 특유의 밍밍하면서도 담백하고 구수한 육수가 매력적인 음식으로 면 마니아들의 독보적인 사랑을 받고 있다.

사실 한국에서 평양냉면이 대표적인 면 요리로 자리매김 한 것은 이례적인 일이다. 대부분의 한국 전통음식이 된장과 고추장, 간장 등 장류에 기반을 두다 보니 '無'에 가까운 평양냉면의 순수한 맛이 통할 리 없었다. 더구나 많은 대중음식점에서 음식의 감칠맛을 끌어 올리기 위해 자극적인 소스나 화학조미료 과다 사용으로 젊은 고객들은 지나치게 맵고 짠 음식에 입맛을 내준 것이 사실이었다.

국내엔 수십 년 이상의 역사를 지닌 1세대 정통 평양냉면집들이 많이 있다. 경기도 의정부 평양면옥과 서울 장충동 평양면옥, 우래옥, 을지면옥, 필동면옥, 을밀대, 정인면옥, 평래옥, 남포면옥, 부원면옥 등 냉면 마니아나 웬만한 미식가들은 알 만한 냉면집들이다. 대부분 한국전쟁 이후 한국으로 넘어온 실향민들이 차렸다가 2대, 3대까지 이어가고 있는 유서 깊은 곳들이다.

10년 전만 해도 이러한 평양냉면집을 찾아오는 이들은 주로 60대 이상의 중.노년층이었다. 대부분 고향음식이 그리워 찾는 실향민들이거나 심심하고 담백한 음식 맛이 좋아 단골이 된 노년층이었다.

있는 듯 없는 듯했던 정통 평양냉면집을 먼저 알아본 이들은 미식가들과 면 마니아를 포함한 1세대 맛집 블로거들이다. 2000년대 초반부터 온라인 맛집 커뮤니티를 운영하며 1대 파워블로거로 활동했던 '건다운' 박태순 씨는 맛집 커뮤니티 내 면 마니아들끼리 면요리전문점 탐방을 다니다가 평양냉면을 알게 됐다고 한다.

처음엔 육수에서 아무 맛도 나지 않아 다들 '돈 버렸다'고 할 정도였다. 그런데 그 특유의 싱거운 맛이 자꾸 생각나 한두 번 먹다보니 마니아가 됐다.

1세대 블로거들의 맛집 포스팅과 입소문으로 점차 젊은 세대들이 평양냉면을 찾아 먹기 시작했고 2~3년 전부터는 20~30대 마니아층이 형성됐으며, 최근에는 평양냉면이 새로운 면식 문화로 자리매김했다.

현재 평양냉면은 '냉면 좀 먹을 줄 아는 이들의 음식'으로 통한다. 급기야 '평양냉면의 참맛을 느끼려면 물냉면으로 먹어라', '평양냉면 먹을 때 가위로 면을 자르면 아마추어, 식초와 겨자를 넣으면 하수'라는 무언의 공식이 생길 정도로 면 마니아들 사이에서 신성화되기도 한다. 그저 실향민들의 추억음식이었던 평양냉면이 면식계의 왕좌로 신분상승을 한 것이다.

(3) 다양한 스타일의 평양냉면, 정답은 없다

평양냉면은 크게 장충동과 의정부, 봉피양 버전으로 나뉜다. 장충동 스타일은 서울 장충동 평양면옥과 진미평양냉면, 경기도 일산 대동관 냉면처럼 생수에 가까울 정도로 투명한 육수에 오이지와 소고기, 돼지고기, 달걀을 고명으로 올려낸다.

의정부 계열은 '파 송송 고춧가루 팍팍' 들어간 스타일의 냉면이라고 생각하면 된다. 면발이 가늘고 하늘거리며 돼지고기, 소고기 수육 위에 고춧가루와 채 썬 고추를 얹는다. 경기도 의정부 평양면옥과 을지면옥, 필동면옥이 전부 의정부 계열이다. 1970년부터 역사를 이어가고 있는 정인면옥은 여의도점과 광명점을 각각 운영 중인데 여의도점은 장충동 계열로 광명점은 의정부 스타일로 낸다.

물론 의정부나 장충동 스타일을 비켜 간 전통 평양냉면 집들도 있다. 서울 강동권 내 유일한 평양냉면 강자로 통하는 서북면옥과 염리동 을밀대, 남대문시장의 부원면옥, 을지로 만포면옥, 제기동 평양냉면은 육수가 뿌옇고 면의 질감이 투박하면서 식감은 쫄깃한 것이 특징이다. 서북면옥과 을밀대는 육수에 살얼음을 띄워주기 때문에 여름에는 항상 줄을 서서 기다려야 냉면을 먹을 수 있다.

봉피양은 돼지갈비전문점이라는 점에서 1세대 평양냉면집들과는 계보가 다르다. 1998년 벽제갈비 김영환 회장이 론칭한 곳으로 허영만 작가의 '식객' 평양냉면 편의 실제 주인공인 김태원 조리장의 66년 노하우를 담아 정통 평양냉면을 개발했다. 굵고 매끈한 면발과 육향 짙은 육수, 새콤한 얼갈이김치와 황색 지단 고명으로 고급스러운 냉면을 완성했다. 수십 년 된 1세대 냉면집들에 비해 역사는 짧지만 냉면 장인들의 실력에서 나온 수준급 냉면으로 봉피양은 빠른 시간 안에 평양냉면 명가로 자리매김 했다.

봉피양 평양냉면은 고깃집 경영주들의 벤치마킹 1순위 메뉴다. 경기도 부천 삼도갈비와 한우구이전문점 배꼽집, 로스옥, 봉밀가, 청담옥에서 비슷한 냉면을 만들어 판매하고 있다. 묵직하면서도 구수하고 시원한 봉피양 스타일의 육수는 한우구이나 돼지갈비와도 잘 어울린다. '선육후면'의 대표주자인 셈이다. 고깃집이 아닌 냉면전문점에서 봉피양 식 육수를 구현하는 곳으로는 능라도가 있다. 능라도 냉면은 봉피양과 장충동 계열의 중간 형태로 육수는 봉피양 냉면처럼 육향이 진하고 구수하며 고명은 장충동 평양면옥처럼 오이지와 수육, 달걀, 무김치를 올려낸다.

(4) 평양냉면 후발주자가 드문 이유

평양냉면을 제대로 내는 집들 중 장사 안 돼서 문 닫았다는 소리는 들은 적이 없을 것이다. 그만큼 명성 있는 냉면전문점들은 늘 호황이다. 여름은 말할 것도 없고 겨울에도 선주후면을 즐기러 오는 손님들로 가득 찬다. 그러나 전통 있는 냉면집들을 제외한 신생업소들은 찾기 어렵다. 그만큼 평양냉면은 웬만한 내공과 노하우로는 만들기 어려운 음식이기 때문이다. 메밀 면에 차게 식힌 고기국물과 고명만 올려내면 된다고 생각할 수도 있지만 사실 이 과정이 보통 힘든 게 아니다. 육수도 그렇고 면도 마찬가지다. 오죽하면 유명한 냉면집에서 수십 년 경력을 쌓은 조리장들 사이에 '고액 연봉',

'스카우트 제의'와 같은 말이 돌까.

소고기로 군더더기 없이 맑은 육수를 내는 작업도 어려운데 이를 적정 온도로 차갑게 내야 하니 보통 손이 많이 가는 것이 아니다. 우선 육수는 양지와 사태, 기타 부위의 소고기를 넣고 기본 3~4시간 이상을 끓여야 한다. 이때 육향이 은은하게 감도는 맑은 육수를 내려면 끓이는 동안 기름기와 젤라틴을 계속 걷어내야 한다. 그렇게 끓인 육수는 차게 식혀 다음 날 판매하는데 식히는 과정에서 온도나 공기 중 미생물에 따라 맛이 쉽게 변하기 때문에 온도나 보관 장소, 시간을 잘 조절해야 한다. 최근에는 슬러시 기계를 판매하는 업체가 생기면서 온도 설정만 해두면 일정 온도 내에서 육수를 차게 식힐 수 있지만, 불과 4~5년 전만 해도 대형 육수 통에 저장한 후 수시로 온도를 체크해야 했다.

면은 더 어렵다. 평양냉면의 주재료인 메밀은 글루텐이 없어 면을 만들었을 때 탄력이 없고 쉽게 부서진다. 100% 순면을 먹을 때 툭툭 끊어지는 것도 이 때문이다.

메밀가루 자체에 힘이 없어 잘 뭉쳐지지 않는 데다 메밀 특성상 습도와 열에 약해 공기에 장시간 노출될수록 금방 삭아버린다. 반죽은 1시간 이내 틀에 눌러 면을 뽑고 바로 삶아 육수에 말아내야 메밀 면 본연의 식감을 제대로 느낄 수 있다. 대부분의 냉면집들이 메밀 70~80%에 밀가루나 전분을 20~30%가량 섞고 냉반죽해 어느 정도의 탄력감을 유지하는 이유다.

그러나 얄궂게도 평양냉면 마니아들은 100% 순면을 선호한다. 순면 특유의 투박하고 거친 식감을 즐기는 것이다. 그렇기 때문에 우래옥과 봉피양, 정인면옥 등 몇몇 냉면집들은 일반 냉면과 함께 순면 메뉴를 별도로 구성하고 가격을 올려 받는다.

(5) 어설프게 시도했다가는 본전도 못 뽑는다

육수와 면을 정통 방식으로 완성했다고 해서 끝이 아니다. 육수와 면발의 식감, 고명 그리고 냉면 찬으로 내는 김치와의 맛 궁합이 잘 맞아야 '중독성 있는' 밍밍함이 된다.

육수의 염도나 온도, 육향의 정도, 메밀 함유량, 면의 질감과 두께, 고명 종류에 따라 맛이 천차만별이다. 경기도 부천 삼도갈비는 식사와 후식메뉴로 평양냉면을 판매하는데 준비하는 데만 1년이 걸렸다. 육수 염도를 0.1씩 높여 맛을 보고 면의 두께나 메밀 함량도 여러 번 바꿔가며 끊임없이 테스팅했다.

현재는 완전체 냉면을 완성해 3년 만에 서울.경기 지역 평양냉면 대표 맛집 대열에 이름을 올렸다.

평양냉면은 만드는 과정도 어렵지만 투자비용도 만만치 않다. 제분기와 반죽기, 제면기, 저장고, 슬러시기기를 비롯해 기타 설비에 들어가는 금액만 2000만 원 수준. 공간도 적잖이 차지하기 때문에 주방 규모도 넉넉해야 한다. 게다가 재료비나 인건비도 세다. 이 모든 조건을 갖추었다고 해도 까다로운 냉면을 완벽하게 만들어 성공하리란 보장은 없다.

어설프게 시도했다가는 본전도 못 찾을 수 있다. 평양냉면으로 돈 버는 일은 어쩌면 신의 영역이다. 그래서 원조 1세대 냉면집 다음의 후발주자가 많지 않은 것이다.

그러나 어려운 만큼 평양냉면은 고객 니즈는 물론 가치와 기품이 있는 전통음식이고, 수많은 스토리와 내공을 담고 있는 셀러브리티 같은 메뉴다. 잘 만든 평양냉면은 한 그릇은 열 가지 면 요리와도 견줄 수 없는 특별함을 갖고 있다.

(6) 함흥냉면 정공법이냐, 시판제품이냐

왕들도 먹었다는 유서 깊은 평양냉면에 비하면 함흥냉면은 제대로 된 기록조차 없다. 하지만 남쪽으로 내려온 피난민들을 통해 반세기가 넘게 오늘날까지 두루두루 사랑받는 서울 대표 음식으로 자리 잡은 것은 어느 정도 사실이다. 평양냉면집 찾기는 힘들지만 함흥냉면집은 동네 곳곳 어디에나 자리를 잡고 있다. 그만큼 무난한 방법으로 대중의 사랑을 받기에는 최적의 아이템이라는 방증이다.

그러나 대중적인 외식 아이템이라는 미명 아래에는 '싸구려 냉면'이라는 이면도 있다. 육수를 직접 끓이고 면을 반죽해 즉석에서 뽑아내는 수고 대신 시판용 면과 소스 제품으로 쉽게 만들어내는 패스트푸드 같은 음식이기 때문이다. 그래서 지금까지 함흥냉면은 고무보다 질긴 면에 공장제 조미료 소스 범벅의 분식 냉면, 또는 고깃집 후식냉면이라는 불명예를 면치 못했다. 더구나 과거 왕들이나 선조들이 즐겨 먹었다는 그럴 듯한 스토리나 역사도 없다. 그러니 외식시장에서 함흥냉면은 오퍼레이션이 간단하다는 장점 외엔 특출한 매력이 없는 것도 사실이다.

그러나 중요한 것은 대중의 니즈다. 평양냉면의 심심한 맛에 매력을 못 느끼는 이들은 함흥냉면 스타일의 매콤하고 달착지근한 비빔냉면 맛에 길들어졌기 때문이다. 아직까지 많은 고객들은 새콤한 국물에 살얼음을 동동 띄운 물냉면과 오독오독 씹히는 간재미무침이나 홍어, 명태무침을 올린 비빔냉면을 선호한다. 뚝뚝 끊어지는 메밀 면보다 쫄깃한 전분 면이 입에 척척 감긴다. 시중에 판매되는 면과 소스, 육수 제품을 각각 잘만 선택하면 큰 어려움 없이도 '맛있다'는 대중의 호평을 들을 수 있다.

함흥냉면을 시판용 제품을 쓰지 않고 정공법으로 만드는 것도 좋은 방법이다. 실제로 서울 서초동의 강남함흥면옥처럼 육수부터 면, 소스까지 각종 재료를 매장에서 정통 방식으로 만들어 차별화하는 곳들도 많다. 제주고기전문점 삼다연은 '냉면 맛있는 고깃집'으로 유명한데 이 곳 역시 소고기 양지와 사태로 우린 육수에 직접 담근 동치미를 넣어 밑 국물을 내고, 비빔냉면의 경우 사골 육수에 국내산 고추장과 매실청, 소고기를 갈아 넣은 홈메이드 양념장을 2주 숙성시켜 맛을 제대로 낸다. 정공법이냐, 시판제품으로 맛을 완성하느냐 각각의 장단점이 있다.

2) 전통의 후계자, 새로운 냉면 전문점과 시장 양분

1920년대부터 평양냉면은 이미 한국 음식의 한 장르이자 아이템으로 자리를 잡았다. 그러다가 1940년대 〈우래옥〉을 기점으로 소고기육수를 베이스로 한 평양냉면의 인기가 급속도로 확대되기 시작했고 1970~1980년대에는 장충동의 평양냉면 계열, 의정부의 평양면옥 계열, 고급화된 평양냉면을 내는 〈봉피양〉 등에 이르기까지 다양한 색깔을 지닌 평양냉면 전문점들이 우후죽순 생겨났다.

특히 평양냉면은 육수를 만들기가 어렵고 면과 육수의 밸런스까지 맞추는 게 까다로워서 대중이 쉽게 다가서지 못하는, 이른 바 '포스 있는' 음식 중 하나였다. 때문에 전문점이 아니고서는 평양냉면 내는 걸 생각조차 하지 못했었다. 물론 최근에는 질 좋은 고기와 고급스러운 면을 접목한 〈봉피양〉냉면을 비롯해 〈정인면옥〉과 〈배꼽집〉, 〈능라도〉, 〈진미평양냉면〉, 분당의 〈리북면옥〉, 〈광릉한옥집〉 등 오래된 전통 맛집에서 갈려져 나온, 혹은 새롭게 개발한 레시피로 승부하고 있는 냉면전문점들이 많은 이들의 주목을 받고 있다. 게다가 논현동의 〈배꼽집〉이나 광명의 〈정인면옥〉처럼, 노포와 비교했을 때 7000원 내외의 저렴한 가격으로 가성비까지 만족시키고 있는 경우도 생겨났다. 마포 〈장수가〉는 〈서경도락〉이라는 이름의 새로운 음식점으로 리뉴얼하면서 기존의 일반 냉면을 평양냉면으로 교체, 매장의 레벨을 업그레이드하기 위한 방편으로 평양냉면을 활용하고 있기도 하다.

어쨌든 1만원 내외의 가격대가 형성되어 있는 평양냉면 아이템은 건강식재료로써의 메밀 선호도, 미식으로 '작은 사치'를 누리고자 하는 현대인들의 욕구와 맞물려 지금도 꾸준히 인기를 누리고 있는 중이다.

평양냉면은 함흥냉면이나 기타 다른 면류와 비교했을 때 마니아적인 성격이 강하다. 하지만 그만큼 마케팅적으로 이용할 수 있는 부분이 많은 아이템이기도 하다. 때문에 최근의 평양냉면은, 굳이 전문점 형태가 아니더라도 돼지갈비와 평양냉면 또는 불고기와 평양냉면 등 '선육후면' 형태의 판매형태가 주를 이루고 있다. 이는, 냉면이 가질 수밖에 없는 계절적인 한계성을 극복하는 것은 물론 '냉면이 맛있는 고깃집' 이라는 가장 진화된 형태의 키워드를 만들어내 보여주고 있기도 하다.

그렇다면 '냉면이 맛있는 고깃집' 은 어떻게 만들 수 있을까. 우선 현재, 노포에서 받는 평양냉면의 값은 1만원 내외, 신규 점포의 경우엔 7000~9000원이 대세다. 이처럼 냉면 가격에 영향을 미치는 것은 소고기의 함량이다. 또한 '자가제면' 인지의 여부도 중요하다. 평양냉면 제조 시, 60리터 솥에 20㎏의 소고기를 넣어 끓인다면 육수의 원가는 3000원 대, 800원 대의 면을 함께 사용한다고 했을 때 평양냉면의 판매가는 9000원 내외가 적절하다. 그 외에 식기는 어떤 것을 사용하느냐, 고명은 어떤 종류의 것을 올리느냐, 사이드메뉴는 무엇을 갖추고 있느냐에 따라 평양냉면의 상품력 또한 결정된다.

3) 냉면의 핵심 포인트

평양냉면은 요리임에도 불구하고 고급스러운 포지셔닝이 가능한 음식 중 하나다. 1만원으로 접할 수 잇는 럭셔리 요리! 평양냉면의 강점은 여기에 있다. 소비자들의 입맛이 까다로워지면서 메밀함량, 제분기술, 육수의 퀄리티, 고명까지 신경 써야 하지만 그럼에도 불구하고 평양냉면은 고깃집에서 절대 빼놓을 수 없는 강력한 아이템이다.

(1) 면 : 메밀함량 70~80%가 일반적

평양냉면의 메밀함량은 일반적으로 70~80% 내외다. 특히 메밀 함량이 높은 유백색 면발의 선호도가 높다. 평양냉면의 맛을 좌우하는 것 중 또 다른 하나는 바로 전분이다. 전분과 메밀의 비율에 따라 면발의 느낌이 달라진다. 〈을밀대〉와 같은 경우에는 전분의 비율을 높여 가장 대중적인 식감을 살렸고 분당의 〈리북면옥〉은 순 메밀만, 그리고 〈정인면옥〉이나 〈봉피양〉의 경우엔 순면을 별도 판매하고 있기도 하다. 시중의 메밀가루 가격은 20㎏ 한 포 기준으로 8~16만 원 선. 겉메밀의 비율과 분쇄정도, 원산지 등에 따라 가격 또한 천차만별이다.

(2) 고명 : 초절임, 채 썬 달걀과 배 활용하는 경우 많아

냉면 육수로 어떤 고기를 활용했는지에 따라 고명의 종류도 결정된다. 의정부 〈평양면옥〉은 소고기와 돼지고기를 육수에 활용하고 있기 때문에 두 가지 고기를 모두 고명으로 사용한다. 또한 냉면 위에 흔히 올라가는 동치미 무나 김치보다는 얼갈이, 배추 등의 초절임을 활용하는 비중이 점차 늘고 있다. 삶은 달걀, 배는 채 썰어 올린 것이 시각적으로도 보기 좋고 은은한 국물 맛까지 낼 수 있어 좋으며 여기에 약간의 포인트로 파, 깨, 고춧가루 등을 사용해 개성을 부여하는 것도 고려해 볼만하다.

(3) 식기 : 고급스러운 유기그릇이 대세

고객들의 만족도만을 놓고 본다면 유기그릇이 가장 좋다. 음식을 가장 맛있게 먹기 위해서는 온도가 중요할 뿐만 아니라 고급스러운 느낌도 함께 줄 수 있기 때문에 유기그릇을 추천한다. 1만원 이상의 냉면을 판매하고 싶다면 그릇에 신경 쓰는 것은 당연하다.

(4) 사이드 시그니처 : 음식점에 개성을 부여하는 메뉴 고민이 필수

〈을지면옥〉은 제육, 〈정인면옥〉은 녹두전과 수육, 〈을밀대〉는 차돌양지수육, 그리고 〈광릉한옥집〉은 돼지숯불고기와 메밀 쌈을 함께 판매하고 있다. 냉면을 판매하는 동시에 객단가까지 끌어올리기 위해서는 제대로 된 사이드메뉴를 고민할 필요가 있다.

〈표7〉 우수 냉면 벤치마킹 리스트

업체명	가격	육수	면	고명	추가 벤치마킹 메뉴
봉피양	평양냉면 1만3천원, 순면 1만7천원	한우양지, 사태, 돼지고기, 닭고기	메밀,전분 8:2 (별도순면있음)	달걀지단, 무김치, 얼갈이, 고기	돼지갈비 , 양곰탕
	주소 : 서울시 송파구 양재대로 71길 1-4 벽제갈비 전화번호 : (02)415-5527				
우래옥	1만3천원	한우양지, 사태	메밀,전분 7:3	배, 수육, 무김치, 파	김치말이 냉면
	주소 : 서울시 중구 창경궁로 62-29 전화번호 : (02)2265-0151				
의정부 평양면옥	1만원	소고기양지, 돼지고기	메밀,전분 7:3	소고기, 돼지고기, 고춧가루, 깨, 무김치, 파, 삶은달걀	제육
	주소 : 경기도 의정부시 평화로 439번길 7 전화번호 : (031)877-2282				

업체명	가격	육수	면	고명	추가 벤치마킹 메뉴
필동면옥	1만원	소고기양지, 돼지고기	메밀,전분 7:3	소고기, 돼지고기, 고춧가루, 깨, 파, 삶은달걀	제육
	주소: 서울시 중구 서애로 26 전화번호 : (02)2266-2611				
을지면옥	1만원	소고기양지, 돼지고기	메밀,전분 7:3	소고기, 돼지고기, 고춧가루, 깨, 무김치, 파, 삶은달걀	제육
	주소 : 서울시 중구 충무로14길 2-1 전화번호 : (02)2266-7052				
장충동 평양면옥	1만1천원	소고기양지, 사태, 각종채소	메밀,전분 7:3	소고기, 돼지고기, 무김치, 파, 삶은달걀	접시만두
	주소 : 서울시 중구 장충단로 207 전화번호 : (02)2267-7784				
을밀대	1만원	소고기 다양한부위	메밀, 고구마전분 7:3	배, 고기 오이, 무김치 삶은달걀	수육
	주소 : 서울시 마포구 숭문길 24 전화번호 : (02)717-1922				

업체명	가격	육수	면	고명	추가 벤치마킹 메뉴
광릉 한옥집	1만원	한우 우둔살	메밀 100%	백김치, 배, 오이, 고기, 삶은달걀	돼지숯불고기, 메밀 쌈
	주소 : 경기도 남양주시 진접읍 광릉내로 36 전화번호 : (031)574-6630				
능라도 분당점	1만1천원	한우설깃, 사태, 양지	메밀 80%	오이, 무김치, 고기, 삶은달걀	접시만두, 평양온반
	주소 : 경기도 성남시 분당구 산운로32번길 12 전화번호 : (031)781-3989				
진미 평양냉면	1만원	소고기양지, 사태	메밀 50%	소고기, 돼지고기, 오이, 동치미무, 삶은달걀	제육, 접시만두
	주소 : 서울시 강남구 학동로 305-3 전화번호 : (02)515-3469				
광명 정인면옥	냉면7천원 순면9천원	한우사태, 양지	메밀,고구마전분 75:25 (메밀순면별도, 자가제분, 손반죽)	삶은달걀, 오이, 무김치, 고기, 파	녹두전, 소고기수육
	주소 : 경기도 광명시 목감로268번길 27-1 전화번호 : (02)2683-2612				

업체명	가격	육수	면	고명	추가 벤치마킹 메뉴
배꼽집 논현점	7천원	한우사태, 돼지고기, 닭고기	메밀,전분 8:2	고기, 얼갈이 배, 파	한우안심, 참갈비
	주소 : 서울시 강남구 강남대로128길 22 전화번호 : (02)539-3323				
리북냉면	9천원	한우 아롱사태, 채소	순메밀, 손반죽	배, 오이, 소고기, 무김치, 삶은달걀	왕만두
	주소 : 경기도 성남시 분당구 미금일로90번길 36-5 더프라자1층 전화번호 : (031)711-6565				

4) 우수브랜드의 성공전략

(1) 2세대 정통 평양냉면의 진수 〈능라도〉

〈능라도〉는 2011년 경기도 성남시 판교 1호점을 시작으로 2015년 서울 역삼동에 2호점을 오픈, 노포(店鋪) 특유의 낡은 분위기 대신 넓고 쾌적한 공간과 정갈하게 뽑아낸 정통 평양냉면으로 짧은 시간 내 평양냉면 맛집 대열에 합류했다. 중.노년층 고객뿐 아니라 젊은 직장인 고객의 회식 성지로 각광받고 있어 더욱 주목할 만한 곳이다.

① 소고기.돼지고기 육수 비율 8대 2, 정돈된 감칠맛: 〈능라도〉가

경기도 판교에 처음 문을 열었던 2011년, 외식전문가와 맛집 블로거, 미식가들 사이에서 화제가 됐다. 특히 '평양냉면 좀 먹을 줄 안다' 고 자부하는 냉면 마니아들은 유레카를 외쳤다. 우래옥, 서북면옥, 필동면옥, 평양면옥 등 수십 년의 역사를 지닌 1세대 냉면집들을 제외하고는 정통 평양냉면을 제대로 구현하는 곳이 드물었기 때문이다.

〈능라도〉는 면.육수.고명 3박자를 고루 갖춘 수준급 정통 평양냉면으로 사랑받고 있다. 특히 일부 냉면 마니아나 노년층의 단골 외식메뉴였던 평양냉면을 정통 방식대로 기품 있게 만들어내면서 깔끔하고 세련된 공간 구성으로 30대 초중반 젊은 고객의 방문율을 높였다. 강남점의 경우 기존 1세대 평양냉면집들과 다르게 저녁시간 30대 직장인들의 회식이나 모임도 흔히 볼 수 있다.

육수는 소고기 육수와 돼지고기 육수를 8대 2 비율로 배합해 사용한다. 육수용 소고기는 1++등급의 한우 양지와 사태, 설깃 부위를, 돼지고기는 삼겹살 부위를 쓴다. 각각 5시간 정도 끓여 맑은 육수를 낸 후 8대2 비율로 배합하는데 맑고 담백하면서도 은은하게 감도는 육향이 중독성 있다. 이곳 냉면의 염도는 0.9정도다. 오픈 초창기보다는 0.1~0.2가량 높인 수치다.

'無맛' 에 가까울 정도로 밍밍하기만 하면 평양냉면 초급자들의 입맛을 잡는데 문턱이 높다고 판단해 염도를 약간 높인 것이다.

② 메밀함량 여름철 85%, 겨울철 95%: 여느 냉면집들처럼 능라도 역시 육수용으로 사용한 소고기와 돼지고기를 각각 수육과 제육 메뉴로 활용한다. 육수를 내고 남은 소고기와 돼지 삼겹살을 먹기 좋게 썰어 실온에 보관했다가 주문 시 뜨거운 물에 데친 후 낸다. 소고기 수육은 부추에 양지와 사태, 설깃, 우설, 미릿고기를 올린 후 육수를 자박하게 깔아 제공, 즉석에서 보글보글 끓여 먹는다. 육수용 돼지 삼겹살은 제육 메뉴로 소진하는데 쫄깃하면서도 고소한 맛이 도드라져 냉면과 함께 사이드로 주문하는 비중이 높다.

〈능라도〉는 매장 한 쪽에 위치한 메밀방앗간에서 매일 면을 뽑는다. 제분기로 메밀껍질과 알맹이를 분리하고 고운 입자로 갈아낸 후 반죽해 면을 내린다. 메밀 함유량은 95%, 나머지는 전분으로 맞추고 습도가 강한 봄·여름에는 메밀을 85%가량까지 낮춘다. 메밀 특성상 습도에 약하고 저장성이 낮기 때문에 계절이나 날씨에 따라 메밀과 전분 밸런스에 변화를 주는 것이다. 메밀 면 특유의 부드러운 식감을 유지하는 비결이다.

③ 오이지와 무, 달걀 고명으로 다채로운 식감 살려: 고명은 육수를

뽑고 남은 양지, 사태고기 두 점과 삶은 달걀 반쪽, 무김치와 대파 조금을 올려낸다. 오이지에서는 약간의 짠맛이, 무에서는 숙성지만의 쿰쿰한 풍미와 아삭한 식감이 도드라지고 고소한 수육과 부드러운 달걀이 한데 어우러져 메밀 면의 맛이 더욱 다채롭다.

〈능라도〉는 '김치가 맛있는 냉면집'으로도 유명하다. 해남에서 공급받은 배추를 미나리와 갓, 무채, 쪽파, 부추에 소량의 고춧가루를 넣고 만든 소로 버무리는데 시원하면서도 달착지근한 맛이 은은하게 돌아 심심한 냉면과의 궁합이 좋다. 소금에 절인 무를 새콤한 양념에 버무려 숙성시킨 무김치도 별미다.

〈능라도〉의 판매량은 일평균 700그릇 내외이며 식재료 원가는 3500원 정도다. 규모는 353.72㎡(107평), 서울시 강남구 언주로107길 7로에 소재하고 있다.

이곳의 주요메뉴는 평양냉면. 평양온반. 접시만두. 만둣국 각각 1만 1000원, 제육 2만 5000원(300g), 1만 3000원(150g), 수육 3만원(400g), 어복쟁반 6만원(中)이다.

(2) 정통 평양냉면 신흥강자 〈서경면옥〉

〈서경면옥〉 냉면의 핵심은 면이다. 메밀 100% 순면을 쓰는 데다 일반 제분기 대신 업소용 맷돌에 면을 뽑는다. 대부분의 냉면집들이

'자가제면'의 타이틀을 붙여 제분기로 메밀가루를 만들어내는데 제분기 역시 열을 가해 메밀을 갈기 때문에 습도와 열에 민감한 메밀 특성상 상태의 변형이 일어날 수 있다. 이를 원천 차단하기 위해 서경면옥은 현무암 재질의 대형 맷돌기계에 메밀을 껍질째 통째로 갈아 고운 가루만 걸러낸다. 열을 가하지 않고 그대로 짓이기듯 갈아내기 때문에 메밀 본연의 고소한 향과 촉감이 그대로 살아있다. 공기 투입을 최소화하기 위해 반죽한 메밀은 30분 이내에 면으로 뽑는 것을 원칙으로 한다. 메밀 100% 순면은 글루텐이 없어 툭툭 끊어질 것이라는 예상과 다르게 면발 한 가닥 한 가닥이 정갈하면서 흐트러짐이 없고 단정하다.

육수는 육우 양지와 사태, 설도 부위를 4시간 정도 끓여 만든다. 여기에 각종 채소와 표고버섯, 다시마 등을 넉넉히 넣고 2차로 우려내 구수한 육향과 표고버섯의 감칠맛이 적절히 어우러진다. MSG 없이 소금으로만 간을 맞췄고 염도는 0.7 정도다.

〈서경면옥〉의 냉면 육수는 비교적 육향이 진한 편인데 이는 소고기를 일반 업소보다 두 배 이상 넣고 육수를 끓이기 때문이다. 한우보다 30~40%가량 저렴한 육우를 공급 받아 자체 육가공공장에서 구이용과 정육 부위를 발골해 양지, 사태, 설도 등 정육 부위를 넉넉하게 넣고 끓여 진하게 우려낸다. 찬은 백김치와 무김치, 깍두기, 열무김치 4가지를 낸다. 일반 평양냉면전문점보다 가짓수가 많은 편이지만 각각의 맛이나 개성은 떨어지는 편. 그러나 봉피양, 우래옥, 을지면옥, 을밀대, 필동면옥, 평양면옥 등 1세대 냉면집을 이을 만한 후발주자가 없는 가운데 수준급 면과 육수 퀄리티를 구현했다는 건 냉면업계에 고무적인 일이다.

〈서경면옥〉은 인천 소래포구와 서울 신사동에 가맹점을 각각 오픈했다. 정통 평양냉면으로 프랜차이즈 사업 전개까지 구상하고 있다.

〈서경면옥〉은 일평균 400~500그릇의 판매량을 올리고 있으며 식재료 원가는 약 3500원 정도다. 고명으로는 수육 2점, 삶은 달걀 반쪽, 무김치, 파를 사용하며 육우 양지. 사태. 설도. 표고버섯 등을 4시간 끓여 육수를 낸다. 맷돌에 껍질째 갈아 고운 가루만 걸러 뽑아내는 100% 순면, 한우보다 30~40% 저렴한 육우 정육 부위로 내는 육수의 육향이 진하면서 원가 경쟁력을 살리고, 정통 평양냉면 전문점 최초 프랜차이즈로 사업을 전개하고 있다는 것을 〈서경면옥〉의 특징으로 꼽을 수 있다.

경기도 성남시 분당구 판교역로 145에 소재하고 있으며 주요메뉴로는 평양냉면. 서경온반. 서경만두. 만둣국 각각 1만 1000원, 수육 3만원(400g), 어복쟁반 6만 5000원(中), 불갈비 3만 3000원(300g),

메밀전 8000원 등이다. 규모는 429.75㎡(130평) 내외다.

(3) 최강의 고깃집 평양냉면 〈배꼽집〉

〈배꼽집〉은 최근 2년 사이 '선육후면'을 내세운 고깃집 평양냉면으로 가장 핫하게 회자되고 있는 곳이다. 대부분의 평양냉면 가격이 1만 원을 훌쩍 넘기는 가운데 한우고기로 끓인 고급 냉면을 9000원에 판매하며 관심을 모았다. 2014년 오픈한 논현점을 시작으로 상암, 일산, 발산점까지 총 4개의 직영 매장을 운영 중이다.

〈배꼽집〉의 대표는 25년간 유명 평양냉면전문점에 근무하며 쌓은 노하우로 완성도 높은 수준급 냉면을 구현하는 데 성공했다. 이 집은 1++ 한우 양지와 사태 그리고 등심과 안창살, 갈비 등 구이용 작업 후 남은 부위까지 넣고 2시간 30분가량 우려낸 후 돼지고기와 닭고기를 넣고 1시간 더 끓여 육수를 낸다. 각종 원육과 부위를 골고루 넣고 우려내기 때문에 심심한 듯하면서도 육향이 짙고 풍미가 다채로운 편이다. 비율은 소고기 95%, 돼지고기 3%, 닭고기 2% 정도다. 마지막에 후추를 한소끔 넣어 약간의 감칠맛을 더한다.

메밀가루는 강원도 춘천의 한 제분소에서 공급받는다. 메밀 80%에 밀가루 15%, 전문 3% 정도를 배합해 사용하는데 여기에 소량의 보리 껍질을 볶아 넣어 고소한 풍미를 더한 것이 특징. 냉면전문점보다는 대중음식점이라는 점을 감안해 비교적 터프한 식감의 100% 순면 대신 밀가루와 전분, 보릿가루로 면의 쫄깃한 식감과 풍미를 살리는 데 주력했다.

고깃집인 데도 불구하고 〈배꼽집〉은 냉면 마니아들의 '냉면 성지'로 자리매김 했다. 한우구이 고객에 냉면 고객까지 끌어들여 점심과 저녁 매출 밸런스가 잘 맞는다. 냉면은 점심에 150그릇, 저녁에만 100그릇 이상 판매한다. 메인인 한우구이만큼 대표메뉴로 각인돼 '고기 손님'도 이곳에선 무조건 냉면을 함께 주문한다. 4인 기준 테이블에 평균 2그릇 이상의 주문이 들어오니 기본 1만4000원(후식용 냉면 7000원)의 테이블 단가는 자동 추가가 되는 것이다.

면 반죽은 오전과 오후 각각 한 번, 저녁 한 번으로 하루 총 세 번을 한다. 반죽이 끝난 메밀가루는 1시간 이내로 뽑아 방짜유기에 단정하게 틀어 올리고 동치미 무와 얼갈이김치, 수육 3점과 채 썬 배를 차례대로 얹어낸다. 배꼽집 냉면의 포인트는 간장과 식초, 설탕에 담근 새콤한 얼갈이김치다. 톡 쏘는 듯한 풍미와 간장 특유의 감칠맛, 아삭아삭한 식감이 어우러져 심심한 평양냉면과의 궁합이 좋다.

메밀가루 80%에 밀가루, 전분 가루를 20% 안팎으로 섞어 탄력감을 더했고 소량의 보릿가루로 고소한 풍미도 가미했다. 구이용 작업 후 남은 자투리 부위와 양지, 사태, 돼지고기, 닭고기를 넣고 끓인 육수로 육향이 짙고 맛이 다채로우며, 가성비 좋은 고깃집 평양냉면 으로는 서울 경기권에서 다섯 손가락 안에 꼽힌다는 특징을 갖는다.

판매량은 일평균 250그릇 정도이며 식재료 원가는 3800~4000원 수준이다. 고명은 수육 3점, 동치미 무, 얼갈이김치, 채썬 배(새콤한 얼갈이김치와 냉면 마리아주가 훌륭하다)를 사용하고 있으며 1++한 우 양지.사태와 구이용 작업 후 자투리 부위를 2시간 30분 끓인 후 돼지고기와 닭고기를 넣고 다시 1시간 이상 끓여 완성한 육수를 내고 있다.

서울시 마포구 월드컵북로54길 17 사보이시티DMC 2층에 소재하고 있는 이곳의 주요메뉴는 평양냉면 9000원(곱배기 1만1000원, 후식용 7000원), 수육 1만2000원(120g), 한우명품갈비탕 1만5000원, 마구리탕 8000원이며, 규모는 168.60㎡(51평) 내외다.

(4) 정공법으로 완벽 함흥냉면 구현 〈강남함흥면옥〉

함흥냉면은 고무보다 질긴 면에 공장제 조미료 소스 범벅의 분식 냉면, 또는 고깃집 후식냉면이라는 불명예를 면치 못했던 것이 사실 이다. 서울 서초동 〈강남함흥면옥〉은 기존 함흥냉면의 이미지를 부 상시키면서 '비냉'의 자존심을 세워주는 곳으로 충분하다. 육수부터

면, 양념장, 사이드메뉴까지 매장에서 직접 만들며 정공법으로 함흥냉면을 완성한다.

함흥냉면에서 가장 중요한 건 양념장이다. 이 집은 사골과 잡뼈, 꼬리, 우족을 넣고 6시간 우린 후 소고기 설깃 부위를 넣고 1시간 정도 끓인 육수를 양념장 베이스로 사용한다. 완성한 육수를 냉장 보관하면 탱글탱글 젤리 상태가 되는데 여기에 배와 사과, 대파, 마늘, 설탕, 양파, 후추, 고춧가루 등을 넣어 비빔냉면과 회냉면의 양념장으로 사용한다. MSG 대신 사골 베이스 육수에 과일과 채소 등의 천연재료 사용, 매콤하면서도 자극적이지 않고 단맛이 은은하게 돌아 계속 먹어도 질리지 않는다.

〈강남함흥면옥〉에서 판매율이 가장 높은 메뉴는 '섞기미'다. 비빔냉면에 설깃 수육과 회냉면 고명인 간재미 무침을 반반 올려낸다. 8000원에 간재미만 70g, 손바닥 만 한 크기의 수육을 두세 점을 면과 함께 푸짐하게 제공, 섞기미를 주문하는 대부분의 고객이 '썩소(섞기미+소주로 단골고객들만의 용어라고 한다)'를 즐긴다.

회냉면과 섞기미용 간재미무침은 서너 번 흐르는 물에 세척해 냄새를 없애고 간장과 식초, 소금에 하루 정도 잰다가 간장에 담가둔다. 당일 사용할 양 만큼 꺼내 마늘과 생강, 참기름, 물엿, 고춧가루로 버무려 냉면에 올려내는데 쫄깃하면서도 질기지 않고 양념과 촉촉하게 어우러져 감칠맛이 좋다.

물냉면 육수는 소고기 베이스다. 양지와 갈빗대, 갈비 잔여육 등을 넣고 1시간 정도 끓인 후 국간장과 진간장, 소량의 황기와 오리나무 등의 한약재를 넣고 30분가량 더 끓여낸다. 여기에 동치미 대용으로 무김치 국물을 약간 넣어 시원한 맛을 가미했다.

면은 고구마전분 가루와 90℃ 이상의 물을 2대1 비율로 섞어 익반죽한 후 기계에서 가늘게 뽑아낸다. 시중에 파는 면제품보다 부드럽고 한 가닥 한 가닥마다 식감이 쫄깃하게 살아있다. 방부제를 사용하지 않아 금방 분다는 단점은 있지만 고객 만족도는 상당히 높다.

〈강남함흥면옥〉은 고구마전분 100%(매장에서 직접 반죽한 후 면을 뽑는다)의 면을 사용하며, 육수는 소고기 양지와 갈빗대, 갈비 잔여육을 넣고 1시간 끓인 후 국간장과 진간장, 소량의 한약재료를 넣고 30분가량 추가로 끓이고 무김치 국물을 넣어 시원한 맛을 살린다. 양념장은 사골, 잡뼈, 꼬리, 우족, 설깃을 넣고 7시간가량 끓인 육수를 굳힌 후 배와 사과, 대파, 마늘, 설탕, 양파, 후추, 고춧가루 가미해 완성한다.

물냉면과 비빔냉면의 고명으로는 설깃수육 2점, 배, 오이지, 삶은 달걀을 사용하며 반쪽섞기미에는 설깃수육 2점, 간재미무침, 배, 오이지, 삶은 달걀 반쪽을 얹어낸다.

〈강남함흥면옥〉은 일평균 250그릇의 판매량을 올리고 있으며 식재료의 원가는 3500~4000원 선이다.

현재 서울시 서초구 반포대로30길에 소재하고 있으며, 주요 메뉴로는 물냉면·비빔냉면 7000원, 회냉면·섞기미 8000원, 추가사리 3000원, 수제왕만두 7000원(5조각), 우거지갈비탕 1만2000원, 소갈비찜 2만8000원을 꼽을 수 있다. 규모는 119㎡(36평) 내외이다.

3. 소바

1) 달콤하고 시원한 여름철 절대 흥행 메뉴, 소바

달고 시원한 장국에 메밀면을 말아 먹는 소바는 냉면, 막국수와 더불어 여름철을 대표하는 면요리다. 소바는 본고장인 일본 정통 스타일을 따르는 집도 있으나 대중성은 떨어지는 편이다. 여름마다 손님으로 줄을 세우는 유명 소바 전문점은 대개 한국식과 일본식을 절충한 형태다.

(1) 국물까지 마시는 '한국식 소바'가 대중적

소바는 소바키리((蕎麦切り, 메밀국수)의 준말이다. 한국에서 소바는 채반에 올린 메밀면을 쯔유에 찍어 먹는 '모리소바'를 가리키는 단어로 통용된다. 일본의 모리소바는 우리나라로 건너오면서 한국식으로 일정 부분 변형돼 국내에 정착했다. 일본식 소바와 한국식 소바의 가장 큰 차이는 '쯔유(つゆ)'다. 일본은 쯔유를 '소스'처럼 생각해 면을 살짝 찍어 먹지만, 한국은 면을 말아 먹는 '국물' 개념으로 여긴다. 그래서 한국식 소바의 쯔유는 마실 수 있을 만큼 묽으며, 간 무와 대파, 김가루를 고명처럼 듬뿍 잊어먹는 것이 특징이다.

(2) 손님도 업주도 접근하기 쉬운 메뉴

소바는 메밀면 메뉴 중에서도 비교적 운영이 쉬운 축에 속한다. 평양냉면은 소고기로 육수를 내야 하므로 원가가 높다. 맛에 대한 소비자의 기대치도 높아 창업자가 접근하기 어려운 메뉴다. 반면 소바의 경우 메밀 100%의 '순면'이 아니더라도 상관없고, 오히려 메밀 50% 정도의 다소 쫄깃한 면이 대중적인 인기를 얻는 경향이 있다. 서울에서 손꼽히는 유명 소바 전문점도 메밀 함량이 30%에 그치는 수준이다.

메뉴의 완성도를 비교적 단기간에 높일 수 있는 부분도 강점이다.

메밀 전문점이 아니더라도 계절한정 메뉴로 구성하기 좋다.

소바는 손님입장에서도 접근성이 좋은 메뉴다. 문턱이 낮은 만큼 심리적 가격저항선도 낮은 편이라 유명한 집에서도 7000원 이상 가격을 받기 어렵다. 따라서 객단가를 높이기 위해서는 만두, 유부초밥 등 사이드메뉴 구성이 필수다. 돈가스, 새우튀김 등 기름진 요리와 궁합이 좋다.

(3) 감칠맛나는 쯔유와 갓 뽑은 메밀면이 핵심

소바 메뉴의 핵심은 쯔유에 있다. 쯔유는 다시마 육수에 가쓰오부시를 넣고 맛을 우려내 만든다. 가쓰오부시는 가다랑어를 말린 것으로 발효와 숙성을 거치면서 감칠맛이 극도로 농축된 식재료다. 가쓰오부시가 없는 한국은 말린 표고버섯, 멸치, 뒤포리 등을 중심으로 감칠맛을 우려내며 대파뿌리, 양파, 바지락 등을 넣기도 한다.

메밀면은 숙성하지 않고 반죽이 끝나는 대로 삶아먹는 것이 가장 맛있다. 그래서 메밀 전문점의 경우 메밀을 자가제분, 자가제면하는 경우도 적지 않다. 부산의 「면옥향천」은 메밀 품종까지 선별하며 메밀재배까지 관여하고 있다. 자가제분, 자가제면에서 자가재배까지 아우르며 메밀면의 완성도를 높인 것이다. 하지만 꼭 '수제'여야 할 필요가 없다면 제품 메밀면과 쯔유를 사용하는 것도 나쁘지 않다. 최근 유통되는 제품은 과거에 비해 수준이 높아졌기 때문에 투입하는 노동력 대비 좋은 결과물을 얻을 수 있다.

2) 소바 메뉴의 경쟁력과 SWOT분석

〈표8〉 소바 메뉴의 SWOT분석

강점	약점
달고 시원한 맛으로 성별과 연령에 관계없이 두루 선호도가 높은 메뉴다. 냉국수 메뉴이므로 식사시간이 짧아 회전율을 올리기에도 유리하다.	가격 상한선이 높지 않은 메뉴라 비싸게 판매하기 어렵다. 객단가를 높이기 위해서는 사이드메뉴 판매와 포장판매를 활성화할 필요가 있다.
기회	위협
여름철에는 뚜렷한 매출 상승을 가져오는 메뉴이며, 비슷한 수준의 냉면이나 막국수에 비해 개발 비용과 조리 인력이 덜 드는 편이다.	대표적인 여름 메뉴이므로 겨울철에는 매출이 급감할 수 있다. 소바 전문점이라면 메밀우동 등 동절기 매출 보완책을 마련해야 한다.

소바의 핵심 경쟁력 포인트를 정리해 보면 다음과 같다.

첫째, 농도가 묽고 달콤한 한국식 소바가 대중적 기호에 맞다.

둘째, 메밀면 요리 중에서 간단하게 완성도를 높일 수 있다.

셋째, 소바 전문점이라면 사이드메뉴 구성과 동절기 매출 보완책이 필수다.

3) 우수브랜드의 성공전략

(1) 대중 입맛 겨냥한 '소바+만두'로 인천을 제패하다, 인천 중구 〈청실홍실〉

1979년 신포시장에서 테이블 다섯 개짜리 분식점으로 시작한 〈청실홍실〉은 현재 인천에서 가장 손님이 많은 식당 중 하나로 꼽힌다. 신포사거리에 본점을 두고 있으며 인천 곳곳에 분점을 운영하고 있다. 대표메뉴는 메밀국수(5000원)와 통만두(3000원)이며, 모밀우동(5000원), 가께우동(3500원), 왕만두 (3500원)등도 인기가 높다.

이 집이 유명해진 이유는 감칠맛 나는 쯔유에 있다. 살얼음을 띄워 제공하는 쯔유는 짭조름하고 달달한 맛이 강하며, 취향에 따라 무즙, 파, 겨자, 식초를 첨가해 먹는다. 쯔유는 다시마, 멸치, 바지락 등 12가지 재료를 우려내 이틀 간 숙성시켜 만든다고 한다.

통만두는 한 판에 만두 10개를 제공하지만 크기가 작아 사이드 메뉴로 적당한 양이다. 성인 두 명이서 소바 2인분에 통만두 2판을 주문해 먹기도 한다. 속이 비칠 정도로 얇은 만두피가 특징이며 주재료는 다진 돼지고기와 부추, 대파 등이다. 다소 알싸한 중국식 만두 맛에 가까워 소바의 달콤한 맛과 조화를 이룬다.

〈청실홍실〉은 연령과 성별에 상관없이 고객층이 다양하며 업력이 오래된 만큼 오랜 단골층을 보유하고 있다. 가격은 저렴한 편이지만 손님 대부분이 만두를 사이드 메뉴로 주문하므로 객단가는 1인당 10,000원 이상으로 나타난다. 포장 판매가 많다는 점도 매출을 높이는 요인이다.

줄 서서 먹는 유명 소바 전문점을 살펴보면, 다음과 같다.

① 〈송옥〉 메밀국수 7000원: 1961년 처음 문을 연 서울 북창동 〈송옥〉은 일본식 소바가 아닌 한국식 소바를 맛볼 수 있는 집이다. 메밀함량은 약 60% 정도이며 비교적 쫄깃한 식감이다. 1인분에 두 판을 제공해 양은 넉넉한 편이며 달달한 쯔유는 아예 주전자에 담아 내어준다.

② 〈청수〉 메밀국수 7000원: 서울 여의도에 위치한 30년 업력의 메밀 전문점으로 메밀국수 외에도 메밀온면, 메밀열무 등 직접 뽑은 메밀면 메뉴를 판매한다. 메밀국수와 세트메뉴로 구성한 유부초밥은 초대리의 단맛과 신맛을 줄여 달콤한 쯔유와 함께 먹어도 맛이 조화롭다.

③ 〈고향모밀촌〉 모밀소바 5000원 : 인천 만수동에 위치한 〈고향모밀촌〉은 외진 입지임에도 손님이 끊이지 않는 소바 전문점이다.

이 집의 강점은 푸짐한 양과 저렴한 가격, 쯔유는 냉면 그릇에 넉넉히 담아 제공하며, 냉면 육수처럼 쭉 들이켜도 될 정도로 맛이 연한 편이다.

(2) 시장 안에서 일평균 8회전 기록, 서울 강서구 〈메밀이랑 면이랑〉

서울 송화시장 내 위치한 메밀 전문점 〈메밀이랑 면이랑〉은 다양한 메밀면 요리를 맛볼 수 있어 인근 주민과 직장인들에게 인기가 많다. 시장 안이라는 특수한 입지에도 불구하고 회전율이 일평균 8회전에 이를 정도다. 휴점시간을 제외한 실제 영업시간이 하루 6시간 30분인 것을 감안하면 상당히 높은 회전율이다. 더욱이 손님의 80%가 단골고객일 정도로 재방문율도 높다. 메뉴는 메밀소바(6000원), 메밀막국수(6000원), 메밀콩국수(6000원), 메밀짜장(5000원), 메밀우동(5000원) 등이다.

외식업 경력 20년인 이곳 대표는 고깃집, 만두 전문점 등을 운영하다 5년 전 메밀 전문점으로 업종을 변경했다. 그는 다른 메뉴와 달리 메밀은 아직 프랜차이즈화 되지 않은 영역이라며, 즉석에서 자가제면하는 메밀면이라면 개인 점포라도 경쟁력 있을 것으로 판단했다. 차가운 성질을 지닌 메밀의 특성 상 겨울에는 매출이 부진하기 마련이지만 이 대표는 메밀짜장면, 메밀짬뽕 등 특색 있는 메밀 메뉴를 도입해 동절기 매출도 안정적으로 끌어가고 있다. 여름철에는 소바와 막국수의 주문율이 80%, 겨울철에는 메밀짬뽕과 메밀짜장면의 주문율이 90% 정도로 나타난다.

〈메밀이랑 면이랑〉의 메밀 소바는 면에 쫄깃한 식감을 더해 대중적인 맛을 구현했다. 쯔유는 무, 대파뿌리, 멸치, 뒤포리 등을 우려내 만들다가 최근 시제품 쯔유를 희석하는 방식으로 전환했다.

메밀면 만들기의 포인트는 다음과 같이 정리할 수 있다.

① 반죽하기 : 메밀가루는 겉껍질을 함께 제분한 제품을 쓴다. 5:5 비율로 섞은 밀가루와 메밀가루 30㎏에 물 12.9㎏을 섞어 반죽한다. 메밀면 반죽은 숙성할 필요가 없으므로 매일 그날 쓸 만큼만 반죽해 두면 된다. 소바는 별도의 고명이 없기 때문에 막국수나 메밀짜장보다 면을 10% 더 제공해야 양이 맞다.

② 기면 뽑기 : 같은 메밀면이라도 메뉴에 따라 면의 굵기와 삶는 시간을 달리한다. 분창(분틀)만 바꿔 끼우면 제면기 한 대로 여러 가지 메밀면을 뽑을 수 있다. 냉면은 1.0㎜, 막국수와 소바는 1.3㎜, 메밀짜장면은 1.8㎜ 굵기의 분창을 쓴다. 짜장면, 짬뽕 등 따뜻한 요리에 쓰는 메밀면은 쉬 퍼지지 않도록 좀 더 두껍게 뽑아야한다.

③ 삶아 건지기 : 주문 시 그때그때 면을 삶아낸다. 물 온도가 낮을 경우 면이 설익고 퍼지게 되므로 물이 팔팔 끓을 때 면을 투입해야 한다. 삶는 시간은 1분30초에서 1분40초이며, 타이머를 맞춰놓고 뚜껑을 닫은 채 삶는다. 면이 물에 뜬다는 것은 다 익었다는 뜻이므로 물에 뜨자마자 건져내 차가운 물에 헹궈내야 한다.

V

만 두

1. 만두의 역사

1) 만두의 유래

만두는 신의 노여움을 잠잠하게 만들었을 정도로 특별한 맛을 자랑하는 아주 오래된 요리이다. 밀가루 반죽을 동그랗게 오리고 고기와 채소를 섞은 소를 넣어 빚은 만두는 잔칫상에 또는 제사상에 올리거나 겨울철에 즐겨 먹었던 별식이다. 만두를 빚어서 장국에 넣고 끓인 것은 만둣국, 쪄서 국물 없이 먹는 것은 찐만두, 차게 식힌 장국에 넣은 것은 편수라고 불린다.

만두는 원래 중국 음식으로 제갈량에 의해 생겼다고 한다. 제갈량이 남만 정벌을 마치고 돌아가는 길에, 노수라는 강가에서 심한 파도와 바람으로 인해 발이 묶이고 말았다. 사람들은 노수에는 황신이라는 신이 사는데 그 신이 노한 것이니 마흔아홉 사람의 목을 베어 강에 던져야 무사히 강을 건널 수 있다고 했다. 하지만 억울한 생명을 죽일 수 없었던 제갈량은 밀가루로 사람의 머리 모양을 만들고 그 안을 소와 양의 고기로 채워 황신에게 제물로 바쳤다. 얼마 후 노수는 잠잠해졌는데 남만인들은 제갈량이 바친 음식 때문에 잠잠해진 것으로 생각하여 '기만하기 위한 머리'라는 뜻의 '만두(饅頭)'

라고 부르기 시작했다. 그때부터 사람 머리 모양의 만두가 북방으로 전해져 오늘날 중국의 대표 음식 중 하나가 되었고, 우리나라와 일본으로 전해져 세 나라 국민 모두가 즐기는 별미가 되었다.

2) 만두의 발전

만두는 피로 속을 감싼 요리의 총칭으로 대표적인 얌차 요리이다. 한국에서는 통칭해서 만두라고 부르지만 사실은 많은 종류가 있고 다양한 모양과 색, 맛을 지녔다. 만두피, 만두 속의 재료에 따라서 맛이 다르며 같은 재료의 만두라도 조리법에 따라 또 한 번 맛이 변한다.

한국에서 흔히 먹는 만두라 하면 '고기와 채소를 밀가루 피에 싸서 익힌 것'을 말한다. 만두는 한가지로 정의내릴 수 없다. 만두의 문화를 공유하는 한국, 몽골, 중국, 일본, 인도 공화국, 인도네시아, 기타 만두에 대한 국가별 정의와 명칭은 실로 제각각인데 그 이유는 이미 고대에 중국으로부터 이러한 요리 방법이 각국으로 전해져서 독창적인 발전을 해왔기 때문이다. 이로 인해 한국에서의 '만두'와 발상지인 중국에서의 '만두'는 전혀 다르다.

참고로 중화요리의 '딤섬'(点心 혹은 點心) 개념에서 이러한 요리를 많이 먹기 때문에 서구권 등의 외국에서는 "딤섬=만두류 음식을 총칭하는 말" 정도로 굳어진 감이 없지 않다. 하지만 딤섬은 사실 특정 요리를 지칭하는 게 아니라 아침과 저녁 사이에 간단한 음식을 먹는 행위를 말한다. 즉, 우리말의 점심과 사실상 유래나 한자가 같다.

제갈공명이 만두라고 직접 이름을 붙이고 기록에 처음으로 남겼다고 알려져 있는데, 제갈공명이 기록한 만두 이외에도 수많은 형태의 만두가 존재한다고 한다. 일단 제갈공명의 고사 이전에도 만두와 비슷한 음식이 있었다는 기록 자체는 존재하고 있었고, 이미 만두를 만들어서 먹었을 것으로 추정한다. 문제점은 그러한 기록에 재료와 조리법이 정확하게 명시되어있지 않다는 점이 있다는 것이지만 어쨌든 오래전부터 전해 내려오는 음식이었던 것은 분명하다. 제갈공명이 우리가 흔히 아는 속을 넣은 만두를 만들었다는 설은 그의 시대로부터 얼마 지나지 않은 서진 때부터도 있었던 설이니 그 유래가 참 오래되었다.

한국의 만두는 지리적인 영향상 자오쯔의 영향을 강하게 받았다. 모양새는 자오쯔와 크게 다를 바 없지만, 두부를 거의 반드시 넣는다는 점과 속재료가 다양하게 배합된다는 점, 그리고 김치가 많이 사용된다는 점 등이 다르다.

3) 만두의 영향

한반도에서 원래 만두로 가장 유명했던 지역은 북한의 개성으로, 이미 고려시대부터 쌍화점 같은 만두가게가 성행했던 곳이다. 겨울이 되면 만두를 빚어 곳간에 걸어놓은 채반에 저장해 두고 먹었다고 한다. 개성은 서울과 불과 차로 1시간 거리밖에 안 되는 비교적 가까운 지역이지만, 개성에서는 설날에 만두를 먹었고 서울에서는 떡국을 먹었다. 이렇게 서울 이북 지방에서는 만두가 명절 음식 취급을 받는 경우가 많다. 즉 남부는 떡국, 북부는 만둣국으로 명절 음식이 갈리는 것. 떡국에 만두를 넣어 먹는다.

사실 개성만두는 다른 경기도 만두와 맛에서 확연한 차이를 보이지는 않지만, 현재는 개성만두를 포함해 경기도식 만두가 거의 원형을 유지하고 있는 곳이 없어 진짜 개성만두를 맛보긴 쉽지 않다.

편수라고 하는 개성식 만두도 있는데, 중국식 덤플링(바오쯔)에 가장 근접한 형태의 만두다. 보통은 애호박이나 오이를 물기를 최대한 짜낸 후 살짝 볶아 식힌 후 다른 물기 없이 볶은 고기나 재료와 함께 만두피에 싸서 쪄먹는다. 특이하게 호박선이라고 하는 개성식 유사 만두도 있다. 애호박을 먹기 좋은 형태로 잘라 그 단면을 열십자로 가른 다음 돼지고기나 쇠고기로 채우고 찐 다음 진간장으로 간을 해서 숟가락으로 떠먹는다. 만두피가 없는 만두 속으로만 만든 만두라고 보면 된다. 하지만 거의 사라진 음식이라 먹어본 이는 극소수일 것이다. 개성식 만두의 가장 비슷한 맛을 맛보려면 부암동에 손만두라는 만두 전문점이 있다. 혼돈찜이라 불리는 이름만으로도 특이한 북한식 만두도 있다. 이 만두는 한식대첩의 시즌3 3화에서 소개된 만두이다.

경상도나 전라도 같은 남부 지방에서는 배추김치를 썻지 않고 넣어 속을 빚는데, 서울을 포함한 이북 지방은 고춧가루의 텁텁함을 없애기 위해 김치를 썻어서 넣는다. 두부와 고기의 배합 비율도 중요한데, 두부를 너무 많이 넣으면 퍽퍽해진다. 평안도나 황해도 등 한국 북부 지방에서는 옛 부터 설날 때 만두를 빚는 풍습이 있었는데, 이게 점점 남쪽으로 풍습이 퍼져서 남북 분단 뒤의 남한에서도 설날에 만두를 빚는 풍습이 많이 남아 있다. 하지만 남부 지방에서는 이런 풍습이 상대적으로 덜 활성화되어 있는데, 냉장 시설이 발달된 현대에는 별 문제가 되지 않지만 상대적으로 온난한 지역인 탓에 봄이나 여름에는 속 재료인 두부나 돼지고기가 쉽게 변질되었기 때문이다.

이렇듯 기후의 영향 때문에 북부 지방에서는 만두를 많이 만들어 먹었는데, 남부와 달리 크기도 큼직하고 속도 많이 넣는 것이 특징이다. 평양식을 예로 들면, 피의 지름이 12cm 이상 되고, 다진 김치와 돼지고기, 다진 숙주, 두부로 만든 속을 꽉꽉 채워 넣기 때문에 시중 설렁탕집 뚝배기만한 그릇에 3개에서 5개만 넣어도 그릇이 꽉 찬다. 당연히 한 입에 넣기 힘들거나 불가능하므로, 숟가락으로 뚝뚝 끊어서 국물과 함께 떠먹는 것이 정석이다.

한국과 중국에서는 밀가루피가 아닌 다른 재료를 만두피로 사용하여 만두를 빚는 경우가 종종 보인다. 대표적으로 배춧잎이나 생선살, 얇게 저민 전복, 감자를 이용한 만두피 등이 쓰인다. 배춧잎을 사용한 만두는 숭채만두, 생선살을 쓴 만두는 어만두라고 부르며, 후자의 경우 궁중요리에도 속한다. 이러한 특이한 피의 만두는 화교들이 정착하면서 중국의 영향을 많이 받은 동남아시아 지역에서도 간간이 보인다.

물론 중국의 영향을 받은 만큼 중국식 만두도 한국에서 어렵지 않게 접할 수 있다. 군만두와 물만두는 대부분의 중국집에서 팔고 있으며, 중국집이 아닌 분식집에서도 파는 경우가 많다. 중국집에서는 탕수육을 시키면 서비스로 주는 곳도 적지 않다.

중국집에서 주는 군만두는 군만두라기보다는 피가 살짝 얇은 바오쯔를 튀긴 것이다. 간혹 화교들이 운영하는 중식당에 가면 직접 만든 만두를 맛볼 수도 있고, 심지어 차이나타운 같은 곳에서는 짜장면이나 볶음밥 같은 다른 음식은 판매하지 않고 만두 종류만 만들어 파는 식당도 있다.

2. 불황엔 '왕' 만두, 트렌드를 빚다

1) 만두, 프리미엄 건강식 급성장, 간편식 열풍 타고 왕교자 전성시대

겨울은 전통적으로 '만두의 계절' 이다. 속이 꽉 찬 우윳빛 고기 만두를 넣은 떡국으로 새해 첫 날을 맞는다. 따뜻한 왕만두를 두 손 가득 들고 호호 불며 한 입 베어 먹는 추억도 대게 겨울에 쌓인다.

실제로 만두는 겨울철 소비량이 특히 높다. 현재 업계 1위 매출을 달성하고 있는 CJ제일제당의 히트상품 비비고 왕교자는 2015년 12월 겨울 성수기 단일 브랜드 최초로 월 매출 100억원을 돌파했다.

최근엔 계절을 불문한다. 위상도 달라졌다. 이제 만두는 '국민 간식' 반열에 올랐다. 1인 가구, 혼밥족의 증가로 간편하게 먹을 수 있어 식사대용으로도 사랑받고 있다.

만두는 가격 대비 소비자 만족도가 높은 식품 중 하나다. 사먹는 것이나 손수 만들어먹는 것에 맛이나 품질 차이가 거의 없는 식품으로 격상됐다. 과거 '쓰레기만두' 파동의 아픔 이후 이젠 그 어느 식품 못지않은 '건강식'으로 떠올랐다. CJ제일제당 식품연구소 수석연구원은 "만두는 탄수화물 안에 고기 단백질, 각종 야채 등 모든 영양소가 들어있다"며 "영양성분을 분석하면 완전식품에 가깝다"고 강조했다.

만두의 수요가 높아지자, 현재 국내 만두업계는 유례없는 기록 행진이 이어지고 있다. 전무후무한 시장 경쟁이 한창이다. 30년 만에 교자만두 최강자가 교체됐고, 속재료의 다변화로 하루가 멀다 하고 신상품이 쏟아져 나오고 있는 것이다.

(1) 만두의 시작 '도투락', 고비는 만두파동

국내 만두시장은 지난 30여 년 간 잠잠한 듯 흥미로운 변화로 꿈틀됐다. 냉동만두 시장을 이끈 출발점은 지금은 사라진 도투락 만두다. 도투락 만두는 1980년대 초 등장했다. 도투락 만두의 유통사는 다름 아닌 해태였다. 당시엔 냉동제품 유통에 어려움이 많아 아이스크림 시장에서 영향력이 큰 해태가 만두시장의 선구자 역할을 했다.

만두와 함께 냉동식품 시장은 성장했지만, 초창기 냉동만두 시장은 값싼 제품을 중심으로 형성돼 부정적 인식이 컸다. 1980년대만 해도 저렴한 원재료에 맛을 내기 위한 조미료 등 첨가물이 들어가기도 했다. 그 와중에 2004년 쓰레기 만두 파동은 업계에 큰 상처를 남겼다. 잘못된 수사와 오보로 인해 값싼 자투리 야채가 들어간 만두가 쓰레기 만두 오명을 썼다. 당연히 여파가 컸다. 당시 사건으로 냉동만두는 저가 제품, 저질 상품이라는 불신과 편견이 커졌고 이 사건으로 파산한 식품업체들도 상당했다.

20년간 만두를 연구한 CJ제일제당 식품연구소 수석연구원 역시 쓰레기 만두 파동은 정말 난감한 사건이었다며 한 업체 때문에 전체 만두 시장이 쓰레기 만두로 인식됐던 때였다고 떠올린다.

이후 만두가 프리미엄 제품군으로 성장하기까지 10여년이 걸렸다. 현재 시중에 판매 중인 대다수 만두는 건강한 속 재료를 강조해 '믿고 먹는 만두' 시대를 열고 있다.

(2) 만두 시장에도 트렌드가 있다?

1980년부터 1996년까지 시장은 교자만두와 같은 단순 상품이 대다수였다. 1997년부터 군만두, 손만두 등 다양한 제품이 출시됐고, 수제 위주로 제조되던 물만두도 2001년 양산설비의 개발로 2002년부터 본격적으로 대량 생산이 시작됐다. 2012년은 교자만두, 군만두, 물만두, 왕만두 등 만두시장에 4개의 카테고리가 생긴 해다.

CJ제일제당 식품연구소 수석연구원에 따르면 만두 트렌드는 소비자들의 라이프스타일 변화, 경기 현황의 흐름을 같이한다(헤럴드경제, 2017.2.1.).

2000년 이후 건강식에 대한 관심이 차츰 높아질 때 물만두의 인기가 시작됐다. 고기 함량이 높고, 생야채가 들어있는 수제 물만두가 건강한 식재료를 향한 소비자들의 요구에 부합했으며, 2002년부터 2006년 사이 물만두의 수요가 높아지기 시작했다.

또한 2006년부터 2008년 사이는 군만두 시장이 대세였다. 가사노동 시간의 단축을 요구하는 바쁜 현대인과, 맞벌이 부부의 증가는 단연 조리편의성에 대한 요구로 이어진 것이다. 간편하게 구워먹는 군만두가 인기를 모은 것도 이 때문이다. 경기불황이 이어질 땐 '왕만두'가 특히 인기를 모았고, 웰빙 바람이 불자 만두업계에서도 프리미엄 건강식이 강조됐다.

(3) 불황엔 '왕(王)' 왕만두, 왕교자의 시대 태동

길고 긴 불황의 여파는 왕(王)만두 시장의 성장을 이끌었다. 전문점에서만 만들기 시작했던 왕만두가 등장한 것은 2008년이었다. 이후 2012년 까지 왕만두의 전성시대였다.

당시엔 경기불황으로 소비자들이 푸짐한 제품을 선호하는 경향이 강해지던 때다. 불황속 소비심리의 여파로, 70g이상의 커다란 만두가 포만감을 줬다. 당시 시장의 대다수를 장악한 교자만두는 13g이었다.

이 시기 거리에서도 왕만두는 인기였다. 거리마다 찜통에 넣고 찐 왕만두를 1000원에 판매하며 불황 속 빠듯한 살림살이를 이어가는 서민들의 대표 간식으로 떠올랐다. 단지 간식이 아니라 다른 빵에 비해 영양성분도 풍부해 식사대용으로도 인기였다. 심지어 왕만두 가게가 창업 희망 1순위 업종으로 떠오를 정도였다.

2014년에 접어들면서 왕만두 인기가 왕교자로 이동했다. 13g에 불과했던 교자만두가 3배 이상 커지며 '왕교자 시대'가 열렸다. 시장 역시 '세대교체' 됐다. 30년간 교자만두 시장의 절대강자로 군림하던 해태 고향만두가 CJ제일제당의 비비고 왕교자에 1위 자리를 내줬다. 확 달라진 만두 크기와 꽉 찬 속 재료를 통해 '프리미엄 만두' 시장이 시작되었다.

왕교자의 인기는 '현재진행형'이다. 2013년 12월 등장한 비비고 왕교자의 인기로 현재 만두시장은 '왕교자'가 완전히 장악했으며, 교자만두 시장은 2013년 983억원에서 2015년 1618억원으로 2년 만에 64.6%나 성장했다.

최근에는 간편식 소비 트렌드와 요리방송(쿡방) 열풍 영향으로 푸짙한 형태의 왕만두보다는 간단하게 굽거나 데워먹는 취식 행태가 증가하게 되었다. 다양한 요리에 활용이 가능한 교자만두, 특히 왕교자 타입 제품으로 시장 패러다임이 바뀌고 있는 것이다.

2) 만두로 즐기는 색다른 퓨전 레시피

가장 흔한 음식은 만둣국, 흔한 조리방법은 굽거나 찌는 것. 하지만 그게 전부는 아니다. 만둣국이 아니라도 만두는 영양이 풍부한 근사한 한 끼로 손색이 없다. 동서양을 넘나드는 퓨전요리로 새롭게 태어날 수 있게 된 것이다.

(1) 왕교자 크림소스 라비올리

왕교자가 크림 파스타 소스를 만나면? 좋은 재료를 풍부하게 넣은 소와 쫄깃한 피에 부드러운 크림 파스타 소스가 어우러져 별다른 재료 없이도 멋진 퓨전 요리가 탄생한다.

왕교자 크림소스의 레시피를 보면 다음과 같다.

첫 번째로 비비고 왕교자를 해동한 뒤 전자레인지에서 30초간 익힌다. 마늘은 편 썰고, 새송이 버섯은 세로로 2등분 하여 0.5cm의 두께로 편 썬다. 느타리 버섯은 밑둥을 제거하고 가닥가닥 떼어 놓는다. 달래는 손질 후 4cm의 길이로 썬다.

팬에 올리브 오일을 두르고 마늘을 넣어 중약불에서 살짝 볶은 후 새송이 버섯과 느타리버섯을 넣고 볶는다.

달궈진 팬에 갈릭 크림파스타 소스, 비비고 왕교자를 넣어 센 불로 끓이다 끓어오르면 중불로 줄여 약 2분간 더 끓인다.

마무리로 소금으로 간을 맞추고 불을 끄고 통후추 간 것을 넣고 섞은 후, 그릇에 담고 달래를 올려 완성한다.

(2) 왕교자 된장전골

차가운 겨울밤 된장으로 맛을 낸 구수한 육수에 각종 채소를 듬뿍 넣고 속이 꽉찬 만두를 넣으면 보기만 해도 몸이 따뜻해지는 왕교자 된장 전골이 완성된다. 쫀득한 왕교자 피를 한 입 베어 물면 된장의 구수함, 야채의 달콤함, 백합의 시원함이 느껴지며 왕교자 소의 풍성한 맛이 입안을 가득 채운다.

왕교자 된장전골의 레시피는 다음과 같이 정리해볼 수 있다.

일단 배추를 한 입 크기로 자른다. 대파, 청양고추, 홍고추는 어슷썬다. 팽이와 느타리버섯은 밑동을 자르고 한 입 크기로 찢는다. 다시마 육수, 된장, 다진마늘, 다시다는 믹서에 간다.

그리고 전골냄비에 배추, 대파, 느타리버섯, 팽이버섯 홍고추, 청양고추, 백합을 넣고 육수를 부어 한소끔 끓인다.

마무리로 다져놓은 재료 위에 비비고 왕교자를 얹어 왕교자가 익을 때까지 중불에서 끓인다.

3) 비비고 왕교자 흥행 이끈 CJ제일제당

냉동만두는 싸고 건강에 좋지 않다는 인식이 크다. 하지만 사실은 그렇지 않다.

1000번 이상 치댄 얇은 만두피, 씹는 맛이 꽉 찬 35g 왕교자가 업계를 재패했다. 냉동만두의 편견이 깨진 것이다. 뭐가 들어갔는지 알 수 없는 갈아 넣은 속 재료, 특징 없는 똑같은 맛, 기계로 찍어낸 탓에 외면 받았던 시절이 길었다. 냉동 기술은 진화했고, 속 재료는 건강해졌다. '프리미엄 만두' 시대가 열렸다.

CJ제일제당은 지난 2013년 12월 비비고왕교자를 출시, 업계 시장 점유율의 40.5%(링크아즈텍 2016년 12월 누계 기준)를 차지하는 절대강자로 올라섰다. 2016년 매출은 1000억원을 돌파했다.

비비고 왕교자의 흥행 뒤엔 CJ제일제당 식품연구소의 '만두 어벤저스' 팀이 있었다. 경기도 수원 CJ제일제당 식품연구소 수석연구원을 만났다. 비비고 왕교자는 총 9명 '만두 어벤저스' 팀에 의해 만들어 졌다.

비비고 왕교자가 탄생하기까지 '내부 목표' 는 굳건했다. 냉동만두의 저가 이미지 탈피, 소비자 니즈를 만족시키는 건강한 만두를 만들어 갈 것을 약속한다.

우리나라 사람들은 수제만두에 대한 요구가 크다. 전국 100여개 만두집을 하루에 세 곳씩 돌면서 분석하고 벤치마킹 한 후 소비자들의 불만을 하나씩 개선해가며 업그레이드한 결과로 만들어졌다.

만두 전문점 답사를 시작한 것은 "냉동만두에도 셰프의 맛을 구현해보자" 는 '만두팀' 의 의지 때문이었다. 비싸면서도 많이 가는 만두가게는 어디일까라는 질문에서 시작해 유명 가게부터 이름 없는 가게까지 리스트를 만들었다. 추려진 만두 전문점 100여개를 방문했다. 만두계 슈퍼스타인 '자하손만두' 나 '개성만두 궁' 은 깊은 인상을 남긴 곳이다.

비비고 왕교자와 가장 가까운 맛을 내는 '궁' 은 최근 미쉐린 가이드 서울 빕 구르망에 선정된 곳이기도 하다.

숱한 시장조사 이후 만두팀은 소비자가 원하는 만두는 '꽉 찬 속' , '얇은 피' , '손으로 빚은 수제 타입' 임을 알았다. 비비고 왕교자는 단숨에 태어나지 않았다. 비비고 왕교자가 태어나기까지 만두팀은 수천개의 만두를 먹고, 빚고, 분석했다. 9명의 연구원이 일주일에 6번씩 만두를 배합하고, 매주 10여 가지의 만두를 시식했다.

얇은 만두피는 숱한 연구 끝에 "쫄깃하면서도 퍼지지 않는 식감"을 내기 위해 '왕교자 전용분'을 만들었다. 비비고 왕교자의 상징 같은 외관을 만들기 위해 물결을 살린 기술로 특허까지 냈다. "두 입에 먹을 때 가장 만족감이 크다"는 '왕(王)'자에 걸 맞는 35g으로 늘렸고, 깍둑썰기로 제대로 된 원재료를 채워 넣었다.

비비고 왕교자가 다시 그린 만두 시장은 현재 '왕교자' 전성시대를 맞고 있다. '만두 어벤저스' 팀은 왕교자 이후의 시장도 고민한다.

지금까지는 편의식에 머물렀던 만두를 HMR(가정간편식)로 끌어오는 것이 이들의 목표다. 1인 가구, 혼밥족이 늘고 있는 이 시대에, 만두는 영양밸런스가 충분한 완전식이기 때문에 식사대용으로 가능성이 무한하다.

4) 간편성·상품력 탁월한 수제만두

지금까지 만두시장은 크게 고가의 이북식 손만두와 분식형 만두로 나뉘어 있었다. 한동안 갈비만두가 방송프로그램을 타면서 붐이 일긴 했지만 '시장'을 움직이기엔 한계가 있었다. (주)아하앤파트너스의 〈방스만두〉는 고가와 저가형 만두의 중간쯤 되는 시장을 타깃으로 론칭했다. '합리적인 가격'과 '수제만두' 키워드를 내세워 잠시 주춤했던 만두시장에 출사표를 던졌다.

(1) 10년 제품만두 생산 노하우로 양질의 만두 개발

외식시장에서 가격은 계속해서 하향평준화 되어가고 있는데 고객은 점점 더 '맛있고 푸짐한' 상품을 원한다. 합리적인 가격에 완성도 높은 메뉴를 제공해야 하는 것은 기본 요소가 됐다. 10년간 제품만두를 개발·생산해온 만두생산전문기업 (주)아하식품은 (주)아하앤파트너스를 자회사로 두고 강남역 부근에 〈방스만두〉를 오픈하여 합리적인 가격에 푸짐하고 맛있는 만두를 선보이고 있다.

만두 생산 노하우를 바탕으로 〈방스만두〉는 메뉴 구성이나 완성도에서 일반 분식형 매장과 차별화를 둘 수 있었다. 김밥, 라면, 돈가스, 볶음밥 등 수십 가지의 메뉴를 나열하기보단 만두만 메인으로 내세웠다. 기본 만두와 튀김만두, 군만두 등 만두 종류만 아홉 가지고 사이드메뉴로는 국수나 만둣국 등 국물요리 위주로 간단하게 구성했다.

가격은 4000~5000원대. 평균 3000원대인 분식 만두에 비해 비싼 편이지만 육류와 해물, 채소 등의 재료를 알차게 넣은 수제만두로 만족도가 높다. 고기만두의 경우 속 재료로 국내산 돼지고기의 전지부위를 다져 각종 채소와 함께 버무려 사용하는데 돼지고기 함량이 50% 이상이다.

아하앤파트너스의 메뉴개발팀 차장은 기존 분식매장의 만두는 고기보다 무말랭이와 당면이 많이 들어가고 속을 가득 채우지 않아 만두피 따로, 속 따로 분리되는 경우가 많았다며 무조건 원가를 낮춰 이윤을 남기기보다 신선한 재료로 만든 맛있는 만두로 오래 가는 브랜드가 되어야겠다고 판단해 맛과 상품력을 높이는 데 주력한 것이다.

판매율이 가장 높은 메뉴는 '고기만두'와 '새우지짐군만두'다. 얇은 피안에 고기 속을 가득 채워 피와 속 재료가 분리되거나 부서지지 않는다. 주먹만 한 크기로 만들어 양도 푸짐하다. 새우지짐군만두는 만두 하나당 새우 한 마리가 통째로 들어간다. 만두피 안에 다진 새우를 가득 채운 후 1차로 찌고 팬에 한 번 더 굽는다. 찹쌀과 감자전분을 사용해 피가 쫄깃한 것이 특징이고 새우 살이 탱글탱글하게 씹혀 맥주 안주로도 좋다.

(2) '수제만두전문점' 키워드 내세워 전문성 확보

직영 1호 매장인 강남점의 경우 45.59㎡(15평) 매장에서 일 평균 매출이 200~220만원 정도다. 오전 11시부터 밤 9시 30분까지 운영하고 좌석은 총 26석, 규모 대비 매출이 비교적 높은 편이다. 테이크아웃 판매를 적극적으로 하고 있기 때문이기도 하지만, 〈방스만두〉의 핵심은 '수제만두'라는 전문성을 확보한 데 있다.

우선 만두피와 속은 본사에서 공급받는다. 본사 센트럴키친에서 매일 아침 각각의 만두피와 속재료를 만든 후 5㎏ 단위로 진공 포장해 매장으로 배송한다. 각 가맹점은 공급받은 반죽과 속재료로 만두를 미리 빚어놓기만 하면 된다.

완조리제품 대신 매일 아침 만든 신선한 재료로 매장에서 직접 만두를 만들어 제공, 늘 따뜻하고 맛있는 만두를 판매할 수 있다는 것이 〈방스만두〉의 강점이다. 오퍼레이션의 '편리성'과 수제만두 키워드로 '전문성'의 키워드까지 모두 확보한 셈이다. 만두 빚는 과정부터 각 메뉴 조리법, 청결·위생 관리 등에 대해서는 본사에서 2주 이상 교육을 진행하고 있다.

(3) 다양한 면요리로 객단가·만족도 높여

만두 아이템의 장점은 메뉴 호환성이 좋다는데 있다. 메인메뉴뿐 아니라 간식이나 술안주, 사이드메뉴로도 탁월하고 테이크아웃 판매를 활성화하기에도 적합한 아이템이다.

한식이나 중식, 일식 등 다양한 종류의 음식과도 잘 매칭 된다. 그러나 식사대용으로는 양이 부족하다. 기존 '만두전문점' 타이틀을 단 음식점에서 만두 외에 여러 가지 분식메뉴를 함께 내는 것도 이 때문이다.

〈방스만두〉는 사이드메뉴로 국수 종류와 만둣국을 구성했다. '만 두국수' 와 '얼큰국수' , '비빔국수' 등 면 요리는 기본적으로 만두 와 잘 어울리며 가격 부담도 비교적 덜하다. 메인메뉴인 만두의 경 쟁력을 침범하지 않는 선에서 완성도도 높아 〈방스만두〉 방문 고객 의 대부분이 만두와 국수를 골고루 주문한다. 고객 만족도도 높은 편이고 경영주 입장에선 전체 테이블 단가가 올라가 일석이조다.

특히 얼큰국수는 주문 리스트에 늘 빠지지 않는 메뉴다. 사골 육 수 베이스에 매운 소스로 얼큰한 맛을 가미했고 오징어와 홍합, 콩 나물, 목이버섯 등을 푸짐하게 담아낸다. 국물이 진하면서 얼큰하고 끝 맛이 개운하다. 기름기가 적어 느끼하지 않아 해장용으로 인기다.

(4) "완성도 높은 만두로 실속 창업하세요"

(주)아하식품은 만두생산전문기업으로 B2B시장과 케이터링 쪽으로 만두를 납품해왔다. 최근 만두전문점 시장이 주춤하자 아하식품은 아하앤파트너스를 자회사로 두고 〈방스만두〉 브랜드를 론칭했다. 모

든 메뉴에는 메뉴개발팀의 노하우가 접목되어 있다.

특히 이곳 차장은 한식 조리 경험 10년, 프랜차이즈 브랜드 메뉴 개발에만 15년 경력을 지니고 있는 베테랑 메뉴전문가다. 그는 "방스만두 브랜드 론칭을 준비하면서 메뉴 개발에 가장 힘을 쏟았는데, 만두메뉴 하나 만드는 데 3개월 이상 걸렸다"고 이야기 한다.

그래서 만두를 비롯한 메뉴 퀄리티 만큼은 자신 있다는 입장이다. 그는 "만두피부터 속 재료, 육수, 소스 등을 본사 센트럴키친에서 다 만든다. 자체 만두 공장과 식품회사를 보유하고 있기 때문에 방부제나 향신료를 사용하지 않고도 기술력으로 충분히 맛있는 만두를 만들 수 있다"고 설명한다.

2014년 7월 브랜드를 론칭한 〈방스만두〉의 대표메뉴는 고기만두, 매콤만두(각각 5000원), 새우만두(6000원), 해물통통 튀김만두(5000원), 새우지짐군만두(6000원), 만두국수, 얼큰국수(각각 6000원), 만두롤까스(7000원)이며, 이곳의 인테리어 콘셉트는 유행을 타지 않는 화이트&목재의 조화이다.

평균 규모는 49.6㎡(15평) 강남직영1호점 기준이다. 100% 테이크 아웃 매장도 가능하며 전화는 02-567-8383 이다. (www.bangsmandoo.co.kr)

〈방스만두〉의 경쟁력은 다음과 같이 정리할 수 있다. 한식 분야 10년, 프랜차이즈 R&D 15년 경력의 메뉴전문가가 개발한 수제만두

로 맛과 상품력 높였으며, 본사의 10년 만두개발기술 노하우로 만두
생산전문기업인 (주)아하식품에서 자체 기술 바탕으로 만두를 개발·
생산해 양질의 만두 공급한다. 그 밖에 '전문점'의 메리트 확보, 합
리적 가격, 수십 가지 분식메뉴를 내놓기보다 만두류만 메인으로 내
세워 전문성 확보했다는 점이다.

3. 불황기에 강한 만두전문점

만두전문점은 분식 테마의 스테디셀러 아이템이다. 공장에서 만들
어진 만두를 공급받아서 손쉽게 창업도 가능하다. 하지만 매장에서
직접 만두소와 만두피를 만들어내는 수제만두전문점의 가치가 높아
지고 있다.

만두야말로 대표적인 슬로우푸드로 노동 강도가 높은 아이템이다.
인건비가 늘 부담일 수밖에 없다. 신규 창업자라면 주인장이 직접
만두 기술을 배워 만두가게를 여는, 다소 어려운 창업 방법도 있다.
기술을 배우는 것도 숙달의 문제이기에 시간이 오래 걸린다. 하지만
기술력이 확보되면 불황기에도 꿋꿋하게 버텨내는데 문제가 없다.

1) 전국적으로 40여 종류의 만두 시판

분식전문점의 여러 테마 중 꾸준한 인기를 누리는 아이템이 만두 전문점이다. 만두는 한식과 중식에서 여전히 인기 있는 아이템이다. 전국적으로 약 40여 종류의 만두가 있으며 만드는 방식에 따라 공장 형 만두도 있고, 수제만두도 있다. 테이크아웃 형태의 배달이나 포장 판매용 만두집도 있다. 보통 수제 만두는 굵기가 비교적 크고 왕만 두라는 이름이 흔히 사용되기도 한다.

만두는 바쁜 현대인이 짧은 시간에 식사를 해결할 수 있는 메뉴이 면서 영양도 풍부해 인기가 높다. 그렇기 때문에 분식집과 중국요리 집의 곁들임 메뉴로도 인기가 좋다. 가격도 부담스럽지 않다. 1000 원부터 시작해서 7000원까지 다양하며 보통 3000원 정도로 즐길 수 있다.

(1) 특별한 계절식이었던 만두

만두는 중국 남만인들의 음식이었다. 제갈량이 사람 머리 모양을 밀가루로 빚어 제사 지냈다는 유래가 만두의 시초다. 우리나라에서 는 조선 영조 이익의 글에 만두 이야기가 나온다.

조선 중기 이전에 중국에서 들어온 것으로 보인다. 당시 우리나라에서 만두는 상용식이 아니고 겨울, 특히 정초에 먹는 계절식이었다. 현대에는 보통 때도 손쉽게 만둣국을 끓여 먹으며 흰떡을 섞어서 끓이는 경우도 많다. 또한 군만두, 찐만두, 튀김만두 등 다양한 조리법이 매우 일반화됐다.

(2) 무조건 저렴한 만두, 정답이 아니다

저성장 시대의 인기 있는 외식 아이템은 가격경쟁력을 무시할 수 없다. 분식점이 외식업 중에서도 비교적 안정적인 사업분야인 이유 중 하나다. 젊은 층에서부터 직장인까지 고객층은 두텁다. 이에 동종업종이 많고 유사한 업태가 다양해 경쟁관계 또한 치열하다.

최근 프랜차이즈 만두전문점을 찾는 고객은 크게 '차량 고객'과 '보행 고객'으로 나뉜다. 차량 고객을 대상으로 하는 만두집의 경우 공장형 만두를 파는 가게로 빠른 서빙과 균일한 맛이 강점이다. 반면 신세대 상권에서 젊은 보행 고객층을 타깃으로 하는 만두집의 경우 독자성이 강한 수제만두를 지향한다.

한편 소비자가 원하는 것이 무조건 저렴한 만두가 아니란 점을 숙지할 필요가 있다. 최근 취향에 따라서 맛과 크기 등 다양한 특색이 있는 만두를 찾는 이들이 많다. 이슈가 될 수 있는, 색다른 만두를 찾는 고객이 늘고 있다는 얘기다.

〈표9〉 지역별 만두전문점 분포도

순위	시도명	개수	순위	시도명	개수
1	서울특별시	1849	9	충청남도	271
2	경기도	1789	10	경상북도	262
3	인천광역시	403	11	전라북도	253
4	부산광역시	377	12	강원도	207
5	충청북도	316	13	광주광역시	181
6	대구광역시	301	14	전라남도	152
7	대전광역시	279	15	울산광역시	79
8	경상남도	273	16	제주도	66
계	전국		7058		

자료 : Daum 지도

(3) 만두전문점 총 투자 비용은 최소 7000~8000만원

만두전문점 창업에서 가장 많은 비용은 점포 구입비용이다. 경쟁력 있는 상권, 가시성 좋은 점포를 구하는데 들어가는 비용은 보통 보증금 5000만원 정도인데 권리금까지 포함하면 7000~8000만원의 점포구입비를 예상할 수 있다. 월임차료는 250만원 내외에서 많게는

400~500만원의 임차료를 부담하는 만두전문점도 있다.

인테리어 비용과 집기류 비용은 합해서 3.3㎡당 150만원 수준이다. 즉 특별한 콘셉트나 과도한 투자가 아니면 33㎡(10평) 기준 4000~5000만원의 자금이 소요될 수 있다.

초기운영비 1000만원을 포함해 총투자비용이 적게는 7000~8000만원, 많게는 1억5000만원 이상 들 수도 있다. 수익성을 본다면 월 임대 250만원 기준, 월평균 매출액 1500~2000만원 정도의 매출은 올려야 한다. 여기에 인건비 300~500만원, 기타 유지관리비 등을 제외하면 매출액 대비 25~30% 정도의 세전 순이익을 예상할 수 있다.

(4) 배달, 세트 메뉴 구성 등의 특화전략 필요

만두전문점의 수익구조에 대한 면밀한 검증이 필요하다. 야식 배달을 하거나 다른 아이템과의 조화로운 메뉴 구성이 있어야 비교적 안정적이다. 대형할인매장에서 흔히 보는 다양한 형태와 종류의 냉동만두는 집에서 먹기 편리하게 출시되고 있다.

매장용 만두만을 독특하게 특화하기 전에는 마트 만두와의 경쟁에서 틈새시장을 찾기가 쉽지 않다.

초기 시설비는 비교적 낮으나 상권입지의 중요성이 매우 크고 만두 파동과 같이 위생문제와 식자재 관련 신뢰성 확보 등 소비자가

한동안 만두를 꺼려했던 이유를 잘 따져봐야 한다.

고기나 면 종류 등 일반 음식은 그 속을 볼 수 있지만, 만두는 한 입 베어 물어 그 속을 보지 않으면 대강의 내용물을 짐작하기 힘들다는 점도 늘 염두 해야 한다.

〈표10〉 만두 전문점의 SWOT분석

강점(Strength)	약점(Weakness)
만두는 유행을 크게 타지 않는 별식 메뉴다. 왕만두, 군만두, 찐만두, 만둣국 등 종류도 다양하다. 천연 식재료를 사용하기에 영양도 풍부하다. 창업자 입장에서는 다른 분식 아이템에 비해서 경쟁이 치열하지 않은 편이다.	수제품의 경우 식재료 등 가격 변동에도 정량·정품으로 맛을 유지해야 하기에 원가부담이 있을 수 있다. 입소문에 쉽게 노출되는 경향이 강하다.
기회(Opportunity)	위협(Threat)
영양은 풍부하면서도 건강식으로도 통한다. 남녀노소 폭넓은 수요층을 형성하고 있다. 고객의 연령층이 다양해 지속적인 수요가 발생되고 있다는 점은 만두 아이템의 기회요인이다.	만두 단일품목으로만 운영하는 것은 위험하다. 만두와 어울리는 품목 선점이 중요하며 메뉴 개발과 포장기술 등에 투자가 필요할 수 있다. 찐빵 등이 경쟁 대상이 될 수 있다.

만두전문점의 창업 체크 포인트를 정리해보면 다음과 같다.

첫째, 만두전문점의 상권 특성에 따른 출점 콘셉트를 분명히 해야 한다. 둘째, 프랜차이즈 가맹점 창업과 독립점 창업 중에서 창업 형태를 신중하게 결정해야 한다. 셋째, 프랜차이즈 브랜드의 경우, 기존 가맹점의 운영상황, 수익성을 꼼꼼히 체크한 후 가맹계약을 하는 것이 중요하다. 넷째, 점포입지 개발 시 월 임차료 대비, 투자금액 대비 객관적인 수익성 검증을 통해 점포 계약을 결정해야 한다. 다섯째, 기존 만두가게의 성공.실패 사례 분석을 통해서 사전에 발생할 수 있는 위험요인을 학습하는 것이 중요하다.

2) 노릇노릇 바삭한 껍질에 고소한 육즙이 가득한 군만두

맛있는 군만두의 조건은 무엇일까? 도톰한 만두피가 겉은 바삭하고 속은 촉촉하게 익어야 하고 노릇노릇 하면서도 느끼하지 않아야 한다. 풍부한 육즙을 지니면서도 돼지고기와 부추의 풍미가 잘 느껴져야 한다.

만두는 직접 빚는 중국집이 드문 만큼 잘 만든 군만두는 업소의 경쟁력이 될 수 있다.

(1) 제대로 만든 군만두는 식당 경쟁력이 된다

중식당에서 군만두는 서비스 품목으로 전락한 지 오래다. 가게에서 직접 빚는 수제 만두를 밀어내고 공장제 '야끼만두'가 들어왔다. 이제 만두를 직접 빚는 중국집은 찾아보기 힘들어졌다. 하지만 반대로, 잘 만든 군만두는 그만큼 식당의 경쟁력이 될 가능성이 있다. 노릇노릇한 군만두와 시원한 맥주는 찰떡궁합이다. 치맥, 피맥 등 맥주와 어울리는 안주로 신조어가 만들어질 만큼, 저녁 매출 부진으로 고민하고 있는 중식당 운영자들은 '군만두'에 주목해야 한다. 군만두로 유명한 중식당들은 군만두 메뉴로 저녁 시간 주류 매출을 높이고 있다. '만맥(만두와 맥주)'을 마케팅 키워드로 활용할 때다.

중국식 군만두는 만두피부터 만두소, 굽는 방법까지 우리나라 군만두와는 다르다. 중국에는 우리나라 중국집에서 파는 것과 같은 군만두가 없다. 중국의 군만두는 궈티에가 대표적이다. 팬에 기름을 살짝 두르고 만두를 올려 한쪽 면만 구운 뒤 물을 붓고 뚜껑을 덮어 증기로 만두를 완전히 익히는 방식이다. 팬에 닿은 부분은 노릇노릇 바삭하게 익고, 윗부분은 야들야들하고 부드럽게 익는다. 이 궈티에가 일본으로 건너간 것이 야키교자다. 야키교자는 일본 라멘집의 대표적인 사이드 메뉴이며, 맥주 안주로도 인기 있다.

중국에서는 만두를 한끼 식사로 먹기도 한다. 만두는 밀가루피와 고기, 채소가 어우러져 있어 영양 면에서도 손색이 없는 메뉴다. 영화 '올드보이'의 주인공 오대수가 15년 동안 군만두만 먹고도 생명을 유지할 수 있었던 까닭이다.

(2) 중국식 군만두 맛을 결정하는 요소

① 만두피: 한 만두 마니아는 "얇은 만두피를 좋아하는 사람은 만두 맛을 모르는 것"이라고 말했을 정도로 만두피는 만두 맛을 결정짓는 중요한 요소이다. 우리나라 사람들은 얇고 탄력 있는 피에 속이 꽉 찬 만두를 선호한다. 반면 중국 사람들은 돼지고기와 부추를 주로 써서 심플하게 소를 만들되, 피는 조리 방법에 따라 반죽을 달리하고 숙성을 더하는 등 만두피를 중요하게 생각한다.

군만두용 만두피는 전분을 섞지 않고 밀가루만으로 익반죽 하는 것이 좋다. 뜨거운 물로 밀가루를 반쯤 익혀야 차지고 쫄깃한 식감을 얻을 수 있다. 반대로 물만두용 만두피는 찬물로 반죽해야 뜨거운 물에서 익혀도 피가 풀어지지 않아 좋다.

물만두용 만두는 기름에 굽게 되면 식감이 질겨진다. 제대로 만든 군만두를 만들려면 물만두와 군만두용 피를 다르게 반죽해야 한다.

② 만두소: 우리나라 만두는 두부, 당면, 김치, 숙주나물 등 다양한 속재료를 잘게 다지고 간장과 후추로 간을 강하게 한다. 반면 중국식 만두는 돼지고기와 부추가 주로 쓰이며 파, 생각, 양배추 등이 더해진다. 군만두 속에서 터져 나오는 '육즙'은 돼지고기와 기름뿐 아니라 채소의 수분과 식물성 기름이 포함된 것이다. 중국에서는 재료의 물기를 꼭 짜지 않고 촉촉한 상태로 만두소를 만들기 때문에 수분이 많다.

만두소에 기름이 부족하면 퍽퍽하고 맛이 없으므로 적당량의 기름기가 돌게 하는 것이 중요하다. 돼지 지방에서 나오는 기름만으로 조절하는 집도 있으나 콩기름, 들기름, 참기름 등 여러 종류의 기름을 활용하는 것이 쉬운 방법이다. 육즙을 풍부하게 내려고 기름 양을 무조건 늘리면 맛을 해치게 되므로 적당한 비율로 조절하는 것이 관건이다.

③ 조리 방법: 우리나라 군만두는 중국식 군만두와 달리 기름을 넉넉히 둘러 앞뒤로 튀기듯 굽는다. 이것이 우리나라 중식당에도 영향을 미쳐 한국인의 기호에 맞게끔 중국 만두를 한국식으로 굽게 된 것이다. 앞뒤로 바싹 굽는 것도 모자라 기름솥에 넣고 튀겨내는 경우도 많다. 치킨용 튀김기를 들여놓고 만두를 튀기는 집도 있다. 이

름은 군만두지만 실제로는 '튀김만두'인 것이다. 만두를 딱딱할 정도로 바싹 튀기게 되면 중국 만두의 핵심인 만두피 맛을 제대로 느끼기 어렵다.

겉은 바삭하면서도 쫄깃하고 차진 군만두를 만들려면 만두를 한번 쪄낸 다음 차갑게 식혀 구우면 된다. 국수를 삶은 다음 얼음물에 헹구면 면발이 탱글탱글해지는 것과 같은 이치다. 구울 때는 만두피가 잘 붙어있는지 확인하는 것이 중요하다. 가장자리가 제대로 붙지 않으면 기름이 속으로 흘러 들어가 속 재료가 타는 경우가 생긴다.

3) 만두시장 규모와 점유율

냉동실에 쟁여두고 밥으로 한끼, 출출할 땐 간식으로, 혼술에는 안주로, 쪄먹고 돌려(전자레인지)먹고 구워먹는 만능식품이 '만두'다. CJ제일제당의 '비비고 왕교자'가 메가히트를 치면서 만두 시장이 성숙해지고 있다.

2017년 9월 14일 시장조사기관 링크아즈텍에 따르면 국내 냉동만두 시장 규모는 2014년 3342억원에서 이듬해 3669억원으로 커졌다. 지난 2016년에는 3769억원까지 성장했고 2017년 7월까지 2356억원을 기록했다. 이 같은 추세라면 만두 시장은 4000억원대로 성장이 예상된다. 업체별 점유율은 '비비고'를 앞세운 CJ제일제당(42%)이 1위를 차지하고 있다. 그 뒤는 해태제과(17%), 동원F&B(12.9%), 풀무원(10.4%), 오뚜기(4.8%)가 잇는다.

전통적으로 시장 강자는 해태제과의 '고향만두'였다. '고향의 맛'이라는 정서적 기반을 내세워 30여년 장수브랜드로 명맥을 이었다. 판도를 뒤흔든건 2013년 12월 CJ제일제당이 '비비고 왕교자'를 출시하면서부터다.

비비고 왕교자는 출시된 이듬해 308억원의 매출을 기록하며 고향만두를 제치고 1위에 올랐다. 2015년 825억원, 지난 2016년에는 1000억원 매출을 돌파했다. 2017년 1~7월 매출만 830억원, 누적 판매량은 3000억원(1억봉)을 넘어섰다. 비결은 인스턴트 만두의 편견을 깬 '맛'이다. 핵심은 쫄깃한 만두피와 원물감이다. 비비고 왕교자는 만두소를 잘게 다지는 방식 대신 깍둑썰기로 썹는 맛을 살렸다. 육즙도 놓치지 않았다. 만두피는 반죽을 3000번 이상 치댄 뒤 진공 과정을 거쳐 쫄깃함을 극대화했다.

비비고의 독주에 업계는 고민에 빠졌다. 일반 교자로는 '게임이 안되는' 상황. 업체들은 노선을 바꿨다. 모양, 속 재료를 바꾸는 차별화 전략을 택하고 새 만두 트렌드 만들기에 안간힘을 쓰고 있다.

동원F&B는 해물 만두에 주력한다. 지난 2016년 9월 통새우를 넣은 '개성 왕새우만두'를 업계 최초로 출시, 해물 만두 카테고리를 만들었다. 동원F&B에 따르면 '개성 왕새우만두'의 판매 호조로 냉동만두 매출이 전년 동기대비 15.8% 늘었다.

풀무원은 '생가득 바삭촉촉 눈꽃만두'를 선보인다. 일본식 빙화만두다. 만두 밑 부분에 전분을 더한 소스를 둘러 급속 냉동했고, 만두를 구우면 밑면에 눈꽃모양의 튀김 피가 만들어진다. 살얼음처럼 얇은 두께의 막이 와삭와삭한 식감을 주는 이색만두다.

고향만두 명성을 되찾기 위한 해태제과의 노력도 계속되고 있다. 해태제과는 지난 2017년 5월 23g '고향만두 교자'와 '날개달린 교자'를 출시했으나 시장 반응은 미미하다. 이에 최근 '불낙교자'를 선보이며 해물만두로 다시 한 번 승부수를 띄운다. 탱글탱글한 낙지와 매콤한 특제소스로 채운 불낙교자는 90℃의 열처리 공정으로 불맛까지 냈다. CJ제일제당은 왕만두격인 '비비고 한섬만두'를 선보이며 시장 선도에 나섰다. 풍년으로 쌀섬이 많아지기를 기원하며 빚어 먹던 전통 '섬만두'를 재해석한 제품으로 목이버섯과 물밤 등 재료를 넣어 식감을 살렸다. 한편 CJ제일제당은 비비고 만두를 글로벌 넘버원 만두 브랜드로 키우겠다는 계획이다. CJ제일제당 관계자는 "향후 전 세계 대륙별 생산거점을 확보해 2020년 '비비고 만두' 매출 1조원을 달성할 것"이라고 했다.

〈표11〉 만두시장 규모

(단위: 억원)

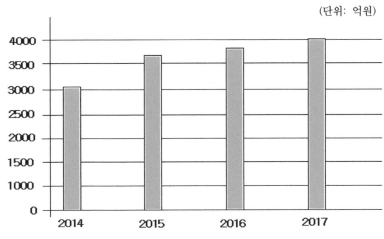

자료: 링크아즈텍

〈표12〉 만두 시장 점유율 현황

(단위: %)

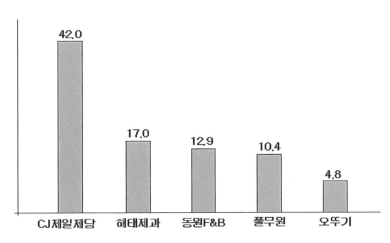

자료: 김지윤, "만두시장현황", 헤럴드경제, (2017.9.14).

4. 우수브랜드 성공전략

1) 정성이 담겨 있는 한국식 전통손만두 〈북촌손만두〉

〈북촌손만두 북촌점〉은 〈북촌손만두〉의 첫 번째 가맹점으로 본사와 가맹점의 신뢰가 특히 두터운 곳이다. 이곳 대표는 자신의 재능을 살려 〈북촌손만두〉의 브랜드 디자인에 대한 업무 지원도 함께 하고 있다.

서울 인사동 좁은 골목에 위치한 이곳 본점의 인테리어는 허름하지만 누구나 감동할 만한 뛰어난 만두 맛으로 입소문을 타기 시작한 곳이다. 고객들의 폭발적인 반응 속에서 프랜차이즈로 거듭난 브랜드답게 빠르진 않지만 정도를 걷는 경영으로 본사와 가맹점 사이의 상생을 실현하고 있다.

북촌점의 대표와 〈북촌손만두〉의 인연은 브랜드 디자인에 대한 의뢰를 받으면서 시작됐다. 인사동에 위치한 본점에 들른 대표는 만두의 맛에 감탄한 것은 물론 본사 대표의 정직한 경영 마인드가 인상적이었다고 한다. 그러나 이와는 반대로 매장 인테리어나 디자인 면에서는 안타까운 점이 많았다. 그때부터 조금씩 브랜드 디자인에 대한 아이디어를 하나씩 보태기 시작한 것이 현재 〈북촌손만두〉의 아이덴티티가 됐다.

찐만두와 튀김만두, 굴림만두 등이 대표적인 메뉴지만 그 중에서도 가장 인기가 많은 것은 튀김만두다. 튀김만두는 만두를 한 번 찐후, 깨끗한 기름에 다시 한 번 튀겨낸 만두로 바삭하면서도 고소한 맛을 낸다. 다른 곳에서는 쉽게 맛볼 수 없는 굴림만두도 특이하다. 굴림만두는 두부, 숙주, 돼지고기 등의 재료로 경단을 만들어 굴린 고급만두로 만드는 방법은 까다롭지만 부드러운 속재료의 맛을 그대로 느낄 수 있다.

대표는 〈북촌손만두〉 본사에 안테나숍 역할도 자처하며, 자신이 운영하는 가맹점의 매출보다 브랜드에 대한 이미지를 높이는 데 일조하고 싶다는 마음을 전했다.

2) 사이드 메뉴가 아닌 메인으로 거듭난 〈불고기왕교자〉

밀가루를 반죽해 얇게 밀어 피를 만들고 고기, 당면, 두부, 김치, 채소 등 다양한 소를 넣어 만든 만두는 한 끼 식사로도 간식으로도 사랑받는 메뉴다. 모양도 맛도 만드는 사람에 따라 천차만별이고, 조리방법에 따라 식감도 다양해 골라먹는 재미도 있다. 만두는 먹기 쉽고, 맛도 있지만 만들기는 무척 손이 많이 가는 음식이다. 최근 청정원에서 불고기브라더스와 함께 전문점 손맛을 그대로 살려 저며 빚어 속재료가 풍부한 불고기브라더스 김치왕만두, 불고기왕만두, 불고기왕교자, 김치왕교자 4종을 출시했다. 이달에는 불교기왕교자로 외식업소나 단체급식장에서 활용할 수 있는 메뉴를 개발했다.

(1) 전문점 손맛 그대로 저며 빚어 살아있는 식감

만두는 찌거나 굽고, 튀겨서 간식 또는 사이드 메뉴로 즐기는 것이 대부분이다. 그러나 만두를 메인으로 몇 가지 식재료만 더해 요리하면 한 끼 식사는 물론 술안주로도 훌륭한 단품메뉴가 될 수 있다. 또 단체급식소에서는 단순히 굽거나 튀겨서 식판 한 옆에 담아내는 것이 아니라 보기 좋고, 먹기 좋고, 맛있는 요리로 제공할 수 있다.

불고기왕교자는 만두전용분을 사용해 피가 탄력이 있고 쫄깃쫄깃하며 속이 꽉 차 맛이 풍부하다. 만두소는 저밈공법으로 속재료가 씹히는 저작감이 있으며, 불고기브라더스의 비법양념으로 '서울식 불고기'의 자작한 국물 맛을 재현해 고기와 양배추, 대파, 숙주의 맛이 잘 어우러진다.

왕교자는 흔히 찌거나 구워서 먹는데, 단체급식이나 학교급식의 경우 찌는 방법으로 조리하면 기온이 높은 날씨에는 쉽게 변질될 우려가 있어 기름에 튀겨서 메뉴에 활용하는 것도 좋다. 기름에 튀기면 맛은 더 풍부해지고 보존 시간이 늘어나 보다 쉽게 메뉴 관리를 할 수 있는 장점이 있다. 튀길 경우 높아질 수 있는 열량에 대한 우려는 품질 좋은 기름을 사용하고 곁들여 내는 음식과의 조화를 통해 충분히 보완할 수 있다. 이달에는 불고기왕교자를 튀겨서 간단한 곁들임으로 단체급식소나 외식업소에서 활용할 수 있는 일품요리를 제안한다.

(2) 한 끼 식사, 브런치 메뉴로 손색없는 토마토 달걀볶음 불고기 왕교자

우리나라에서는 토마토를 익혀 먹는 반찬이 흔하지 않지만 파스타나 피자를 즐기는 이탈리아에서는 매일 토마토를 먹고, 중국에서도 달걀과 함께 볶아 밥반찬으로 먹는다. 특히 실크로드를 따라 여행을 하면 토마토 달걀볶음이 매끼 식탁에 오를 만큼 대중화된 요리다. 단체나 학교 급식의 경우 1인분씩 오믈렛 형태로 서빙하는 것은 매우 어렵기 때문에 중국식 '토마토 달걀볶음 불고기왕교자'를 제안한다.

토마토 달걀볶음은 한꺼번에 많은 양을 조리할 수 있고 가격이 높은 아스파라거스 대신 브로콜리를 사용해도 영양적으로나 색감이 좋다. 아스파라거스나 브로콜리는 소금을 넣은 끓는 물에 살짝 데쳐 볶으면 조리 시간이 줄어들고, 색깔을 선명하게 유지 할 수 있다. 대추토마토는 육즙이 많이 생기지 않지만, 완숙 토마토는 육즙이 많이 생기기 때문에 조리할 때 고려해서 사용해야 한다. 일반 업소에서는 오믈렛 형태로 조리해 플레이팅 하면 브런치 메뉴로도 활용 가능하다.

재료는 불고기왕교자 5개, 대추토마토 6개, 아스파라거스 3대, 달걀 2개, 올리브 오일 1큰술, 소금 후추 한꼬집씩. 튀김용 기름 적당량을 사용한다.

만드는 방법은 다음과 같다. 우선 불고기왕교자는 160℃ 기름에 튀겨낸다. 대추토마토는 반으로 자르고, 아스파라거스는 손질 후 4cm 길이로 어슷 썬다. 달걀은 한 꼬집의 소금과 후추를 넣고 풀어 놓고, 팬에 올리브 오일을 두르고 대추토마토와 아스파라거스를 살짝 볶는다. 풀어 놓은 달걀을 넣고 천천히 저으면서 부드럽게 볶는다. 마무리로 튀긴 불고기왕교자와 함께 접시에 담아낸다.

(3) 맥주 안주로 즐기기에 안성맞춤. 불고기왕교자 튀김 샐러드

불고기왕교자의 속 재료 중에는 면역세포와 항체 생성에 필요하고 단백질이 풍부한 국내산 돼지고기가 21.12%나 들어 있다. 돼지고기와 음식궁합이 좋은 적양파와 부추를 무쳐 곁들여 먹으면 부추의 천연 항산화성분이 혈중 콜레스테롤을 낮추는 역할을 하고 알싸하게 매운 부추 맛이 굽거나 튀긴 왕교자의 맛을 높여준다. 튀긴 불고기왕교자에 적양파부추무침을 곁들인 '불고기왕교자 튀김 샐러드'는 이자카야나 야시장 콘셉트의 주점, 스몰비어 전문점에서 간단하게 맥주 안주로 제공하기에도 적당하다.

재료는 불고기왕교자만두 5개, 영양부추 1컵, 적양파 1/3컵, 볶은 잣 1/2큰술, 튀김용 기름 적당량, 양념장 간장 1작은술, 물 2 1/4큰술, 올리고당 2/3작은술, 식초 1/2작은술, 액젓 1/2작은술, 다진 청양고추 1/2작은술, 다진 양송이버섯 1큰술을 준비한다.

만드는 방법은 다음과 같다. 불고기왕교자를 160℃ 기름에 노릇노릇하게 튀겨낸다. 영양부추는 4cm 길이로 썰고 적양파는 반 잘라 얇게 채를 썰어, 영양부추와 적양파를 양념장에 버무린다. 튀긴 불고기왕교자와 함께 접시에 담고 볶은 잣을 뿌려 마무리 한다.

3) 도톰한 만두피와 큼직한 사이즈 씹는 맛 제대로 느껴지는 군만두 〈동방명주〉

서울 중구 충무로에 위치한 〈동방명주〉는 옛날식 담백한 중국 요리를 맛볼 수 있는 곳이다. '동방명주'는 중국 상하이에 있는 아시아 최고의 방송관제탑 이름이다. 〈동방명주〉는 구슬 주(珠) 대신 주방 주(廚)를 써서 '동방의 훌륭한 주방'이라는 의미를 나타낸다.

이 집에서 가장 유명한 메뉴는 군만두다. 커다란 사이즈와 도톰하고 쫄깃한 만두 피, 담백한 소가 특징이다.

만두는 매일 빚는다. 중국 산동성 출신 만두 전문가 3명이 피를 밀고, 소를 만들고, 만두를 싼다. 군만두는 팬에 지지는 중국방식 대신 기름솥에 넣고 튀기는 식으로 만들고 있다. 주인장도 팬에 지져서 구워 먹으면 더 맛있다고 귀뜸한다. 빚은 만두는 바로 쪄내는데 이 찐만두를 식혀 보관하다가 군만두 주문이 들어오면 튀겨 내는 것이다. 운 좋게 만두 빚는 시간에 가면 찐만두를 맛볼 수 있다. 찐만두는 메뉴판에 없는데, 주문시 그때그때 쪄서 내야 하므로 시간이 많이 들어 판매하지 않는다.

군만두는 하루 300개 정도 빚는데 인기가 좋아서 일찍 동난다. 예약 전화를 하는 손님들은 자리 예약과 함께 군만두 예약을 하는 손님도 있다. 저녁 시간 인근 직장인들이 술 한잔 하러 방문하는 경우가 많은데, 이 때 반드시 주문하는 메뉴가 군만두다.

요리를 먼저 먹고 나서 남은 술을 마저 마시기 위해 군만두를 추가 주문하기도 하고, 자리에 앉자마자 군만두와 맥주부터 주문한 뒤

'만맥'을 즐기면서 본 요리를 주문하기도 한다.

〈동방명주〉의 얼굴마담 격인 군만두는 만두피 두께가 일정하지 않고 좀 두껍다. 피가 두껍다 보니 겉은 바삭하고 속은 쫄깃하다. 육즙이 빵 터져 나올 정도로 풍부하고 돼지고기와 부추 소가 꽉 차있는데도 잡내 없이 담백하다.

손으로 꾹꾹 눌러 가며 빚은 만두피가 바삭하고 감칠맛 난다. 크기도 보통 수제 만두 크기의 두 배 사이즈라 두 개만 먹어도 포만감이 느껴진다.

4) 바삭바삭하면서도 쫄깃한 군만두 〈수원〉

경기도 수원에 위치한 중국만두 전문점 〈수원〉은 3대를 이어오는 화상 중식당이다. 처음에는 중국식 만두만 팔다가 단골들의 성화에 못 이겨 요리 메뉴를 추가했다. 단단탕면, 석화탕면, 볶음면 등 한국화된 중국요리가 아닌 대륙 중국의 맛을 온전히 느낄 수 있다.

남사장이 수원 행궁동에 본점을, 여사장이 인계동에 분점을 운영하고 있다. 본점에서는 짜장면과 짬뽕을 판매하지 않는다. 〈수원〉의 대표메뉴는 바로 군만두다. 만두는 본점의 사장이 혼자 만들어 지점마다 맛의 편차가 없다.

만두전문점답게 찐만두, 군만두, 물만두, 고기만두 등 다양한 만두 메뉴를 갖추고 있다. 만두소는 같아도 만두피는 메뉴에 따라 각각 다르게 반죽한다. 군만두용 만두피는 뜨거운 물에 익반죽해 만든다. 만두를 빚어 찜통에 쪄내는데 그대로 굽는 것이 아니라 다섯 개씩 붙여서 접시위에 놓고 수분을 증발시키는 과정을 거친다. 수분이 완전히 제거될 때까지 꾸덕꾸덕하게 말리면 비로소 군만두용 만두가 된다. 만두는 따로 빚는 시간 없이 계속 빚는데, 그 덕분에 매장 곳곳에 건조중인 만두 접시가 보인다.

이곳 군만두는 '만두가 맛있어봤자 만두지'라고 생각하는 이들에게 새로운 경지를 보여준다. 이 군만두는 한마디로 표현하면 '겉바안촉(겉은 바삭하고 안은 촉촉한)'이다. 앞뒤로 노릇노릇하게 구웠지만 딱딱한 느낌은 없다. 전체적으로 간이 강하지 않고 담백해서 튀긴 만두라도 덜 느끼하고 물리지 않는 것이 특징이다. 신선하고 알찬 만두소도 좋지만, 특히 중국식 만두의 매력인 만두피의 맛을 제대로 느낄 수 있어 만족도가 높다.

돼지고기의 비율을 극단적으로 늘린 단단한 만두소가 꽉 들어차 있어 위아래를 튀기듯 굽는 조리방법이지만 만두를 다닥다닥 붙여놓아 사이사이 푹신한 만두피의 맛을 느낄 수 있다. 뜨거운 물로 익반죽한 100% 밀가루 만두피가 주는 식감이 아주 좋다.

만두피가 쫄깃하게 떨어지며 겉은 바삭하고 안쪽은 매끈하다. 특히 만두전문점이다 보니 고기 회전율이나 채소 회전율이 좋다는 것이 만두소에서 느껴질 정도다.

기름이 좔좔 흐르는 다른 군만두에 비해 맛이 깔끔하고 심심한 편이지만 바삭하면서도 쫄깃한 만두피에 고소한 고기 육즙이 살짝 배어 나와 진정 맛있는 만두임을 금방 느낄 수 있다.

5) 냉동만두의 원조 〈고향만두〉

2017년 10월 고향만두가 출시 30년을 맞았다. 해태제과는 '냉동만두의 원조'인 고향만두가 지난 30년간 누적 판매량 7억 봉지, 누적 매출 1조4000억원을 달성한 것이다. 이는 국민 1인당 20봉지 이상 먹은 셈이다. 만두 봉지를 일렬로 늘어놓으면 지구를 다섯 바퀴 이상 돌 수 있는 양이다. 1987년 출시 당시 만두 30개가 든 한 봉지 가격은 1200원. 라면이 90~120원, 짜장면 한 그릇이 600원이었던 당시엔 나름 '고급 식품'이었다.

냉동만두는 지금은 라면과 함께 대표적인 간편식으로 자리 잡았지만, 출시는 라면보다 24년이 늦었다. 만두는 냉동 상태에서 보관해야 하기 때문에 냉장고 보급률이 올라간 뒤에야 출시할 수 있었다.

1987년은 고향만두의 출시일이자 한국 냉장고 보급률이 가장 빠르게 높아진 때이기도 하다.

만두는 원래 귀한 손님이 왔을 때나 명절에만 먹을 수 있는 별식이었다. 고향만두는 내용물을 잘게 다져 넣는 방식으로 전통의 맛을 재현해 출시 첫해부터 큰 주목을 받았다. 출시 첫해 매출은 200억 원. 당시 라면 3위보다 더 많은 매출을 올렸다. 손이 많이 가던 음식이 일상식으로 자리 잡으며 주요 백화점 등에서 불티나게 팔렸다. 정육세트, 고급과일과 함께 명절 선물로 인기를 끌기도 했다.

출시 이듬해인 1988년 고향만두는 제품 배합비를 시장에 공개했다. 다른 기업들이 만두 시장에 진출하는 계기가 됐다. 초창기 고향만두의 중량 13.5g은 20년 가까이 냉동만두 시장의 표준이었고, 10년 만에 냉동만두 시장은 연간 100억원에서 1000억원 규모로 커졌다. 2016년에는 4000억원을 넘어섰다. 1990년대까지는 보관의 편리함과 낮은 가격을 앞세운 교자 만두가 시장을 이끌었지만, 2000년대 후반부터 소비자들이 고급스러운 손만두의 품질을 찾으면서 질적 성장이 이뤄진 것이다.

고향만두는 20여 년간 냉동만두 시장에서 왕좌 자리를 지키다가 최근 몇 년 새 CJ제일제당, 동원F&B와의 경쟁 탓에 2위로 밀려났다. 해태제과는 2017년 1인 가구를 겨냥한 23g의 신제품, 수제 만두를 상용화한 '날개달린 교자', 낙지를 만두에 접목한 '불낙교자' 등 3종의 신제품을 잇따라 내놓고 반격에 나서고 있다. 해태제과는 전통 방식으로 원조의 맛을 지키면서 1인 가구, 여성 소비자를 위한 다양한 제품을 계속 선보일 계획으로 있으며 냉동만두 시장의 성장세가 계속되고 있는 만큼 다시 1위를 차지하기 위해 품질로 승부하고 있어 당분간 국내 만두 전문점의 시장은 계속 확장돼 나갈 것이다.

참고문헌

강동완, 놀부부대찌개, 국내 500호점 돌파. 머니위크, 2015.05.21.

강병남. 박정리. 안종철. 안병찬. 이윤희. 이진. 정수식. 황영종(2014), 「외식산업 실무론」, (서울: 지구문화사).

고승희, '만두 트렌드를 빚다', 헤럴드 경제, 2017.2.1.

김광희, '상권과 입지 장사 목', (서울:미래와 경영), 2005.

김동순, '한식당 창업 퓨전옷 입고 웰빙바람', 창업경영신문, 2014.05.07., 제 350호.

김상우, 단체급식 2015 상반기 결산, 식품외식경제, 2015.07.31.

김상훈, 「불멸의 창업인기아이템」, 월간외식경제(2016. 02.), 100.

_____, '운영 편의성, 가격 경쟁력에 주목', 월간식당, 2017,08, 157.

김미영, '10평의 기적', (서울:문화사), 2010.

김브로니, '주목받는 FC브랜드', 외식경영, 2015.2., 98-99.

김설아, 패밀리 레스토랑의 몰락, 질릴 법도 하지, 머니위크 2015.03.19.

김성은, '프리미엄 김밥 전문점', 월간식당.

김아람, 그 많던 '아웃백'은 어디로 갔나, 패밀리 레스토랑 쇠락 하는 이유 4가지, 허밍턴포스트, 2015.07.23.

김영식.전용수.권규미, 「외식경영사례」, (서울:기문사), 321-355.

김재훈, 교촌에프앤비 교촌치킨 '2015 프리미엄 브랜드 지수 1 위 수상', 컨슈머타임스, 2015.07.23.

김준성, '골라먹는 4단계 매운맛, 지존', 외식경영, 2016.08, 92-93.

_____, '주목할 프랜차이즈 브랜드', 외식경영, 2016.6., 102-103.

김지윤, 헤럴드 경제, 2017.6.1.

김현철, CJ 프레시웨이 '구내식당에서도 식객처럼 드세요.', 아 주경제, 2015.03.06.

권경섭. 조홍복. 정치섭. 신청훈, '국밥 사연 알면 더 맛있다', 조선일보, 2018.01.15.

권상은. 권광순. 정성원. 김정엽. 김석모, '전국의 국밥' 조선일 보 2015.01.22.

구본창, '소셜커머스 쿠폰하나로 세상을 바꾸는 아이디어형 비즈니 스', (서울:채륜), 2011.

박경환, '실전 상권분석과 점포개발', 상상예찬, 2008.

_____, '창업 귀신이 되지 않으면 성공은 없다', (서울:중앙경제 평론사), 2002.

박선정, '설렁탕 노하우로 프랜차이즈 시장 출사표', 월간식당, 2017.08, 194-195.

박수진, '사골육수로 맛을 낸 곰탕전문점', 월간식당, 2014.04, 190-191.

박주관, '사업타당성 분석과 사업계획서 작성', (서울:21세기북스), 2003.

_____, (실전)상권분석, (서울:21세기북스), 2000.

박정식.박종원, '재무관리', 다산출판사, 2007.

박천수, '프랜차이즈 100', 창업경영신문, 2013.6.27.

백종원, '초짜도 대박나는 전문식당', 서울문화사, 2010.

서재필, '대한민국 100대 프랜차이즈, 파파존스피자', 창업경영시대, 2016.12.

설현진, '요리에 한국을 담다, 한식소스', 월간식당, 2013.08, 194-195.

소상공인진흥원, 전문점 벤치마킹 성공사례 분석, 「150대업종보고서」, 2016.

손미향 외, '내 가게 소셜커머스로 대박나기', (서울:한빛미디어), 2011.

안광호, '마케팅 관리적 접근', (파주:학현사), 2005.

원용희. 윤기열, '외식산업의 이해', (서울:두남), 2002.

육주희, '성공레시피', 월간식당, 2014.06, 102-108.

이동은, '진심을 담은 푸짐한 부대찌개', 월간식당, 2017.03, 170-171.

이용선. 박주영(2013), 「창업경영론」, (서울 : 인플로우)

이정연, '한식프랜차이즈', 월간식당(2014.08.), 79-87.

_____, '한국식 전통 손만두 전문점' 월간창업프랜차이즈, 2013.6., 155-156.

이지연, '스테디셀러 분식아이템 김밥', 월간식당, 2013.4., 180-182.

_____, '프랜차이즈 집중탐구', 월간식당, 2014.2., 206-207.

이재형, '외식경영 성공전략', 외식경영, 2016.1., 134-135.

이혜림, '곰탕문화이야기', 한국일보, 2017.10.27.

이홍구, '무인화.셀프시스템 도입한 저가형 국밥시장', 월간식당, 2017.08, 155-156.

임귀혜, '가맹점 창업 성공이야기', 외식경영, 2015.3., 126-128.

조현수, 살아 있는 상권을 잡아라, (파주:학현사), 2007.

진익준, '창업 성공의 인테리어', (서울:크라운출판사), 2010.

지유리, '신규 프랜차이즈 5선', 월간창업.프랜차이즈, 2017, 220-221.

최영욱. 노상욱(2010), 「잘되는 이색 아이템」, (서울 : ㈜새빛에 듀넷).

최경석, '음식업 창업 무장적 따라하기', (서울:길벗), 2008.

황혜선, '아빠가 끓여주는 진한 곰탕 한그릇의 정성', 월간식당, 2017.03, 214-215.

Data Monitor(2008), The home of business information. Data monitor, January, Reference Code: 0199-2333, 13-19.

NRA(2013), Restaurant Industry Facts. http://www.restaurant.org

국민건강보험공단, http://www.nhic.or.kr

소상공인진흥원 상권분석시스템, http://sg.smba.go.kr

한국음식업중앙회, http://www.ekra.or.kr

한국프랜차이즈협회, http://www.ikfa.or.kr

한국휴게음식업중앙회, http://www.efa.or.kr

통계청, http://www.kostat.go.kr

SBS NeTV, http://netv.sbs.co.kr

한눈에 읽는 외식창업 성공이야기 [시리즈 17]

요리에 강한 장수브랜드

면·국수 전문점

발 행 일 : 2018年 6月 1日

저 자 : 김 병 욱

발 행 처 : 킴스정보전략연구소

홈 페 이 지 : http://www.kimsinfo.co.kr

주 소 : 서울시 강동구 성내로8길 9-19(성내동 550-6) 유봉빌딩 301호(☎ 482-6374~5, FAX : 482-6376)

출판등록번호 : 제17-310호(등록일: 2001.12.26)

인 쇄 : 으 뜸 사

I S B N : 979-11-7012-147-3

※ 당 연구소에서 발간하는 도서구입, 도서발행, 연구위탁, 강의, 내용질의, 컨설팅, 자문 등에 대한 문의 ☎(02)482-6374.